网络营销

舒建武 苗 森 主编

E-Marketing

浙江工商大学出版社
ZHEJIANG GONGSHANG UNIVERSITY PRESS

图书在版编目（CIP）数据

网络营销 / 舒建武,苗森主编. — 杭州:浙江工
商大学出版社,2017.1（2022.1重印）

ISBN 978-7-5178-1871-7

Ⅰ．①网… Ⅱ．①舒… ②苗… Ⅲ．①网络营销
Ⅳ．①F713.365.2

中国版本图书馆CIP数据核字（2016）第252383号

网络营销

WANGLUO YINGXIAO

舒建武　苗　森　主编

责 任 编 辑	何小玲
封 面 设 计	林朦朦
责 任 印 制	包建辉
出 版 发 行	浙江工商大学出版社
	（杭州市教工路198号　邮政编码　310012）
	（E-mail: zjgsupress@163.com）
	（网址: http://www.zjgsupress.com）
	电话: 0571-88904980,88831806（传真）
排　　　版	凤晨雨夕工作室
印　　　刷	广东虎彩云印刷有限公司绍兴分公司
开　　　本	787 mm×1092 mm　1/16
印　　　张	17.5
字　　　数	363 千
版 印 次	2022 年 1 月第 1 版　2022 年 1 月第 5 次印刷
书　　　号	ISBN 978-7-5178-1871-7
定　　　价	43.00 元

序

本书的总参考学时数为 32—48 学时，分为理论和实训两部分。

第一部分"网络营销理论"的具体安排如下：

第一章介绍了网络营销基本观念，包括网络营销概述、五种基本的营销观念、网络直复营销、交叉网络营销、网络整合营销、网络定制营销、网络柔性营销、关系营销等。

第二章介绍了网络营销环境，包括网络营销环境分析概述、网络营销环境分析方法、网络营销微观环境分析、网络营销宏观环境分析等。

第三章介绍了网络营销目标市场，包括网络营销市场细分概述、网络消费者需求分析、网络消费者购买行为分析、网络组织市场分析、网络目标市场选择、网络市场定位与营销组合策略等。

第四章介绍了网络营销产品策略，包括网络营销产品的整体概念及定位、网络营销产品的组合策略、网络营销产品文案等。

第五章介绍了网络营销价格策略，包括网络营销定价的优势和劣势、影响网络营销定价的因素、网络营销定价策略、网络营销免费价格策略等。

第六章介绍了网络营销渠道策略，包括网络营销渠道概述、传统营销渠道与网络营销渠道的关系、网络营销渠道分类、网络营销渠道管理等。

第七章介绍了网络营销包装策略，包括快递包装概述、电子商务货物仓储及包装发货的流程等。

第八章介绍了网络营销方式，包括搜索引擎营销、电子邮件营销、网络视频营销等。

第二部分"网络营销实训"按项目化教学的要求开发，每个项目由实训知识目标、实训技能目标、实训内容、实训步骤和实训总结等组成。具体安排如下：

项目一网络会员制营销；

项目二微博营销；

项目三即时通信营销；

项目四 BBS 论坛营销；

项目五搜索引擎营销；

项目六网络广告；

项目七炒作营销。

本书由浙江树人大学现代服务业学院商贸流通系的舒建武老师、苗森老师担任主编,共同编写了第一部分的第一章、第三章、第四章、第五章、第六章、第七章、第八章和第二部分,国际经济与贸易系周蕾老师编写了第二章,现代服务业学院副院长黄秋波老师、商贸流通系王妍老师参与讨论编写。在编写过程中,我们坚持理论和实践相结合的原则,把实训内容项目化,既简单具体,又富有实践性。书中的实践教学环节,在互联网上即可进行,无须购买软件。

本书内容全面,结构合理,可读性强,既可作为高职高专电子商务专业的教学用书,也可作为广大电子商务、网络营销从业者的参考用书。

2016 年 10 月

目　录

第一部分　网络营销理论

第二部分　网络营销实训

第一部分

网络营销理论

第一章　网络营销基本观念

学习目标

◎了解基本的营销观念。
◎掌握不同的营销理论。

▼案例观察

DELL 成功的营销策略

　　Dell 公司是电脑行业中的佼佼者。自 2001 年以来，Dell 一直是全球市场占有率最高的计算机厂商之一。2001 年，Dell 的营业额达到了 318 亿美元，成为财富榜美国企业 50 强之一；同年，整个行业正处于萎缩期，全球的销售量急剧下跌。以亚太地区为例，在这个财政年度中，该地区的销售总额下跌了 9%，而 Dell 却比上一年度增长了 28%。

　　Dell 首席执行官迈克·戴尔的理念非常简单：按照客户的需求去制造产品，绕开中间环节，直接面向最终用户，既降低了成本，又能直接有效和明确地了解用户的需要，继而迅速做出反应。Dell 通过其首创的直销模式，与大型跨国公司、政府部门、教育机构、中小型企业和个人消费者建立了直接的联系。

　　为加强与用户的联系，Dell 建立了全面营销渠道：电话沟通渠道、网络沟通渠道、面对面的人员沟通渠道。同时，Dell 实行订单加工生产的先进市场营销观念，取代以产品为中心的传统营销观念，始终将用户放到市场营销的中心。根据不同需求，用户可以选择任何一种方式非常方便地同 Dell 进行沟通。

　　以网络沟通渠道为例，Dell 开发了一整套网上工具，便于客户在网上购买 Dell 产品。同时，Dell 把售后服务和技术服务搬上了网络，缩短了对用户需求的反应时间，吸引了更多的用户，还极大地降低了成本。由此，Dell 也获得了极大的收益，公司营业收入的 40% 来源于网上交易。

　　资料来源：宋文官．网络营销及案例分析［M］．北京：高等教育出版社，2005：2．

图 1-1-1　Dell 官网

【启示与思考】

　　合适的营销观念和策略,是 Dell 成功的重要因素之一。Dell 在网络营销中贯彻以消费者需求为出发点的现代营销理念,将顾客的需求和利润最大化放到同等重要的位置。从顾客需求出发开始整个营销过程,而且在营销过程中不断地与顾客交互,每一个营销决策都从消费者的角度出发,而不是传统的从企业的角度出发。Dell 充分利用互联网低成本、跨越地域空间和突破时间限制等优点,与消费者实现双向沟通交流,从而迅速、准确、个性化地获得信息和反馈意见,提供令用户满意的产品和服务,最大化地满足消费者个性化的需求。

第一节　网络营销概述

一、网络营销的概念

网络营销（on-line marketing 或 e-marketing）就是以国际互联网络为基础，利用数字化的信息和网络媒体的交互性来辅助营销目标实现的一种新型的市场营销方式。简单地说，网络营销就是以互联网为主要手段进行的，为达到一定营销目的的营销活动。

网络营销是企业整体营销战略的一个组成部分，是为实现企业总体经营目标所进行的，以互联网为基本手段营造网上经营环境的各种活动。

网络营销具有很强的实践性特征，从实践中发现网络营销的一般方法和规律，比空洞的理论讨论更有实际意义。因此，如何定义网络营销，其实并不是最重要的，关键是要理解网络营销的真正意义和目的，也就是充分认识互联网这种新型的营销环境，利用各种互联网工具，为企业营销活动提供有效的支持。

二、网络营销的特点

随着互联网技术的成熟，以及联网成本的低廉化，互联网好比是一种万能胶，将企业、团体、组织及个人跨时空地联结在一起，使得它们之间的信息交换变得"唾手可得"。市场营销中最重要也最本质的是组织和个人之间进行信息传播和交换。如果没有信息交换，那么交易也就成了无水之源。正因如此，互联网具有营销所要求的某些特性，使得网络营销呈现出一些独有的特点。

1. 时域性

营销的最终目的是占有市场份额。互联网能够超越时间约束和空间限制进行信息交换，使得脱离时空限制进行交易变成了可能，企业有了更多的时间和更大的空间进行营销，可每周 7 天每天 24 小时随时随地地提供全球营销服务。

2. 富媒体

互联网被设计成可以传输多种信息，如文字、声音、图像等等，这使得为达成交易进行的信息交换能以多种形式存在和进行，可以充分发挥营销人员的创造性和能动性。

3. 交互式

互联网通过展示商品图像、商品信息资料库提供有关的查询,来实现供需互动与双向沟通,还可以进行产品测试与消费者满意度调查等活动。互联网为产品联合设计、商品信息发布及各项技术服务提供了最佳工具。

4. 个性化

互联网上的促销是一对一的、理性的、消费者主导的、非强迫性的、循序渐进式的,而且是一种低成本与人性化的促销,能避免推销员强势推销的干扰,并通过信息提供与交互式交谈,与消费者建立长期良好的关系。

5. 成长性

互联网使用者数量快速增长并遍及全球,其中多属年轻人、中产阶级。这部分群体受教育水平高、购买力强且具有很强的市场影响力,因此,面向他们的营销渠道极具开发潜力。

6. 整合性

一方面,互联网上的营销,从商品信息发布、查询,直到收款、售后服务可一气呵成,因此是一种全程的营销。另一方面,企业可以借助互联网对不同的传播营销活动进行统一设计规划和协调实施,以统一的传播资讯向消费者传达信息,避免不同传播中的不一致性产生的消极影响。

7. 超前性

互联网是一种功能强大的营销工具,它兼具渠道、促销、电子交易、互动顾客服务,以及市场信息分析与提供等多种功能。它所具备的一对一营销能力,正符合定制营销与直复营销的未来趋势。

8. 高效性

计算机可储存海量的信息,可传送的信息数量与精确度远超其他媒体,并能应市场需求,及时更新产品或调整价格,因此能及时高效地了解并满足顾客的需求。

9. 经济性

互联网上进行的信息交换,可代替以前的实物交换。网络营销的经济性,主要就体现在以下两方面:一方面可以降低印刷与邮递成本,可以无店面销售,免交租金,节约水电与人工成本;另一方面可以减少由迂回多次交换带来的损耗。

三、网络营销的分类

1. 以服务对象分类

（1）个人网络营销。个人也可以通过网络进行营销。这种方式已经被广大网民广泛使用，典型的如"芙蓉姐姐""凤姐"等"网红"就是通过网络的方式出名的。

（2）企业网络营销。网络的商用价值应该成为互联网营销的主流，大量企业正通过网络营销的方式拓展自己的业务。

2. 以应用范围分类

（1）广义的网络营销。广义的网络营销是以互联网（包括 internet 企业内部网、EDI 行业系统专线网及 internet 国际互联网）为主要手段开展的营销活动。

（2）狭义的网络营销。狭义的网络营销是指组织或个人基于开放便捷的互联网络，对产品、服务开展一系列经营活动，从而达到满足组织或个人需求的全过程。

（3）整合网络营销。整合网络营销概念，是资深网络营销实践者敖春华于 2002 年提出的。他认为，网络营销是企业整体营销战略的一个组成部分，是为实现企业总体经营目标所进行的，以互联网为基本手段营造网上经营环境的各种活动。这个定义的核心是网上经营环境，这个环境可以理解为整合营销所提出的一个创造品牌价值的过程，即整合各种有效的网络营销手段营造更好的营销环境。

（4）颠覆式网络营销。2010 年曾爆发出一种"颠覆式网络营销"模式。创始人郑俊雅认为，企业应跳出普通层面，以高端的商业策划为指导，突破常规网络营销方法，只有创造出独特、新颖、有创意、有吸引力、持久的颠覆式网络营销方法，才能实现网络营销效果。

3. 以具体推广方式分类

根据具体推广方式，网络营销可分为口碑营销、网络广告、媒体营销、事件营销、搜索引擎营销（SEM）、E-mail 营销、数据库营销、短信营销、电子杂志营销、病毒式营销、问答营销、针对 B2B 商务网站的产品信息发布，以及平台营销等。

4. 以与顾客互动交流的方式分类

（1）在线咨询留言本，在线咨询表单，以 QQ、MSN 等为代表的即时通信，以百度商桥、53KF 为代表的在线客服。

（2）E-mail 邮件及邮件列表。

（3）HELP 或 FAQS（常见问题解答）。

（4）企业论坛 BBS 或顾客交流社区。

四、网络营销的现状

在我国,网络营销起步较晚,到 1996 年才有企业开始尝试。

1997—2000 年是我国网络营销的起始阶段,电子商务快速发展,越来越多的企业开始注重网络营销。

2000 年至今,网络营销进入应用和发展阶段,网络营销服务市场初步形成:企业网站建设迅速发展;网络广告不断创新;营销工具与手段不断涌现和发展。

目前,网络调研、网络广告、网络分销、网络服务等网络营销活动,正异常活跃地介入企业的生产经营中。

值得一提的是,2007 年 11 月,我国第一家网络营销培训机构——亿玛客网络营销学院的出现,标志着我国的网络营销行业步入正轨,成为我国网络营销行业的一座里程碑。

五、网络营销存在的误区

随着网络全面渗透到企业运营和个人生活当中,网络营销也逐渐为越来越多的企业所认识与采用。然而,由于网络营销是一种新型的营销手段,因此,在实施过程中,企业难免进入诸多误区,造成投入与产出的效果总是不尽如人意,让满怀信心与希望的企业备受打击,也或多或少地影响了网络营销这种 21 世纪最有发展前景的营销手段的发展。

中小企业开展网络营销,主要存在如下四个误区:

1. 建网站帮企业赚钱

这句话本身没问题,错就错在大多数人把这句话理解成了"有了网站就一定能够赚到钱"。

其实,企业建网站,只代表企业走出了开展网络营销的第一步。有了网站,只是有了通过互联网展示产品和服务的窗口,离赚到钱还有非常遥远的距离。

2. 网络广告就是网络营销

投放网络广告,只是网络营销体系中网络推广的一种方式,仅仅是网络营销体系的冰山一角。

成功的网络营销,不仅仅是一两次网络推广,而是集品牌策划、广告设计、网络技术、销售管理和市场营销等于一体的整体销售体系。网络营销应该有完整周详的策划,加上准确有效的实施,才能够得到期待的效果。

3. 中小企业没有实力做网络营销

恰恰相反,中小企业完全有实力做网络营销,缺乏的只是意识。网络营销相对于传统的宣传途径来说,价格最低廉,正适合中小企业采用。在网络中,如何建立企业的品牌,让更多的人来了解企业的产品和服务,才是网络营销真正要解决的核心问题。

4. 网络营销就是网上销售

网上销售是网络营销发展到一定阶段产生的结果。网络营销是为实现网上销售目的而进行的一项基本活动,但网络营销本身并不等于网上销售。

第二节 五种基本的营销观念

一、生产观念

生产观念是指导消费者行为的最古老的观念之一。这种观念产生于 20 世纪 20 年代以前。它的出发点是企业的生产能力与技术优势;前提是"物以稀为贵,只要能生产出来,就不愁卖不出去";指导思想是"我能生产什么,就销售什么;我销售什么,顾客就购买什么"。

遵循这种营销观念的企业,其主要任务是"提高生产效率,降低产品成本,以量取胜"。

二、产品观念

产品观念的出发点仍然是企业的生产能力与技术优势;前提是"物以优为贵,只要产品质量好,就不愁卖不出去";指导思想仍然是"我能生产什么,就销售什么;我销售什么,顾客就购买什么"。

遵循这种营销观念的企业,其主要任务是"提高产品质量,以质取胜"。

三、销售观念

销售观念的出发点仍然是企业的生产能力与技术优势;前提是"只要有足够的销售(推销或促销)力度,就没有卖不出去的东西";指导思想是"我能生产什么,就销售什么;我销售什么,顾客就购买什么,货物出门概不负责"。

遵循这种营销观念的企业,其主要任务是"加大销售力度,想方设法(不择手段)将产品销售出去"。

四、市场营销观念

市场营销观念的出发点是顾客的需求;前提是"产品只要能满足顾客的需要,就能销售出去";指导思想是"顾客需要什么,企业就销售什么;市场能销售什么,企业就生产什么"。

遵循这种营销观念的企业,其主要任务是"发现顾客需求,设法满足顾客需求,通过满足顾客需求,实现让自己盈利的目的"。

五、社会市场营销观念

社会市场营销观念要求市场营销者在制定市场营销政策时,既要满足消费者需求,也要统筹兼顾三方面的利益,即企业利润、消费者的长远利益和社会总体利益。

第三节　网络直复营销

▼案例观察

麦考林邮购助推麦网直复营销

麦网（www.m18.com）是由上海麦考林国际邮购有限公司在 1999 年 1 月开始试运行的在线零售网站——麦考林商厦（www.mecoxlane.com）和欧梦达（www.euromada.com）的基础上于 2000 年 4 月开通的一家电子商务门户网站。

图 1-1-2　麦网

该网站借助邮购公司在产品组织能力、间接展示产品上的经验和适合直复营销的人力资源，开展 B2C 网上销售业务。为此，麦网投入巨资建立了庞大的后台电脑化管理体系和前台网站应用系统。后台的电脑化管理体系应用了国际上最先进的直销电脑管理系统，具备超强的数据分析能力，可方便地管理库存、发货、供应商、客户服务、客户资料和商品数据库，服务超过 250 万人的直销顾客，处理订单能力达每天 4 万多张。

　　麦网利用在线客户服务（call center）、E-mail 答复、在线查询等工具提供网上个性化客户服务。同时，麦网还对所售商品提供"10 天满意保证期"即 10 天内无条件退换货的"让消费者完全满意"的承诺。在品牌、信誉和忠实的客户群方面，麦网也建立了巨大的优势。它拥有一个忠实的重复购买率很高的客户群。在开展电子商务后，麦考林能够大大降低成本，让利于消费者，促成更高的购买率。

　　资料来源：麦考林：把温馨寄给顾客 [EB/OL]. [2016-10-05].http://course.shufe.edu.cn/course/marketing/allanli/maikaolin.htm.

　　直复营销起源于邮购活动。1498 年，阿尔定出版社的创始人阿尔达斯·马努蒂厄斯（Aldus Manutius）在意大利威尼斯出版了第一个印有价目表的目录。这普遍被认为是最早的有记载的邮购活动。1667 年，威廉·卢卡斯（William Lucas）在英国出版了第一个园艺目录。后来，邮购活动在美国、意大利、英国等地有了一定的发展。

　　1926 年，谢尔曼（Sherman）和沙克海姆（Sackheim）在美国创办了第一个现代图书俱乐部——月月图书俱乐部（The Book of the Month Club）。他们开始采用免费试用方式，即先向消费者寄书，直到消费者不再订购或者不再付款为止。这与传统的先收款后寄书的方式截然不同。此举是营销人员试图测量顾客终身价值（lifetime customer value）的首次尝试。

　　世界第二大直接反应公司——卡托·文德曼·约翰逊公司（WCJ）创办人莱斯特·文德曼（Wunderman）说，生产商 90% 的利润来自回头客，只有 10% 来自零星散客，少损失 5% 的老顾客便可增加 25% 的利润。因此，从战略上讲，企业必须明确自己是要侧重于争夺市场份额，还是要保持顾客或培养忠诚度。据专家分析，面临激烈的市场竞争背景下，维持一个老顾客所需的成本是寻求一个新顾客的 0.5 倍，而要使一个失去的老顾客重新成为新顾客所花费的成本则是寻求一个新顾客的 10 倍。把已得到的顾客保持下去并转化为忠实顾客，是进行直复营销的一个重要目的。

　　文德曼在 1967 年首先提出直复营销的概念。他认为人类社会最开始的交易就是直接的，那种传统的一对一的销售（服务）方式，是最符合并能最大限度地满足人们需要的方式，而现阶段产品市场鱼目混珠，大量传统广告充斥媒体，号称"眼球经济"。在当今社会条件下，人们追求更加个性化的产品和服务，没有人乐意接受与别人一样的产品和服务。这就是大量营销致命的弱点和大量营销时代衰败、终结的根本原因。

　　正当消费者对一些产品普遍不信任，对大量的广告感到厌倦并无所适从，特别是保健品企业无所适从而营销人员苦苦思考、寻找新的营销方式的时候,直复营销应运而生,并以强大的生命力和适应性迅速席卷西方国家,掀起了一场 21 世纪的营销革命。我国的保健品药品企业大多接受并采用了直复营销的方法,但系统使用的还没有。把直复营销作为进入市场的主要手段,可以极大地降低风险。

一、直复营销的概念

直复营销用英文表示为"direct response marketing","direct"即直接的意思,是指不通过营销中间商而直接由企业利用媒体面对顾客的营销活动。

直复营销中的"直复"是直接回复的意思,是指企业与顾客之间的交互。顾客对企业的营销努力有一个明确而直接的回复;企业也可通过对这种明确回复的统计,做出对以往营销效果的评价。

二、直复营销的主要特征

1. 系统营销

直复营销是一种有效的营销系统,其目的是成功地将产品由生产者转移至顾客。

2. 直接沟通

直复营销使企业能不通过中间商,借助各种媒体(如报纸、信函、电话、网络等)和顾客进行直接沟通。

3. 交互回应

开展直复营销的企业与顾客建立互动关系,要求顾客对企业的营销活动特别是广告信息,能做出立即回应。因此,直复营销要求企业必须提供顾客回应必要的工具,如免费电话、回信卡、订购单、电子留言板等。

4. 回应可测

直复营销要求营销的结果是可以通过顾客的回应测量出来的。如网络营销活动中顾客对企业网络营销活动的反应,可以直接通过点击率、计数器、邮件回复、营销数据库等得到测量。

5. 地点不限

直复营销不受以往线下营销销售地点的局限,可以在任何地点实现交易。例如,顾客可以在家里、在火车上、在办公室、在旅途中发出订单,支付款项等。

网络作为一种典型的、交互式的、可以双向沟通的渠道和媒体，可以很方便地在企业与顾客之间架起桥梁，顾客可以直接通过网络订货和付款，企业可以直接通过网络接收订单、安排生产，直接将产品送给顾客。

三、直复营销的种类

直复营销作为营销活动的一部分，与现代消费者的联系越来越密切。一方面，现代社会生活节奏不断加快，使消费者用于购物的时间渐趋减少。另一方面，信息、通信技术的发展，信用系统的不断健全，为直复营销的发展提供了契机。

现在，随着信用手段和信息技术的快速发展，直复营销形式得到了空前的发展，其形式不再局限于邮购活动。电话、电视及互联网等诸多媒体的出现，使直复营销形式变得越来越丰富。常见的直复营销形式主要有以下几种：

1. 直接邮寄营销

直接邮寄营销是营销人员把信函、样品或广告直接寄给目标顾客的营销活动。目标顾客的名单可以租用、购买，或者与无竞争关系的其他企业相互交换。使用这些名单的时候，应注意避免重复，以免同一份邮寄品两次以上寄给同一顾客，引起反感。

2. 目录营销

目录营销是营销人员给目标顾客邮寄目录，或者备有目录随时供顾客索取。经营完整生产线的综合邮购商店使用这种方式比较多，如蒙哥马利·华德公司（Montgomery Ward）、西尔斯·罗巴克公司（Sears Roebuck）等。

3. 电话营销

电话营销是营销人员通过电话向目标顾客进行的营销活动。电话的普及，尤其是800、400免费电话的开通，使消费者更愿意接受电话营销这一形式。许多消费者通过电话询问有关产品或服务的信息，并进行购买活动。

4. 直接反应电视营销

直接反应电视营销是营销人员通过在电视上介绍产品，或赞助某个推销商品的专题节目，开展营销活动。在我国，电视是最普及的媒体，电视频道也很多，许多企业会选择在电视上进行营销活动。

5. 直接反应印刷媒介营销

直接反应印刷媒介营销，通常是指在杂志、报纸和其他印刷媒介上做直接反应广告,鼓励目标顾客通过电话或回函订购,从而达到提高销量的目的,并为顾客提供相关服务。

6. 广播营销

广播既可作为直接反应的主导媒体,也可与其他媒体配合,使顾客对广播内容进行反馈。随着广播行业的发展,广播电台的数量越来越多,专业性越来越强,有些电台甚至针对某个特别的或高度的细分小群体,为直复营销者寻求精确目标指向提供了机会。

7. 网络营销

网络营销是营销人员通过互联网、传真等电子通信手段开展营销活动。目前,像书籍、计算机软硬件、旅游服务等已普遍在网上开始了其营销业务。

上述几种直复营销方式可以单一运用,也可以结合运用。

四、网络营销的直复营销属性

1. 交互沟通是网络营销的最大优势

直复营销作为一种相互作用的体系,特别强调企业与目标顾客之间的"双向信息交流",它克服了以往线下营销中,营销者与顾客之间单向信息交流方式无法交互沟通的致命弱点。利用因特网这个开放、自由双向式的信息沟通渠道,企业与顾客之间可以实现直接的、一对一的信息交流与沟通。一方面,顾客可以通过网络,向企业直接表达自己的需求;另一方面,企业也可以通过网络直接了解顾客的需求,并以此为依据进行生产和营销决策,可以大大提高营销决策的效率和效果,在最大限度满足顾客需求的同时,最大限度地实现自己盈利的需求。

2. 网络营销可以实现快捷回应

直复营销活动的关键是为每个目标顾客提供直接向营销人员反映的渠道,企业可以凭借顾客反应找出不足,调整自己的营销活动。因特网信息沟通方便、快捷的特点,使得顾客可以方便地通过因特网直接向企业提出建议和购买需求,也可以直接通过因特网获取售后服务。企业则可以通过网络营销获得顾客的意见反馈、合理建议、服务要求及需求盲区等信息,发现企业营销活动的不足,按照顾客的需求制定营销决策,使营销活动更具针对性,从而大幅度减少营销费用。

3. 网络营销可以提供随处可得的服务

直复营销强调在任何时间、任何地点都可以实现企业与顾客的双向信息交流,提供随处可得的营销服务,创造随处可得的营销机会。因特网覆盖全球和 24 小时持续运行的特性,使顾客可以根据自己的情况,任意安排上网获取信息的时间,并可以在任何时间、任何地点直接向企业发出需求信息和做出购买回应。企业也可以利用因特网自动提供全天候网上信息沟通的特点,与顾客实现跨越空间约束和突破时间限制的双向沟通。

4. 网络营销的效果易于测量

直复营销活动最重要的特性是营销活动的效果可以测定。因特网作为最直接的沟通工具,为企业与顾客进行交易提供了方便的沟通工具和交易实现平台。例如,通过数据库技术和网络控制技术,企业能以非常低廉的沟通费用和信息处理成本,很方便地处理每一个顾客发来的订单和需求信息,而不必考虑顾客规模的大小、购买量的多少。企业可以获得更为全面、精确的顾客需求信息,从而使营销决策更具科学性。

总之,网络营销的特性和优势,说明它是一种有效的直复营销工具。利用网络营销的这一特性,可以大大提升营销决策的效率和营销活动的效益。

第四节　交叉网络营销

一、交叉网络营销的概念

所谓交叉营销,是指企业通过发现一位已有顾客的多种需求并满足其需求而实现多种相关服务或产品销售的各种策略和方法。其实质是用户资源在各产品及服务间共享,是企业在拥有一定市场资源的情况下向自己的顾客或合作伙伴的顾客进行的一种推广手段。

交叉网络营销方式是交叉营销思想在网络营销方式中的应用。一般是指两个不存在直接竞争的电子商务企业或网站之间开展联盟合作。

两个公司、网站之间开展交叉营销可以有多种形式,通常以不同层次的网站合作为前提,比如两个网站交换广告、交换链接、内容共享、利用各自注册用户资料互为推广等,以达到资源互补,互惠互利。

▼案例观察

微软和迪士尼，IBM 和 eBay 的交叉营销

2001 年 9 月,微软的 MSN.com 门户网站和迪士尼公司的 ESPN.com 体育网站签订交叉营销协议。这一协议的主要内容为, MSN 的免费邮件 hotmail、搜索引擎、聊天和购物等各种网络服务的品牌和链接,将出现在 ESPN 主页的上端,并在体育频道中独家使用 ESPN 的内容,在其网页上提供优先的位置,以达到互为推广的目的。

与此同时, IBM 和 eBay 也达成了一项合作协议: IBM 计划通过 eBay 扩大自己的销售,让 eBay 成为 IBM 向用户及中小型企业进行销售的新渠道。而在线零售商 eBay 则在自己的网站首页为 IBM 做一个 88×31 像素的 Logo 链接,同时选用 IBM 的应用平台来升级自己的技术。双方合作的基础在于 eBay 拥有 3400 万注册用户,能随时提供达 600 多万种产品和服务,具有数额巨大的在线交易量,而且 eBay 上 70% 的用户都是 IBM 的新用户。

资料来源:电子商务推广:交叉网络营销 [EB/OL]. (2007-08-17) [2016-10-05].
http://www.exam8.com/zige/dianshang/zonghe/gaishu/200708/2191782.html.

　　开展交叉网络营销的前提是已拥有一定的营销资源。通常情况下,这些营销资源可以表现为一定的网站访问量、注册用户资料、某些专业的和具有独特价值的内容资源等。此外,一些免费服务,如免费邮箱、论坛、E-book 等,也可以用作交叉网络营销资源。许多小型网站往往缺乏足够的营销预算,不可能依靠大量的广告进行推广,因此更应该充分利用交叉网络营销手段。

　　不过,令一些小型网站或者新网站头痛的是,自身没有太多的现成资源可以利用,使得开展交叉网络营销受到一定的限制,甚至认为这种方法不适合自己。其实,在这种情况下,可以先利用合作伙伴的资源,比如针对合作伙伴的用户特点,制作一本有内容价值的电子书,提供给合作伙伴,供用户下载或通过邮件列表发送。在这些特制的电子书中,应包含自己网站的推广信息,或者请合作伙伴特意给予推广。当然,选择合作伙伴需要一定的努力,首先两个网站间要有相似或互补的用户需求特征而不是直接的竞争者,同时还需要对潜在合作伙伴的用户资源有一定的了解。

　　交叉营销在传统的银行业和保险业等领域的作用最为明显,因为消费者在购买这些产品或服务时必须提交真实的个人资料。这些数据一方面可以用来进一步分析顾客的需求(CRM 中的数据挖掘就是典型的应用之一),作为市场调研的基础,从而为顾客提供更多更好的服务;另一方面也可以在保护用户个人隐私的前提下,利用这些用户资源,与其他互补型的企业开展交叉营销。

　　交叉网络营销不仅是一种营销方法,更重要的是一种营销哲学,即充分利用一切可能的资源来开展营销。这些资源既包括自己现有的、可以开发或正在开发的,也包括合作伙伴的。交叉营销可以在很大合作范围内与合作伙伴开展,从最简单的交换链接、用户资源共享到结成战略联盟,甚至进行资本合作。

二、交叉网络营销的优点

1. 提高消费价值

　　客户通过浏览某电子商务企业网站,可以很方便地了解其合作企业提供的服务项目或产品内容、优惠项目或优惠条件,节省信息收集成本,减少流通渠道,提高交易效率,有利于就近选择适宜的产品或服务。电子商务企业能通过客户资料,挖掘有用信息,增强企业与客户之间的关系,并将这些深入了解的信息与合作企业共享,帮助合作企业更好地为客户服务。

2. 整合营销资源

　　开展交叉网络营销,不仅有利于充分利用企业的外在营销资源,而且提高了企业内在营销资源的利用率。一方面,合作企业可以通过互联网对不同的营销活动进行统一规划和协调实施,以统一的传播资讯向客户传递信息,避免不同传播渠道中的不一致产生的消极影响；另一方面，合作企业可以充分发挥各自的资源和知识优势，使彼此的核心专长得到互补，发展企业的核心业务，提高企业的核心竞争力。

3. 共同开拓市场

交叉网络营销不仅仅是营销工具，更是一种创新。它不是想方设法让顾客购买企业的产品或服务，而是寻找服务同类顾客的其他企业，提出双方能合作的方式，以更好地吸引现有和潜在的顾客，开拓共同的市场。合作企业之间对对方产品或服务的宣传，可以缩减广告费用，更能建立顾客对产品或服务的信任度，提高顾客的购买欲。合作企业之间能以较低的成本接触到更多的潜在顾客，由于双方虽服务于相同的顾客群但不存在竞争，有利于共同市场的扩大。

4. 增加销售机会

交叉网络营销容易让顾客根据电子商务企业提供的产品或服务的质量、企业对顾客的关心程度，以及顾客对企业产品或服务的了解程度，建立对企业的信任度和忠诚度，并容易对与该企业合作的其他电子商务企业提供的产品或服务产生信任感和偏爱，从而激发顾客更多的购买动机，易于做出购买决定，促进交易的顺利进行，从而得到更多的销售机会。

5. 降低营销成本

交叉网络营销可以削减企业营销活动中人力、物力、财力的投入，减少或避免许多营销费用的支出，极大地降低企业的营销成本。合作企业之间相互以各种形式在企业网站上为对方的产品或服务做广告、做宣传，提高对方产品或服务的知名度和美誉度，无形之中提高了产品或服务的竞争力，节约了相互间的广告宣传费用，从而使产品或服务的推广成本大大降低。

三、交叉网络营销的实现

1. 拥有一定的营销资源

拥有一定的营销资源是开展交叉网络营销的物质保障。电子商务企业之所以开展交叉网络营销，正是看中了对方的营销资源能给本企业带来比目前更大的经济利益或社会效益。通过共享营销资源，合作企业之间互惠互利，各取所需，以较少的成本共同提升产品竞争力和品牌竞争力，将市场做大做强。

2. 建立良好的客户关系

第一，要充分了解客户。这种了解不仅包括客户的业务信息、个人信息、家庭情况、购买习惯、商业信誉、行业情况、战略计划,甚至包括组织情况。

第二,要与客户建立长期联络,建立融洽的关系,提供每周 7 天每天 24 小时的不间断服务,了解客户的反馈信息、消费心理、决策过程,以及对企业的忠诚度,并且有针对性地回答客户提出的问题,提高客户的满意程度。

第三,对客户关系进行投资。这种投资的目的主要有两方面:一方面是使客户更好地享受企业的服务;另一方面也使企业能更好地为客户解决问题。

第四,建立忠诚客户数据库。企业应充分重视本企业的品牌忠诚者,让这些客户介入企业的网络营销,为企业提出建设性意见,与他们建立一对一的亲密关系。

3. 选择合适的合作伙伴

交叉网络营销是在不存在竞争关系的电子商务企业间进行的,因此合作企业的选择非常重要。选择合作伙伴时,应更多地关注对方的信誉、服务或产品的顾客群,而不仅仅是对方实际提供的产品或服务。合作伙伴之间要能建立亲密和谐的信任关系,彼此开放,以开放的心态进行营销资源共享。

4. 做好当前的营销业务

首先,企业要通过对客户情况的深入研究,制定一套完整的营销策略,讲究产品对路、服务周全、质量上乘、价格低廉,并在执行过程中根据客户需求的变化不断完善,提高新产品开发能力,充分满足客户要求,建立稳定的客户关系。

其次,企业要为客户创造良好的个性化页面,提供个人化业务服务,保护客户信息安全。

最后,企业要尽可能提供完善的服务,对客户浏览商品信息、发送购物单、订购商品、接收票据和更新数据、接受支付、订购商品的送货、客户反馈意见等全过程进行跟踪服务,提高客户服务质量。

5. 采用灵活的营销方法

交叉网络营销要达到企业双赢的目的,除了企业服务或产品质量要保证外,还要采用灵活的营销方法,让客户在购买本企业的产品或服务、浏览企业网站时,能注意到合作企业的存在,对合作企业的产品或服务产生兴趣,通过相关链接去关注合作企业的产品或服务信息,并进一步做出购买行为。

企业可以尝试用以下方法来促进交叉销售:①对双方捆绑销售的产品进行共同促销,如果客户购买了某一企业的产品或服务,该企业将提供合作企业的降价信息或特别服务信息;②在双方的网站或广告上标识出对方的有关信息;③在接受媒体采访时,提及合作伙伴的优点;④当客户大量购买时,向他们提供或推介合作伙伴的产品。

第五节　网络整合营销

DHC 通过网络整合营销创造奇迹

就在几年前，当地铁站还张贴着无声无趣的广告，当电视里还充斥着可伶可俐那些我们熟知的广告时，DHC 已在悄悄地打开中国化妆品市场的大门。继资生堂后，日本化妆品再一次进军中国市场。

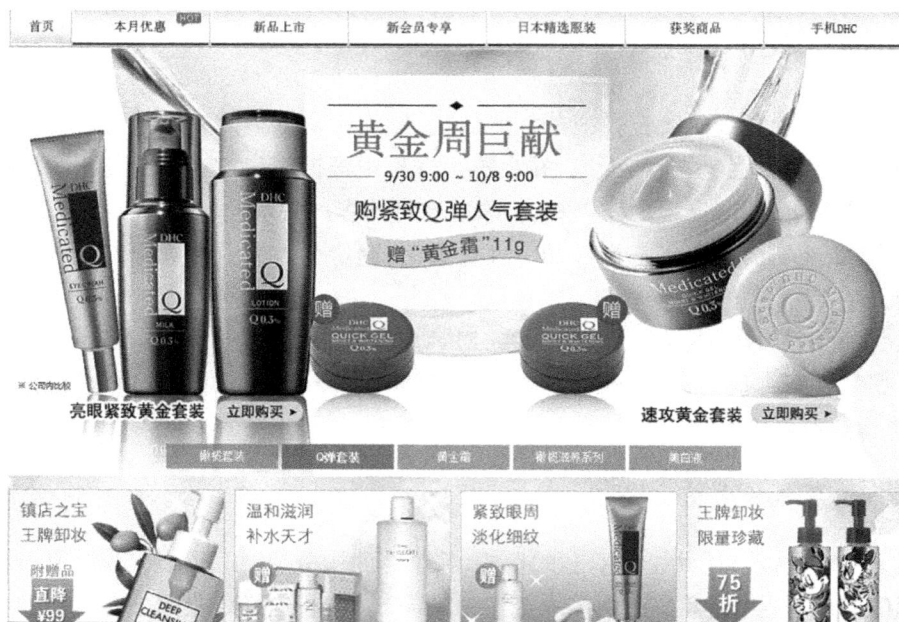

图 1-1-3　DHC 网站

DHC 通过网络整合营销创造奇迹的原因，主要是基于以下四个原则。

（1）利益原则（interests）：DHC 之所以抢得一席之地，是因为它抓住了顾客的心理，从各个方面为顾客着想。一个东西真正的好坏只有试过才知道，DHC 不论广告的宣传，还是实体店的推广，都做到了很关键的一点，那就是体验式网络整合营销。DHC能有今天的成功,这一步真的是重中之重。

(2)趣味原则(interesting):DHC在顾客购买了商品的同时,利用美肌教室教授一些美容与护肤的好办法,使顾客在学习美容知识的同时,也了解了DHC产品的天然性,而且添加了DHC爱好者真情留言板,使更多的消费者看到别人对这个产品的评价,从而增强购买欲望。

(3)个性原则(individuality):DHC坚持走天然护肤品的路线,推出一系列天然护肤品套装和健康食品。

(4)互动原则(interaction):只需通过电话或上网索取DHC免费试用装,以及订购DHC商品,顾客就自动成为DHC会员,无须缴纳任何入会费与年费。DHC会员还可获赠DM杂志,成为DHC与会员之间传递信息,双向沟通的纽带。采用会员制,大大增强了DHC消费者的归属感,拉近了DHC与消费者之间的距离。

资料来源:MANYAWEI.网络整合营销案例分析——DHC的奇迹[EB/OL].(2009-12-27)[2016-10-05].http://b2b.toocle.com/detail--4933475.html.

网络整合营销是20世纪90年代以来在西方风行的营销理念和方法。它与传统营销的"以产品为中心"相比,更强调"以客户为中心";它强调营销即传播,与客户多渠道沟通,并建立起品牌关系。网络的互动性使顾客真正参与到营销管理的全过程;而且网络的高效性使顾客的选择余地变得更大,个性消费的复归也使得消费者的主动性大大增强。因此,企业必须将满足顾客的需求和追求利润最大化放在同等重要的位置,将顾客整合到网络营销过程中来。以舒尔茨教授为首的一批营销学者从顾客需求的角度出发研究市场营销理论,提出4C组合(customer, cost, convenience, communication)。

网络营销与传统营销的整合,就是整合营销。整合营销也就是企业通过和消费者之间的双向信息沟通,迅速、准确、个性化地了解每一个消费者的4C需求,然后从这个前提出发,做出相应的使企业利润最大化的4P(产品product,价格price,渠道place,促销promotion)策略,最终实现消费者满足和企业利润最大化。如果消费者个性化的需求得到满足,对企业的产品、服务形成良好的印象,那么在第二次需求该类产品时,就会对公司的产品产生偏好,优先选择原来的产品。如此交互进行,产品和服务便能更好地满足顾客的需求。

整合营销体现出两方面的优势:一方面,顾客的个性化需求不断得到越来越好的满足,建立起对公司产品的忠诚意识;另一方面,由于这种满足是针对差异性很强的个性化需求的,这就使得其他企业的进入壁垒变得很高,即其他生产者即使生产类似的产品,也不能同样程度地满足消费者的个性化需求。这样,企业和顾客之间的关系就变得非常紧密,甚至牢不可破,从而形成所谓的"一对一"营销关系。

一、网络整合营销的含义

网络整合营销是利用互联网特性和技术,更加有效、高性价比地完成整合营销计划,达到传统的整合营销传播不能达到的高效客户关系管理等,从而精准地实施营销策略,实现企业营销的高效率、低成本、大影响。

我们可以按两种意思来理解网络整合营销的含义:网络整合营销是利用网络技术和网络特性最大化、最快速、最有效、最精准地进行整合营销;网络整合营销是以为客户提供有价值的信息为基础,以客户创造、传播为主导的整合营销理念进行的网络营销。

网络整合营销基于信息网络(主要是互联网)之上,主要有三个方面的含义:

(1)传播资讯的统一性,即企业用一个声音说话,消费者所获得的信息无论出自哪种媒体都是统一的、一致的。

(2)互动性,即企业与消费者之间展开富有意义的交流,能够迅速、准确、个性化地获得信息和反馈信息。

(3)目标营销,即企业的一切营销活动都应围绕企业目标来进行,实现全程营销。

二、网络整合营销的 4I 原则

在网络营销界,传统的营销经典已经难以适用。媒体是传统传播时代的帝王,而网络传播时代,消费者们君临天下!

在传统媒体时代,信息传播是"教堂式"的,信息自上而下单向线性流动,消费者们只能被动接受。

而在网络媒体时代,信息传播是"集市式"的,信息多向、互动式流动,声音多元、嘈杂、互不相同。网络媒体带来了多种自媒体的爆炸性增长,博客、论坛、IM、SNS……借助于此,每个草根消费者都有了自己的"嘴巴"和"耳朵"。

面对这些"起义的长尾",传统营销方式像"狩猎"要变成"垂钓",营销人需要学会运用"创意真火"创造出诱人"香饵",而品牌信息作为"鱼钩"巧妙包裹在其中。

如何才能完成这一转变? 网络整合营销 4I 原则给出了最好的指引。

1. 趣味原则 (interesting)

中国互联网的本质是娱乐属性的,在互联网这个"娱乐圈"中混,广告、营销也必须是娱乐化、趣味性的。在互联网中传播营销信息,把信息整合到带有趣味性的活动之中,将更多地吸引消费者的关注。

2. 利益原则（interests）

网络是一个信息与服务的平台，在此平台上开展营销活动必须考虑目标受众的利益。而在网络营销活动中，提供给消费者的利益外延更加广泛，我们头脑中的第一映射——物质实利或金钱利益只是其中的一部分，还可能包括信息和资讯，功能或服务，心理满足或荣誉。

3. 互动原则（interaction）

网络媒体区别于传统媒体的一个重要特征就是其互动性。网络营销活动中要充分利用网络的互动性与消费者交流。消费者亲自参与互动和创造，会对品牌留下更深的记忆。把消费者作为一个主体，发起其与品牌之间的平等互动交流，可以为营销带来独特的竞争优势。未来的品牌将是半成品，一半由消费者体验、参与来确定。当然，对于营销人来说，找到能够引领和主导两者之间互动的方法很重要。

4. 个性原则（individuality）

个性化的营销，能让消费者在心理上产生"焦点关注"的满足感，更能投消费者所好，更容易引发互动与购买行动。但是在传统营销环境中，要做到个性化营销成本非常高，因此很难推广，仅仅是极少数品牌能炮制的极少次的豪门盛宴。但在网络媒体中，数字流的特征让这一切变得简单、便宜，细分出一小类人，甚至一个人，做到一对一营销都成为可能。

三、网络整合营销的实施步骤

（1）找准市场机会和营销目标。

（2）设计客户体验功能。通过取得第一批客户，建设以他们为主导的信息和商务服务网站。

（3）利用技术和数据库手段，根据这部分客户反馈的信息进行分析，确定主要营销战术，满足更多更重要的客户需求。

（4）设计论坛和社区，建立客户与客户的交流平台，设计商家与顾客的交互功能，以培养客户的忠诚度。

（5）确定对外传播信息，根据已有客户的信息设计和分配各人群的需求，进行对外口碑传播。

（6）分析各传播工具的特性及信息需求，引导外在客户产生兴趣和需求。

（7）实施各种免费服务策略，发现客户潜在需求，诱导传播和消费。

第六节　网络定制营销

"我的冰箱我设计"海尔冰箱定制营销

先进的自动化生产线上缓缓流动的每台海尔冰箱上都贴有一个标签,写着"济南银座定制""杭州解百定制""北京翠微定制""出口荷兰""出口美国""出口德国"等等。这意味着每台冰箱都是专门为不同的消费者制造的。

2000年,海尔提出"定制冰箱"的概念,即"我的冰箱我设计",为消费者度身定做冰箱产品。

海尔定制冰箱在国际范围内产生的效益特别可观:不仅出口到140多个国家,在欧盟5国获得在当地销售享有政府环保补贴的待遇,而且80%以上的出口产品销往欧美,产品价格在欧美市场上与国际著名品牌不相上下。在美国小容积冰箱市场,海尔冰箱以40%的市场份额稳居榜首。

一、定制营销的概念

所谓定制营销,就是指企业在大规模生产的基础上,将每一位顾客都视为一个单独的细分市场,根据每一个人的特定需求来安排营销组合策略,以满足每一位顾客的特定需求。它是制造业、信息业迅速发展给企业带来的新的营销机会。

定制营销的适用范围十分广泛,不仅可以用于汽车、服装、自行车等有形产品,也可以用于无形产品,如金融咨询、送货服务等。

在新的网络环境下,一大批为客户提供完全定制服务的企业像戴尔、亚马逊、宝洁等不断兴起。宝洁在其网站上能够接受一种皮肤护理或头发护理产品的定制,以满足顾客的需要。

二、定制营销的特征

定制营销主要有以下四个特征:

1. 大规模生产

定制营销仍然以大规模生产为基础,借助产品设计和生产过程的重新组合,来更好地满足顾客日益个性化的需求,又不失规模经济效益。

2. 数据库营销

企业在开展定制营销时,通常以顾客数据库为营销工具。企业将自己与顾客发生的每一次联系都记录下来,包括购买数量、价格、采购条件、特定需要、性别、年龄等详细信息。这样,企业会通过数据库分析新老顾客的需求,从而制定更具针对性的营销策略。

3. 细分极限化

在定制营销中,市场细分达到了极限,每一位顾客都是一个子市场,企业要根据每个人的需要确定自己的营销组合。

4. 顾客参与性高

在定制营销中,为了确保顾客的满意度,企业必然要鼓励顾客积极参与合作。

三、形成定制营销时间竞争优势的途径

从营销实施的起点看,定制营销是“零起点”营销,而传统营销是“非零起点”营销。传统营销通常是利用较多的库存缩短供货时间,而定制营销的库存较少甚至为零,导致供货周期较长、时间优势不明显。而客户在通过定制获得优质的个性化产品和服务的同时,更希望企业提供的产品和服务准时、快捷,以减少其购买决策的不确定性,降低购买决策的风险。这就要求企业在较短的时间内做出快速的反应,正如雷蒙德(Raymond T. Yeh)等提出的“零时间”企业运作管理模式。“零时间”就是指能够立即满足顾客的需要,即意味着企业能即时行动和响应市场的变化。

对于实施定制营销的企业而言,能否在“零时间”内或最短的时间内,或在最准确的时间点上,提供顾客所需要的产品或服务,即时满足顾客的需要,是形成定制营销时间竞争优势的关键。因此,构建基于时间竞争的定制营销系统,对顾客满意度、顾客忠诚度、顾客终身价值、顾客关系、顾客服务价值链的提升有十分重要的意义。如此,形成定制营销时间竞争优势的途径就很重要。

1. 信息化是定制营销的基础

企业信息化是指企业在科研、生产、营销和办公等方面广泛利用计算机和网络技术,构筑企业的数字神经系统,全方位改造企业,以降低成本和费用,增加产量与销售,

提高企业的市场反应速度,提高企业的经济效益。

定制营销的一个重要特征就是数据库营销,通过建立和管理比较完全的顾客数据库,向企业的研发、生产、销售和服务等部门和人员提供全面的、个性化的信息,深刻地理解顾客的期望、态度和行为,以能够协同建立和维持一系列与顾客之间卓有成效的协同互动关系,从而可以更好、更快捷地为顾客提供服务。在这个网络平台上,企业能够了解每一位消费者的要求并迅速给予答复,在生产产品时就对其进行定制。企业根据网上顾客在需求上存在的差异,将信息或服务化整为零或提供定时定量服务,顾客根据自己的喜好去选择和组合,形成"一对一"营销。因此,没有畅通的信息渠道,企业无法及时了解顾客的需求,顾客也无法确切表达自己需要什么产品,就无从谈定制营销。Internet、信息高速公路、卫星通信、声像一体化可视电话等的发展,为这一问题提供了很好的解决途径,是企业电子商务、网络营销和定制营销的基础平台。

利用信息技术能够增强定制营销的时间竞争优势,例如,摩托罗拉的销售员携带笔记本电脑,根据顾客设计要求定制移动电话;该设计通过网络转送至工厂,在 17 分钟内开始生产,2 个小时后,顾客设计的产品就生产出来了。

2. 选择合理的定制营销方式

企业要根据自身产品的特点和客户的需求,正确地选择定制营销方式,以取得时间优势。一般来说,定制营销的方式有以下几种:

(1)合作型定制。当产品的结构比较复杂时,消费者一般难以权衡,不知道选择何种产品组合适合自己的需要。在这种情况下,可采取合作型定制。企业与消费者直接沟通,介绍产品各零部件的特色性能,并以最快的速度将定制产品送到消费者手中。

(2)适应型定制。如果消费者的参与程度比较低,企业可采取适应型定制营销方式。消费者可以根据不同的场合、不同的需要对产品进行调整,通过变换或更新组装来满足自己的特定要求。

(3)消费者定制。当产品对于顾客来说其用途是一致的,而且结构比较简单,顾客的参与程度很高时,可以采用消费者定制方式。在有些情况下,企业需要通过调查,识别消费者的消费行为,掌握顾客的个性偏好,再为其设计更能迎合其口味的系列产品或服务,如金融咨询、信息服务等行业可以采用这种方式。

总之,不同的定制营销方式适用于不同特点的产品,也对应于不同需求的顾客。定制营销企业要充分考虑自身产品及企业所服务顾客的需求差异,采用不同的定制营销方式赢得时间竞争的优势。

3. 企业业务的外包

业务外包(outsourcing),也有人译为"外部委托"或"资源外包",其本质是把自己做不了、做不好,或别人做得更好、更安全、更快捷的事,交由别人去做。

业务外包是一种经营策略。它是某一公司（称为"发包方"）通过与外部其他企业（称为"承包方"）签订契约，将一些传统上由公司内部人员负责的业务或机能外包给专业、高效的服务提供商的经营形式。

业务外包被认为是企业引进和利用外部技术与人才，帮助企业管理最终用户环境的一种有效手段。其精髓是明确企业的核心竞争能力，并把企业内部的智能和资源集中在那些有核心竞争优势的活动上，然后将企业非核心能力部分的业务外包给最好的专业公司。由于发包方和承包方专注于各自擅长的领域，更高的生产效率提供了更快捷的产品和服务，取得了时间竞争的优势。

例如，通用汽车公司通过采用业务外包的策略，把运输和物流业务外包给理斯维物流公司（Leaseway Logistics），自己则集中力量于核心业务——制造轿车和卡车上。始于 1991 年的这种合作节约了大约 10% 的运输成本，缩短了 18% 的运输时间，提高了响应速度和反应能力。

当然，这种机制的高效性是以信息技术为基础的。否则，需求放大的信号，需求信息扭曲的"牛鞭效应"就会产生。因此，信息协调，增强企业之间的信息共享程度，增强决策信息的可获性、透明性和可靠性，增强企业间的合作，是十分必要的。

4. 构建敏捷柔性的生产制造系统

定制营销企业要构建敏捷的制造系统，关键要从生产运作管理入手，完成生产经营策略的转变和技术准备。适当的技术和先进的管理，能使企业的敏捷性达到一个新的高度，如先进加工技术、质量保证技术、零库存管理技术等。

另外，要满足客户个性化的需求，生产流程必须柔性化。企业的生产装配线必须具备快速调整的能力，使企业的生产线具有更高的柔性和更强的加工变换能力，从而使生产系统能适应不同品种、式样的加工要求。

总之，定制营销企业要想在竞争中取得优势，时间竞争是其不可回避的问题，企业通常需要对上述几种策略进行整合，以获得定制营销的时间优势。

第七节　网络柔性营销

▼案例观察

柔性营销——让客户无法抗拒的高招

一天，一位自称威斯灵药品公司客服小姐的人上门来，对客户说："您去年3月28日在州第三连锁店购买的两瓶威斯灵，昨天已过了保质期。请您告诉我，您服用完了吗？"

于是，客户找出了那两瓶药，一看，保质期果然是刚过了一天，一瓶还没开封，另外一瓶则只剩下几颗。客户说："那就请你给我换两瓶吧，备着到时候服用。"

客服小姐将其中一瓶里剩下的几颗药丸倒在手掌里，数了数，说："这一瓶您已经服用了24颗，还剩下6颗，这6颗我们公司以每颗5美分的价格回收。那一瓶没有开封，我们公司以统一零售价5美元的60%价格回收。"然后她掏出计算器计算了一下，又说："现在您只需要支付6美元70美分就可以购买两瓶威斯灵新品了，这可要比您到连锁药店去购买便宜多了，我很想知道，您能接受这一调换方式吗？"

这样实惠的买卖，客户当然愿意接受。客服小姐拿出两瓶新的威斯灵说："这是5天前出厂的，零售价格和治疗感冒的效果同以前是一样的。到明年到期后的第二天，我们公司会有客服再来拜访您的。"然后她开具了发票，接过钱后，道声"再见"就离开了。

【启示与思考】

美国各制药公司和各连锁药店联网，制药公司每天所生产的各批次非处方药品销售给了哪些客户，药店都有详细的一览表，并及时提供给相关制药公司。各制药公司就从这些信息中掌握了客户所购买药品的保质时间段，一旦到了保质期，就会及时派遣客服主动登门造访，征求意见并询问是否要调换。

这就是柔性营销，让客户根本无法抗拒的高招。这种营销方式能起到三个效果：一是掌握了客户对药品疗效的意见；二是相对稳定了客户群，促进了药品的薄利多销;三是提升了以人为本的公司形象。

　　柔性营销竭力打造强大的后端,因为只有通过追销的方式,才能让客户反复购买。经过统计,后端利润占到企业总利润的 90% 以上。但是,大部分企业,由于忽视了后端的打造,从而丧失了这 90% 的利润,损失惨重。

　　一个小小的营销招数的改变,会让一个企业获得迅速的发展。

　　　资料来源:蒋藕春.柔性营销,让客户无法抗拒的高招[EB/OL].(2009-10-23)

　　[2016-10-05].https://club.1688.com/article/8779348.htm.

一、柔性营销的含义

　　所谓柔性营销,就是指企业适时灵活地整合企业营销资源,以适应并满足客户个性化需求的一种营销思想和方法。它以顾客的需求为出发点,以系统的观念和权变的观念为营销的指导思想,并使得这种快速反应的营销模式成为组织的竞争优势。

　　柔性营销包含三层含义:

　　(1)在资源层面上,企业具有即取即用的人力、物力、财力、技术和信息。这是企业开展柔性营销的资源基础。

　　(2)在制度层面上,企业具有机动灵活,科学配置企业资源,能适应和满足客户需求的制度。这是企业开展柔性营销的制度基础。

　　(3)在文化层面上,企业具有持续学习、开拓创新、团队协作的企业文化。这是企业开展柔性营销的深层次关键层面,它描述了企业对周围环境的敏感性,是企业不断学习创新,主动适应周围环境,以确保持续发展的能力基础。

　　这三个层面相互影响、相互支持、彼此渗透,有机地形成企业柔性营销的整体。

二、柔性营销的发展

　　市场营销学在其历史进程中,充分吸收了经济学、心理学、社会学、管理学等相关学科的概念、原理和方法,使其理论体系更加完善。随着市场经济的发展和社会的进步,市场营销理论在实践中也不断得到更新、完善。

　　经济全球化使国内市场与国际市场对接,不可避免地把现代企业营销置于国际化的环境之中。消费者需求的多元化,以及世界各民族文化的差异,决定了企业对不同消费者需求的回应能力和创新能力,已成为企业能否生产和发展的关键。环保问题、可持续发展问题,成为影响市场供求关系的重要因素之一。科学技术的不断进步和经济的不断发展,形成了全球化信息网络和全球化市场,并且使技术变革加速。市场的这些变化,迫切要求企业进行营销革命,即对市场营销的柔性管理。

柔性营销是通过完善高效的信息管理系统,整合组织的人力、物力、财力,协调生产、研发、财务、人力资源、物流等各项活动,以顾客需求为行动指南,充分发挥企业员工的主动性和创造性,以灵活多变的营销思想、方法来有效地满足客户的不同需求,增强企业对多变环境的适应能力和竞争制胜能力。这种柔性的营销模式主要通过维护和保持与顾客的长期关系来增强其市场的应变性。

三、柔性营销的理论基础

从柔性营销的概念及发展的过程可以看出,柔性营销是建立在先进理论基础上的,以顾客为中心的一种非常灵活的营销理念。因此,我们可以构造柔性营销,是基于以下三种理念:

1. 关系营销理念

关系营销（relationship marketing）亦称咨询推销、关系管理、人际管理的市场营销,它是交易市场营销的对称,是企业与顾客、分销商、经销商、供应商等建立、保持并加强关系,通过互利交换及共同履行诺言,使有关各方实现各自的营销目的、营销行为的总称。关系营销理念即企业以关系营销的理论来指导自己的行动所形成的指导思想及经营哲学。

2. 顾客满意理念

顾客满意（customer satisfaction,CS）是指企业的全部经营活动都要从满足顾客的需要出发,以提供满足顾客需要的产品或服务为企业的责任和义务,以满足顾客需要,使顾客满意为企业的经营目的。更进一步,CS理念要求企业把顾客的现实需求与潜在需求作为企业开发产品和服务项目的源头,并在市场营销全过程及其各个环节中都要以最大可能满足消费者需求。

3. 超值服务理念

超值服务就是整合企业所有的资源,以最快的速度、最优的方式,向消费者提供超越其心理期待（期望值）的、超越常规的产品或全方位服务。超值服务理念是由售前、售中和售后提供超值产品或服务三个子系统构成的有机体系,贯穿于科研、生产、销售全过程,也就是说,要"以顾客为导向"向顾客提供最满意的产品和最满意的服务。通过企业与顾客构建的直接网络平台,企业可以直接获取顾客的目前需求和潜伏需求,以及没有被满足的需求,并通过企业柔性的快速反应系统使顾客的这一需求得到满足。

第八节 关系营销

马狮百货集团全面关系营销战略

马狮百货集团（Marks & Spencer）是英国规模最大且盈利能力最强的跨国零售集团，《今日管理》的总编罗伯特·海勒曾评论说："从没有企业能像马狮百货那样，令顾客、供应商及竞争对手都心悦诚服。在英国和美国都难找到一种商品牌子像'圣米高'如此家喻户晓，备受推崇。"这句话正是对马狮在关系营销上取得成功的一个生动写照。

马狮百货集团的全面关系营销战略主要体现在以下几个方面：

1. 围绕"满足顾客真正需要"建立企业与顾客的稳固关系

关系营销倡导建立企业与顾客之间长期而稳固的相互信任关系，实际上是企业长期不断地满足顾客需要，实现顾客满意的结果。马狮认为顾客真正需要的是质量高而价格不贵的生活日用品，而当时这样的货品在市场上并不存在。于是，马狮建立起自己的设计队伍，与供应商密切配合，一起设计或重新设计各种产品。马狮实行的是以顾客能接受的价格来确定生产成本的方法，他们把大量的资金投入货品的技术设计和开发，而不是广告宣传，通过规模经济来降低生产成本。另外，马狮采用"不问因由"的退款政策。

2. 从"同谋共事"出发建立企业与供应商的合作关系

零售商与制造商的关系多建立在短期的相互利益上。马狮则以本身的利益、供应商利益及消费者利益为出发点，把其与供应商的关系视为"同谋共事"的伙伴关系。如果马狮从某个供应商处采购的货品比从批发商处采购更便宜，其节约的资金部分，马狮将转让给供应商，作为改善货品品质的投入。

3. 以"真心关怀"为内容建立企业与员工的良好关系

马狮把建立与员工的相互信赖关系，激发员工的工作热情和潜力，作为管理的重要任务。在人事管理上，马狮不仅为不同阶层的员工提供周详和组织严谨的训练，而且为每个员工提供平等优厚的福利待遇，并且做到真心关怀每一个员工。关心员工是目标，福利和其他措施都只是其中一些手段，最终目的是与员工建立良好的人际关系，而不是以物质打动他们。例如，一位员工的父亲突然在美国去世，第二天公司已代他安排好赴美的机票，并送给他足够的费用；一个未婚的营业员生下了一个孩子，她同时要照顾母亲，为此她两年未能上班，公司却一直发薪给她。

资料来源：郑宇. 马狮关系营销的完美体现［EB/OL］.（2000−07−03）［2016−10−05］. http://www.emkt.com.cn/article/12/1230.html

实施关系营销是一项系统工程，要实现企业与顾客建立长期稳固关系的最终目标，离不开与关联企业及员工建立良好关系的支持。

关系营销是用系统论的方法把一切内外部利益相关者纳入研究范围，考察企业所有活动及其相互关系。

关系营销的核心是为顾客提供高度满意的产品和服务价值，通过加强与顾客的联系，提供有效的顾客服务，保持与顾客的长期关系，并在与顾客保持长期关系的基础上开展营销活动，实现企业的营销目标。

作为一种有效的双向沟通渠道，互联网使得企业与顾客之间可以实现低费用的沟通和交流，为企业与顾客建立长期关系提供有效的保障。首先，利用互联网，企业可以直接接收顾客的订单，顾客可以直接提出自己的个性化需求。其次，利用互联网，企业可以更好地为顾客提供服务，与顾客保持联系。

一、关系营销的思想

关系市场营销理论所倡导的，是利用一些网络组织技术将企业的营销关系导入一种制度化的相互关系中，以形成一种长期稳定的市场营销关系网络。

这种营销方式反映了这样的指导思想：要实现企业的营销目标，保持企业有利的市场位置，使企业持续稳定地增加利润，市场营销者应该积极主动地与顾客、中间商、供应商、营销中介等建立并保持一种长期稳定、友好合作的关系，使有关各方实现各自的目的。

所谓关系营销，就是把营销活动看成一个企业与消费者、供应商、分销商、竞争者、政府机关及其他社会公众发生互动作用的过程，其核心是建立和发展与这些公众的良好关系。

二、关系营销的本质特征

关系营销的本质特征可以概括为以下几个方面：

1. 双向沟通

在关系营销中，沟通应该是双向而非单向的。只有进行广泛的信息交流和信息共享，企业才可能赢得各个利益相关者的支持与合作。

2. 合作

一般而言，关系有两种基本状态，即对立和合作。只有通过合作才能实现协同，因此合作是"双赢"的基础。

3. 双赢

关系营销旨在通过合作增加关系各方的利益，而不是通过损害其中一方或多方的利益来增加其他各方的利益。

4. 亲密

关系能否得到稳定和发展，情感因素也起着重要作用。因此，关系营销不只是要实现物质利益的互惠，还必须让参与各方能从关系中获得情感的需求满足。

5. 控制

关系营销要求建立专门的部门，用以跟踪顾客、分销商、供应商及营销系统中其他参与者的态度，由此了解关系的动态变化，及时采取措施消除关系中的不稳定因素和不利于关系各方利益共同增长的因素。

三、关系市场营销与交易市场营销的区别

1. 直接目的不同

交易市场营销的目的是达成交易，实现交换；而关系市场营销的目的是与顾客形成一种长期的、稳定的、互利互惠的、友好合作的关系。

2. 工作任务不同

交易市场营销的任务是实现非顾客——潜在顾客——顾客的转换；而关系市场营销的任务则是实现非顾客——潜在顾客——回头客——常顾客——忠诚顾客——关系

顾客的转换。

3. 活动程序不同

交易市场营销的活动程序是寻求顾客——了解顾客——实现交换——顾客需求满足——企业盈利；关系市场营销的活动程序则是寻求顾客——了解顾客——人性化交际——达成交易——建立关系——重新交易——关系强化——企业盈利。

4. 遵循的信条不同

交易市场营销的信条是通过满足消费者的需要实现盈利；关系市场营销的信条是建立良好的关系，有利可图的交易自然随之而来。

5. 工作重点不同

交易市场营销的工作重点是维持或提高企业产品的市场占有率；而关系市场营销的工作重点是对顾客忠诚度的培养。

6. 营销效果不同

交易市场营销无论怎么使消费者满意，当交换完成后，消费者与企业的关系即以买断而告终，往往是货款两清，交易完毕；关系市场营销的双方越是了解和信任，交易越是容易实现，由过去多次的谈判交易发展成例行的程序化交易，可以大大节约交易成本与时间。

据美国汽车业的调查，1 个不满意的顾客会影响 8 笔潜在的生意，其中至少有 1 笔会成交。1 个不满意的顾客会影响 25 个潜在顾客的购买意愿。争取一个新顾客所花的成本是保住一个老顾客的 6 倍。

因此加强与顾客的关系并建立顾客的忠诚度，是可以为企业带来长远利益的，它提倡的是企业与顾客间实现双赢的策略。

四、CRM 理论

CRM（Customer Relationship Management）即顾客关系管理，它是反映一种新型营销观念的关系系统，主要实施于企业的市场营销、服务与技术支持等与顾客有关的领域。

CRM 的目标一方面是通过提供更快速和周到的优质服务吸引和保持更多的顾客；另一方面是通过对企业业务流程的全面重组和管理，降低企业的成本。

CRM 既是一种营销观念，也是一套新的管理软件和技术。与不同的顾客建立不同的联系，并根据其特点提供服务，是 CRM 的核心思想。

作为一种营销观念，GRM 的指导思想是通过先进的软件技术和优化的管理方法对顾客进行系统化的研究,通过研究、识别、开发有价值的顾客,改善与顾客关系相关的业务流程。其目的是缩短销售周期、降低销售成本、增加企业盈利、扩展新的市场,并通过提供个性化的服务来提高顾客的满意度和忠诚度。

作为一种管理系统，GRM 是一个不断加强与顾客交流,不断了解顾客需求,并不断对产品及服务进行改进和提高,以更好地满足顾客需求的连续性的活动过程。

五、CRM 的工作内容

为赢得顾客的高度满意和建立长期稳定的良好关系,在客户管理中,企业应开展多方面的工作。

CRM 的流程大致包括以下几项内容:

1. 顾客分析

该项工作主要是分析谁是企业的顾客,企业的主要顾客群有哪些,顾客需求与购买行为的特征是什么,并在此基础上分析顾客差异对企业利润的影响等。这是顾客关系管理的第一步。

通过网络活动,包括正式的资料填写和非正式的路径检测等,可以取得相当多的顾客名单,甚至可以先期分析出不同的消费习性群体。但是,这些活动成果的质量,很大程度上取决于整体的网络营销规划(包括网站的设计与规划)是否生动和吸引人。

2. 明确任务

明确任务即明确企业的任务。在顾客分析的基础上,企业应清醒地认识到该向顾客提供什么样的产品和服务。

3. 信息沟通

CRM 注重的是与顾客的交流与沟通,企业的营销活动是以顾客为中心、而不是以产品为中心。为方便与顾客的交流,企业应为顾客提供多种交流的渠道。CRM 的实质就是企业与顾客信息沟通的过程,实现充分且有效的信息沟通是建立和保持企业与顾客良好关系的有效途径。

4. 关系维系

要与顾客建立长期稳定的关系,首先要取得顾客的信任,同时要区别不同类型的顾客关系及其特征,还可以通过建立顾客组织等途径,保持企业与顾客长期友好的合作关系,并不断使这种关系得以强化。

5. 反馈管理

对顾客反馈的管理,对于衡量企业任务的完成,及时发现企业在满足顾客需求、为顾客服务过程中存在的问题,有着重要的作用。

进行 CRM 能充分开发并利用顾客资源,通过与顾客的交流,建立顾客档案,可以从中获得大量针对性强、内容具体、有价值的市场信息,还可以将销售渠道、需求变动、潜在顾客等作为企业各种经营决策的重要依据。从企业的长远利益出发,企业应保持并发展与顾客的长期关系。

欧美一些发达国家已经充分认识到这个理论体系的重要性,一些大企业已率先身体力行,并取得了骄人的成绩。如国际互联网设备供应商思科公司(CISCO)在顾客服务领域全面实施了 CRM。他们将顾客服务业务搬到了国际互联网上,通过国际互联网开展的在线支持服务占其全部支持服务的 70%。通过这种服务,思科公司还可以及时并妥善地回答、处理、分析每一个通过网络、电话或其他方式来访的顾客要求。实施 CRM 使思科公司每年节省 3.6 亿美元的顾客服务费,并使顾客满意度由原来的 3.4 提高到现在的 4.17;发货时间也由 2 周减少到 3 天;在新增员工不到 1% 的情况下,利润增长了 500%;公司的网上销售额基本上占到美国国际互联网销售额的 50%。

因特网不仅改变了信息的提交方式,加快了信息的提交速度,而且简化了企业的顾客服务过程,使企业服务顾客的过程变得更加方便快捷。基于因特网的 CRM 系统可以使企业逐步实现由传统企业模式向以电子商务为核心的转变。

本章讨论与思考

1. 试述网络直复营销的主要内容。
2. 简述网络整合营销的基本观点。
3. 简述网络定制营销的基本内容。
4. 什么是关系营销?关系营销的本质特征有哪些?

第二章 网络营销环境

学习目标

◎ 了解企业网络营销环境。
◎ 掌握各种环境因素对企业网络营销战略的影响。

▼案例观察

车市转熊,经销商谋划转变营销模式

虽然有心理准备,但 2015 年车市之冷淡,以及经营环境之恶化,还是让上海乃至全国的汽车经销商措手不及。战战兢兢熬过上半年后,上海多家汽车经销商开始着手转型,在"互联网+"的背景下,传统意义上的 4S 模式的内涵正在悄然变化。

脑子灵活的 4S 店总经理,三个月前就已经开始试运营客户管理 APP,除共享新车及售后维修信息外,还在客户群普及金融知识,甚至卖起了大米和智能马桶盖。还有的大型汽车销售集团,正密谋打破集团内各家品牌 4S 店的权限,整合集团内客户资源,为客户提供一切生活服务。

1. 下半年车市难有起色

从往年的销售情况来看,6 月应该是一个小旺季,但是今年的 6 月,情况似乎都不大好。无论是日系 4S 店,还是德系 4S 店,日均到店量均下降了 4 成。

浦西一家日系经销商分析,股市是车市冷清的原因之一。5 月份股市好,很多账面资金充裕的消费者会在周末到 4S 店看看车。"先来看看,有钱了就会想买好一点的车,也愿意配合我们做潜在客户信息登记。"但 6 月份股市不理想,再加上下雨天数增多,消费者到店量急剧下滑。"原先一个月可以建 500 到 600 个潜在客户信息,现在只有 200 到 300 个。销售经理只好扩大批发量,把车子多卖给二级经销商,为了完成月销量,价格让得越来越没底线。"

而对于下半年的市场走势，经销商们都表示"不看好"。"整体经济情况没有起色，消费者不仅仅是不愿意购车消费，除了餐饮，其他地方都不愿意多花钱，在股市被套牢的人更是不愿意多花钱。""沪牌难拍，再加上各类打车、专车软件的盛行，很多人觉得用车也不是那么不方便，与其花20万元买车，还不如该用车时再打车，既省钱，又能免去拍牌、停车的烦恼。"

更让经销商怨声载道的是，之前主机厂表示过"如果车市不好，可以适当下调销售任务"，但上半年过去了，销售任务并没有下调，而库存仍在增加。有经销商表示，目前的库存比是 1：1.2。"听起来好像很合理，但以目前的销售情况看，到店客户量下降那么多，我该去哪里找人来买车，再说还有一批新车在路上，到了就得直接进仓库。"

而之前公认的售后赚大钱的情况，经销商们也表示"没那么乐观"。快修店的兴起，抢走了一部分售后维修保养客源，大众汽车将在华建立1200家快修店的消息，也让经销商们心头一惊。

入不敷出的经营状况，迫使经销商们不得不重新审视4S模式。转型，或者是创新，成了当务之急，上海不少经销商开始着手改变。

2. 客户资源是王牌

"主机厂手里有新车资源，有零部件资源，但除此之外的客户资源，都是由经销商来管理。我们现在有20万个客户资源，要想改变目前的经营状况，必须做好客户服务。我们去年以来就在思考这个问题，该如何创新地做服务。"普陀区一家经销商表示，"以前4S店是要求我们做好销售服务，做好售后维修保养服务，今年我们决定把服务扩展到客户生活的方方面面，为他们提供有品质的生活。"

三个月前，这家经销商创办了微信公众号，并试运营了客户管理APP，力图通过"互联网＋"的途径，为客户提供吃、穿、住、用、行等各方面信息，如客户有需求，他们立刻提供相应服务。"入选的合作品牌，形象必须要好，服务内容必须靠谱。"目前，他们根据客户的自身特点，提供金融信息、旅游、有机大米、智能马桶盖等相关服务，"效果还不错"。

沪上某汽销集团也在做类似事情。"车以外的业务我们也在做，我们更愿意转型成配套服务店，形成以点带面的营销模式，以后客户会因生活服务来找我，而不仅仅是因为车子来找我。车子卖出后，客户因为车来找我，可能一年不过来三次，但如果因生活服务来找我，一年可能就来无数次。"

在此之前，他们做过调研，发现年轻客户对类似于微信朋友圈之类的社群有兴趣,也更乐意接受经销商提供的服务。再者,经销商集团有自身的优势,低、中、高各类客户可以组合,也可以打通集团内金融、租赁、二手车等平台,形成一个集团平台。"这样,我们能做的事情就很多了,而且我们以后打造的是自己集团的服务品牌,不再是主机厂品牌。主机厂和我们的关系,可能会由之前的父子关系,转变到目前的合作伙伴关系,渐渐变成将来的子父关系。"

3. 力求最快转变

"互联网+"的服务模式是否会取代4S模式?经销商们回答不一,但"4S店经营越来越困难,只能靠自救。所有的服务模式都没有技术壁垒,创意一出来很容易被山寨,越早转变,未来就越有主动权,才能在竞争中分得一杯羹"。

至于4S模式何去何从,有经销商认为,4S模式难以取代,有了新车销售和售后维修,才能拒绝低端客户,并不断补充新的车主客户资源,是集结客户资源的最好平台。在4S模式下为客户提供优质的生活服务,将是未来汽车经销商营销模式的主流。

也有的经销商认为,如果厂家能通过网络出售新车,而不是在4S店卖新车,那么,4S店会轻松很多,没有库存压力,也不需要那么大的展厅,现有的4S展厅可以划出不同的空间,可以进驻咖啡店,也可以进驻便利店,在为客户提供售后保养的同时,可以解决生活上的各类问题。未来两三年内,4S的模式可能会不存在。

资料来源:姚琼.车市转熊　经销商谋划转变营销模式[N].新民晚报,2015-07-01(B1).

【启示与思考】

互联网的使用,使得人们获取信息的方式方法可以打破时空限制,网络深入人们生活的各个层面,引起了整个社会的变化。许多企业纷纷按照互联网的特点积极改组企业内部结构和探索新的营销管理模式。汽车经销商的"互联网+"营销模式可行否?

第一节　网络营销环境分析概述

网络营销环境是指对企业的生存和发展产生影响的各种外部条件,即与企业网络营销活动有关联的各种因素的总和。

营销环境是一个综合的概念,由多方面的因素组成。随着社会的发展,特别是网络技术在营销中的运用,环境更加变化多端。虽然对营销主体而言,环境及环境因素是不可控制的,但它也有一定的规律性,我们可通过营销环境分析对其发展趋势和变化进行预测和事先判断。企业的营销观念、消费者需求和购买行为,都是在一定的经济社会环境中形成并发生变化的。因此,对网络营销环境进行分析是十分必要的。

一、网络营销环境五要素

要进行网络营销环境分析,必须首先掌握构成网络营销环境的五要素。

1. 提供资源

信息是市场营销过程的关键资源,是互联网的血液。互联网可以为企业提供各种信息,以指导企业的网络营销活动。

2. 全面影响力

环境要与体系内的所有参与者发生作用,而非个体之间互相作用。每一个上网者都是互联网的一分子,他可以无限制地接触互联网的全部,同时在这一过程中受到互联网的影响。

3. 动态变化

整体环境在不断变化中发挥其作用和影响。不断更新和变化正是互联网的优势所在。

4. 多因素互相作用

整体环境是由互相联系的多种因素有机组合而成的,涉及企业活动的各因素在互联网上通过网址来实现。

5. 反应机制

环境可以对其主体产生影响,同时,主体的行为也会改造环境。互联网已经不只是传统意义上的电子商务工具,而是独立成为新的市场营销环境。它以其范围广、可视性强、公平性好、交互性强、能动性强、灵敏度高、易运作等优势给企业市场营销创造了新的发展机遇与挑战。

因此,与传统市场营销环境不同,网络营销环境有其特殊性,其构成如图 1-2-1 所示。

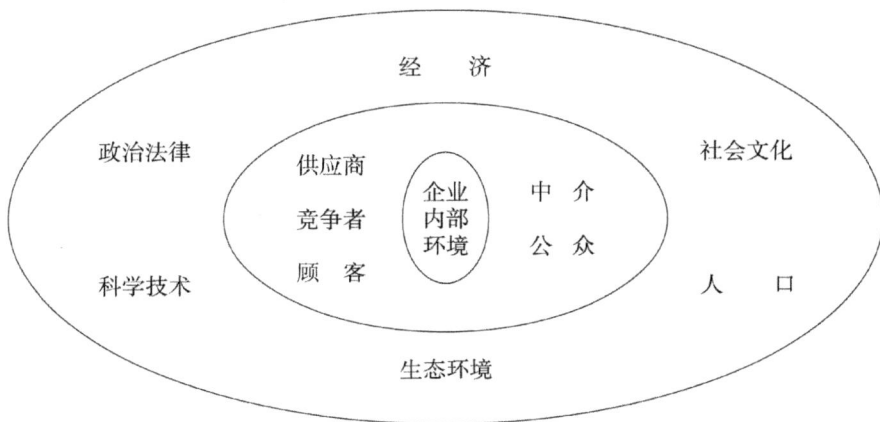

图 1-2-1　网络营销环境

二、网络营销环境的内容

根据不同的划分法,网络营销环境可分为不同的内容。

1. 根据对企业网络营销活动影响的直接程度划分

根据营销环境对企业网络营销活动影响的直接程度,网络营销环境可以分为网络营销微观环境与网络营销宏观环境两部分。

网络营销微观环境是指与企业网络营销活动联系较为密切、作用比较直接的各种因素的总称,主要包括供应商、企业内部环境、竞争者、合作者、营销中介、顾客以及社会公众等企业开展电子商务、网络营销的上下游组织机构,如图 1-2-2 所示。不同行业企业的微观营销环境是不同的,因此,微观营销环境又称行业环境因素。

网络营销宏观环境是指对企业网络营销活动影响较为间接的各种因素的总称,主要包括政治法律、人口、经济、科学技术、社会文化、自然地理等环境因素,如图 1-2-3 所示。

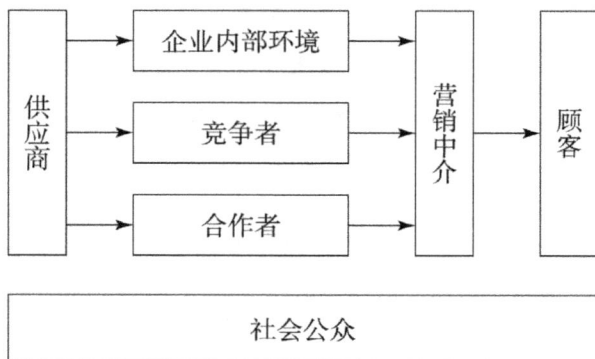

图 1-2-2 网络营销微观环境

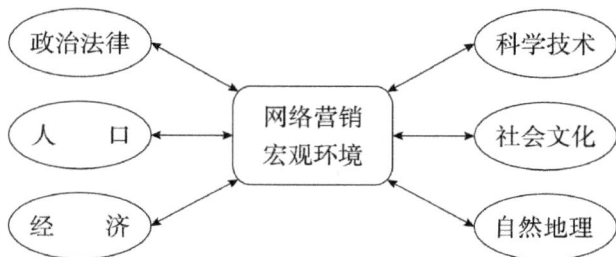

图 1-2-3 网络营销宏观环境

2. 根据是否与互联网特性有关划分

根据是否与互联网特性有关划分,网络营销环境又可分为市场营销的网络环境和网络营销的现实环境两部分。

市场营销的网络环境,是指网络在市场营销活动中的运用,使企业的市场营销行为表现出了许多与过去不同的特征和规律,企业可以在网络上发现大量的新的营销机会和一个更为广阔的市场空间。同时,网络经济也给企业的营销活动带来了更多的挑战与威胁。

企业开展网络营销活动的前提是明确认识网络本身对营销活动的影响,从而做到企业营销活动与网络的完美结合,使网络在市场营销方面取得显著的效果。

网络营销的现实环境,即在网络与营销做到比较完美的结合后,对网络营销活动造成直接或间接影响的各种因素的总称。

三、网络营销环境的特征

（1）波动性，即网络营销环境经常发生变化而且难以预测。

（2）不可控性，即网络营销环境的变化不受单个企业的控制。

（3）差异性，即网络营销环境对不同类型企业的影响各不相同。

第二节　网络营销微观环境分析

▼案例观察

俩"美晨"对簿公堂
企业网络知识产权保护敲响警钟

美晨集团诉美晨科技商标侵权，国内最有名的两个"美晨"打上了法庭，随后，美晨科技再注册有网络商标之称的通用网址"美晨科技"，这一侵权诉讼的影响从实体商标蔓延到互联网。不仅如此，今年以来的品牌争议也呈一种扩大化态势，仅2011年以来爆出或结案的商标诉讼案例就有多起，其中不乏奥普、七匹狼、姚明一代等知名品牌。

系列品牌争议案也给企业知识产权保护敲响了警钟，企业对商标要及早进行全系列保护性注册，不仅如此，对待具备独占性、唯一性等网络商标属性，并奉行先注先得国际惯例的通用网址等网址资源，企业也需及早注册与保护。而对产生争议的商标或者网址，企业应当诉诸法律，或者申请仲裁，来维护自身的品牌权益。

商标混战　"网络商标"成争夺热点

2011年6月，山东美晨科技成功上市，不想这一喜事却打乱了另一企业美晨集团股份有限公司的日常工作，也让公众对两家美晨产生了混淆。出于保护企业商标字号，澄清消费者误区的目的，美晨集团将美晨科技告上法庭。此案审理期间，美晨科技又抢先将"美晨科技"这一通用网址收入囊中，双方争议蔓延到互联网。

无独有偶，6月，武汉市中级人民法院审理的姚明诉"姚明一代"商标侵权案中，被诉企业武汉云鹤大鲨鱼体育用品有限公司也在诉讼期间抢先注册了"姚明一代"通用网址，为姚明的维权之路制造了不小的麻烦。

与实体商标相比，网络商标的争夺将会更加火爆，因为与一对多的商标注册体系不一样，通用网址采取一对一的注册原则，并奉行先注先得的国际惯例，商标权无法对抗域名权，一经注册很难夺回。因此，对美晨集团和姚明来说，想夺回网络商标，恐怕也要经历漫长的诉讼之路。

品牌争议扩大化　及早保护势在必行

总结今年的品牌争议案可以发现,有扩大化的态势出现,实力相当的企业争抢同一品牌资产的情况频发,比如 COACH(蔻驰)与七匹狼的相似商标争议,杭州奥普电器有限公司与浙江现代新能源有限公司的"奥普"商标争议,以及两个美晨、两个姚明都将面临网络商标争议问题。

也有专家指出,面对品牌争议频发的现状,企业需要未雨绸缪,多方预防品牌资产的流失。对此,专家也建议,企业可以按照"商标＋域名＋网址资源"的布局来全面注册及保护品牌资产。具体来说,不仅要对商标进行全系列注册性保护,也要全面梳理企业品牌相关词汇、企业领导人、特殊号码等相关网址资源,以此形成完整的网络标识防御圈。安盛、埃克森美孚、立邦等跨国公司,第一汽车集团公司、苏宁、国美等国内知名企业,都曾疯狂注册与保护通用网址,其初衷都在于此。

另一方面,通用网址也是全能的营销利器,企业注册与品牌和产品相关的通用网址之后,便可加入"赢销联盟"平台;在搜索引擎、新浪通用网址频道、具有百万企业的商商通旺铺以及覆盖全国的 100 家地方信息港等平台进行多维度品牌展示、拦截用户,大规模影响终端消费者。从这一意义上说,美晨集团、姚明失去相关的知名通用网址可谓损失巨大。

对于品牌资产已被占用的企业来说,专家也指出,听之任之的态度危害性最大,企业正确的做法是,及时诉诸法律,或者申请仲裁。当然,对"美晨"们来说,最为妥当的办法应当是提前注册与"美晨"相关的一系列商标及通用网址、无线网址。及早保护,才可以防范于未然。

资料来源:俩"美晨"对簿公堂　企业网络知识产权保护敲响警钟 [EB/OL]. (2011-09-22)[2016-10-05].http://mba.zj.com/qche/2011-09-22/182451.html.

微观环境由企业及其周围的活动者组成,直接影响着企业为顾客服务的能力。它包括企业内部环境、供应商、营销中介、顾客或用户、竞争者、合作者、社会公众等因素。

一、企业内部环境

企业内部环境是指对企业网络营销活动产生影响而营销部门又无法直接控制或改变的各种企业内部环境因素的总称。企业内部环境包括企业内部各部门的关系及协调合作。

在互联网条件下,企业营销能力实际上就是企业适应环境的能力。企业营销能力的高低很大程度上取决于营销组织结构是否能适应市场的需求,是否具有较高的战斗力。由此,互联网要求企业的组织结构必须具有以下基本特点:

1. 扁平化

扁平化是网络经济下企业组织变革最显著的特征。

适合工业革命需要的组织结构都是一种金字塔式的层级结构,其优点是分工明确、等级森严、便于控制。但是,这种组织结构在网络经济下暴露出越来越多的弊端。如管理成本居高不下、管理效率低下、组织内部信息传递不畅等。

为了克服传统组织结构的这些缺点,组织开始出现扁平化的趋势。组织结构的扁平化改变了传统命令链的多层级和复杂性,精简了结构层次,从而有利于信息的传递,保证信息传递的有效和不失真,大大提高了组织效率。

2. 网络化

企业组织结构的网络化主要体现在四个方面:

一是企业形式集团化。随着经济全球化的趋势越来越明显,企业集团、企业战略合作伙伴、企业联盟大量涌现,使得众多企业之间的联系日益紧密,构成了企业组织形式的网络化。

二是企业经营方式连锁化。很多企业通过发展连锁经营和商务代理等业务,形成了一个庞大的销售网络体系,使得企业的营销组成网络化。

三是企业内部组织网状化。由于企业组织架构日趋扁平,管理层次减少,跨度加大,组织内的横向联络不断增多,内部组织机构网络化正在形成。

四是信息传递网络化。随着网络技术的飞速发展和计算机的广泛应用,企业信息传递和人际沟通已经逐渐数字化、网络化。不同部门、员工之间通过先进的通信技术进行信息沟通和及时有效的交流,可增进员工之间的了解,提高其学习能力,并增强部门之间的协同能力,有利于企业处理复杂的项目,形成竞争优势。

3. 虚拟化

网络经济下企业组织要想具备竞争力,必须要有快速而强大的研发能力,有随市场变化而变化的生产和制造能力,有广泛而完善的销售网络,有庞大的资金力量,有能够生产出满足顾客需求的产品的质量保证能力和管理能力等。

只有集上述各种功能优势于一体的组织才具有强大的市场竞争能力。但事实上,大多数企业组织只有其中某一项或少数几项比较突出、具有竞争优势的能力,而其他功能则并不具备竞争优势。为此,企业组织在有限资源条件下,为了取得最大的竞争优势,可仅保留企业组织中最关键、最具竞争优势的功能,而将其他功能虚拟化。虚拟化了的功能可借助各种外力进行弥补,并迅速实现资源重组,以便在竞争中最有效地对市场变化做出快速反应。

二、供应商

供应商是指向企业及其竞争者提供生产经营所需原料、部件、能源、资金等生产资源的公司或个人。

企业与供应商之间既有合作又有竞争,这种关系既受宏观环境影响,又制约着企业的营销活动。企业一定要注意与供应商搞好关系,供应商对企业的营销业务有实质性的影响。在企业开展网络营销的活动中,在企业对供应商的依赖性增强的同时,企业与供应商的合作性也在增强。

三、营销中介

营销中介是协调企业促销和分销其产品给最终购买者的企业或个人,主要包括中间商、物流配送机构、市场营销服务机构和金融机构等。

1. 中间商

中间商是协助公司寻找顾客或直接与顾客进行交易的商业企业。

中间商分两类:代理中间商和经销中间商。代理中间商(如代理人、经纪人、制造商代表)专门介绍客户或与客户磋商交易合同,但并不拥有商品持有权。经销中间商(如批发商、零售商和其他再售商)购买产品,拥有商品持有权,再售商品。

中间商对企业产品从生产领域流向消费领域具有极其重要的影响。在与中间商建立合作关系后,企业要随时了解和掌握其经营活动,并可采取一些激励性合作措施,推动其业务活动的开展,而一旦中间商不能履行其职责或市场环境发展变化,企业应及时解除与中间商的关系。

在网络经济条件下,中间商对企业营销活动的影响主要表现为以下几点:

(1)为企业提供高效的销售网络。通过互联网,企业可以采用建立自己的销售网站,或者采用网上商店经销、代理,或者通过交易平台或购物搜索网站等方式开展网络营销。毫无疑问,这些都为企业提供了一张全新高效的销售网络。

(2)中小企业进入市场的障碍明显减少。过去由跨国公司所建立的国际分销网络的作用现已日益减弱,给中小竞争者造成的进入市场的障碍也随之减少。

(3)企业面向顾客的机会增多,对传统中间商的依赖性减弱。通过因特网,制造商与最终用户可以直接联系,商品流转中直接销售的比例增大,传统中间商的许多功能被因特网技术所替代,零售商由于网上购物、无店铺销售的兴起,部分业务也在被取代。传统中间商在商品流转中的作用有所减弱。因此,如何更好地提供这些服务,便是网络营销企业要面对的问题。

(4)处理好传统中间商与网络中间商的关系。传统企业在开展网络营销过程中,必须解决好网络中间商与传统中间商之间的关系。传统企业在网络营销活动中,应将原有中间商纳入体系,最大限度地利用原有中间商,实现企业、中间商、消费者的共赢。

▼案例观察

直销与分销

戴尔公司是从电脑的邮购直销起家的。它在成长过程中,很少依赖中间商的参与,因此它向网上直销的转型是极其自然的。

而电脑厂商康柏公司却很难实现"直接面对消费者"的网络营销模式,因为这意味着康柏公司将削减11000个零售商和其他渠道的合作伙伴,而这一切正是康柏公司原先能够获得成功的重要因素之一。面对分销商们的猜疑和埋怨,面对不断下滑的销售业绩,康柏最终与分销商达成和解,中止了一度雄心勃勃的在线直销计划。

日本的7-11便利店就是实现网上和网下渠道相结合的成功案例。7-11在日本拥有超过8000家连锁店。一些在线销售商和它结成战略联盟,利用它深处居民区的特点进行商品寄存和二次配送,巧妙地完成了电子商务几乎无法解决的"最后一公里"问题(即最后一公里往往是配送成本的主要发生地),同时,领取寄存商品的顾客还可以顺便在店里进行其他购买交易,使其受益良多。

2.物流配送机构

物流配送机构是协助公司储存产品和把产品从原产地运往销售目的地的企业,主要包括仓储企业和运输企业。

仓储企业是在货物运往下一个目的地前专门储存和保管商品的机构。

运输企业包括从事铁路运输、汽车运输、航空运输、驳船运输及其他搬运业务的公司,它们负责把货物从一地运往另一地。每个公司都需从成本、运送速度、安全性和交货方便性等因素进行综合考虑,确定选用成本最低而效益更高的运输方式。

随着电子商务活动的广泛开展,企业对物流配送企业的依赖性日渐加强。

3.市场营销服务机构

市场营销服务机构指市场调研公司、广告公司、各种广告媒介及市场营销咨询公司。它们协助企业选择最恰当的市场,并帮助企业向选定的市场推销产品。

有些大公司,如杜邦公司和老人牌麦片公司,都有自己的广告代理人和市场调研部门。但是,大多数公司都与专业公司以合同方式委托办理这些事务。但凡一个企业决定委托专业公司办理这些事务,它就需谨慎地选择,因为各个公司都各有自己的特色,所提供的服务内容不同,服务质量不同,要价也不同。企业还得定期检查服务机构的工作,若发现某个专业公司不能胜任,则须另找其他专业公司来代替。

4. 金融机构

金融机构包括银行、信贷公司、保险公司,以及其他对货物购销提供融资或保险的各种公司。公司的营销活动会因贷款成本的上升或信贷来源的限制而受到严重的影响。

四、顾客或用户

顾客或用户是企业产品销售的市场,是企业直接或最终的营销对象。

网络技术的发展极大地消除了企业与顾客之间地理位置的限制,创造了一个让双方更容易接近和交流信息的机制。网络不仅给企业提供了广阔的市场营销空间,同时也增强了消费者选择商品的广泛性和可比性。通过网络,顾客可以得到更多的需求信息,使购买行为更加理性化。虽然在营销活动中,企业不能控制顾客或用户的购买行为,但它可以通过有效的营销活动,给顾客留下良好的印象,促进产品的销售。

▼案例观察

雀巢"笨 NANA"的冰激凌营销

如今,如果没吃过"笨 NANA",你基本就已经 out 了。它最开始在香港上市,走红于深圳网友的原创微博。随即,"那些年,我们一起吃过的'笨NANA'"之类的话题在微博如火如荼,每天点击率过百万。产品上市 5 个月前,雀巢就与奥美互动合作。从最初产品在香港上市,到引进内地各大城市,雀巢通过微博的趣味话题引导人们对"笨 NANA"大加讨论,先在人们心中种下期待的"种子",并把其打造成一款贴有时尚、趣味标签的产品,进而刺激消费,也使得网友成为"笨 NANA"的代言人,主动传播相关话题,最终让晒"笨 NANA"成为时尚,让广大消费者为雀巢的"笨 NANA"免费宣传。之后从 4 月份起,雀巢又与腾讯合作,搭建了与产品风格和定位极为匹配的"笨 NANA 岛"活动网站,为"笨 NANA"定制了多款 flash 游戏,将"笨

NANA"巧妙地植入其中,并且很好地与游戏情节结合。

"笨NANA"的营销活动和选择的合作对象都准确地抓住了产品的核心用户群,并且在读图时代利用视觉推广将"笨NANA"的卖点发挥至极限,带给潜在客户直观的感官刺激,激发人们的尝试欲望。当然产品的新颖设计也对消费者产生了吸引力。之所以能够使网友自动成为口碑代言人,雀巢一定是在社交网络上做过深入的市场监测和长期分析研究,了解市场和消费者,才能使产品形象、定位、推广媒体、推广手段都十分精准,获得良好营销效果。

资料来源:刘萍.盘点2012年口碑营销成功案例[EB/OL].(2013-02-27)[2016-10-05].http://finance.eastmoney.com/news/1682,20130227275377984_0.html.

五、竞争者

对于一个企业来说,广义的竞争者是来自多方面的。企业与自己的顾客、供应商之间,都存在着某种意义上的竞争关系。狭义地讲,竞争者是那些与本企业提供的产品或服务相类似并且所服务的目标顾客也相似的其他企业。

竞争是商品经济活动的必然规律。在开展网上营销的过程中,不可避免地要遇到业务与自己相同或相近的竞争对手。研究对手,取长补短,是克敌制胜的好方法。

1. 竞争环境表现

(1)识别竞争者的难度加大。在覆盖全球的网上虚拟市场中,竞争对手数量大大增加,而且有着更大的隐蔽性。同时,由于高新技术的应用,行业边界也日益模糊,使竞争的面更宽,竞争对手也更难识别。

(2)企业竞争的国际化进程加快。互联网的应用加速了世界经济一体化的进程,企业间竞争的国际化日益明显。互联网贸易不受时间、地域的限制,不论企业的大小、强弱,为每个竞争者提供大量机会。同时,也带来了竞争加剧的威胁。

(3)合作发展比竞争更重要。网络经济条件下,企业如何通过网络组成合作联盟,并以联盟所形成的资源规模创造竞争优势,将是未来企业经营的重要手段。如何运用网络与众多竞争者建立多元化、动态化的竞争与合作关系,既是企业生存与发展能力的一种体现,也是取得整体竞争优势的关键。

2. 竞争者的类型

(1)愿望竞争者。它是指提供不同的产品以满足不同需求的竞争者。此竞争是消费品出售者之间为争取该消费者成为各自的顾客而开展的竞争。

（2）一般竞争者（平行竞争者）。它是指提供不同的产品满足消费者同一需要的竞争者。此竞争是为满足相同需求而提供不同类别但可以相互替代的产品之间的竞争。如消费者决定购买小汽车作为家庭交通工具，这实际上就是自行车、摩托车、小汽车等不同交通工具的卖主之间竞争的结果。

（3）产品形式竞争者（行业竞争者）。它是指生产满足消费者某种愿望的同类商品，但提供不同规格、型号、款式的竞争者。由于这些同类但不同形式的产品对同一种需要的具体满足上存在着差异，购买者有所偏好和选择，因此，这些产品的生产经营者之间便形成了竞争关系，互为产品形式竞争者。

（4）品牌竞争者。它是指能满足消费者相同需要，且规格和型号等也相同的同类产品的不同品牌的竞争者。此竞争是企业之间在产品质量、特色、服务、外观等方面所展开的竞争。品牌竞争者之间的产品相互替代性较高，因而竞争非常激烈，各企业均以培养顾客品牌忠诚度作为争夺顾客的重要手段。以电视机为例，索尼、长虹、夏普等众多产品之间就互为品牌竞争者。

3. 发现竞争者

从产品和市场两个角度结合在一起进行分析是最客观的：既要考虑与本企业所提供的产品（或服务）的相似性和替代性，更要考虑与本企业所欲满足的消费者的一致性。一般情况下，如果这两方面的程度都最高，便可以认定该企业为本企业的主要竞争对手。

（1）从本行业角度来发现竞争者。由于竞争者首先存在于本行业之中，企业先要从本行业出发来发现竞争者。在本行业内部，一种商品的价格发生变化，会引起相关商品的需求量的变化。例如，如果滚筒式洗衣机的价格上涨，就可能使消费者转向购买其竞争产品波轮式洗衣机，这样，波轮式洗衣机的需求量就可能增加。反之，如果滚筒式洗衣机的价格下降，消费者就会转向购买滚筒式洗衣机，使得波轮式洗衣机的需求量减少。因此，企业需要全面了解本行业的竞争状况，制定企业针对行业竞争者的战略。

（2）从市场消费需求角度来发现竞争者。企业还可以从市场、消费者需求的角度出发来发现竞争者。凡是满足相同的市场需要，或者服务于同一目标市场的企业，无论是否属于同一行业，都可能是企业的潜在竞争者。例如，从行业来看，电影可能是以同属于影视业的电视为主要的竞争对手。但是从市场的观点来看，特别是从满足消费者需求来看，消费者感兴趣的是满足其对欣赏影视作品的需要。因此，能够直接播放 DVD 的电子计算机构成了对电影业的竞争威胁。从满足消费者需求角度出发发现竞争者，可以从更广泛的角度认识现实竞争者和潜在竞争者，有助于企业在更宽广的领域中制定相应的竞争战略。

（3）从市场细分角度来发现竞争者。为了更好地发现竞争者，企业可以同时从行业和市场这两个方面，结合产品细分和市场细分来进行分析。假设市场上同时销售 5 个品牌的某产品,而且整个市场可以分为 10 个细分市场。如果某品牌打算进入其他细分市场,就需要估计各个细分市场的容量、现有竞争者的市场占有率,以及各个竞争者当前的实力及其在各个细分市场的营销目标与战略。从细分市场出发发现竞争者,可以更具体、更明确地制定相应的竞争战略。

(4)考察竞争对手的 8 个方面。在虚拟空间中研究竞争对手,既可借鉴传统市场中的一些做法,更应有自己的独特之处。研究网上的竞争对手,主要从其主页入手,一般来说,竞争对手会将自己的服务、业务和方法等方面信息展示在主页上。

从竞争的角度考虑,应重点考察以下 8 个方面:

①站在顾客的角度,浏览竞争对手网站的所有信息,研究其能否抓住顾客的心理,给浏览者留下好感;②研究其网站的设计方式,体会它如何运用屏幕的有限空间,展示企业的形象和业务信息;③注意网站设计细节方面的东西;④弄清其开展业务的地理区域,以便能从客户清单中判断其实力和业务的好坏;⑤记录其传输速度,特别是图形下载的时间,因为速度是网站能否留住客户的关键因素;⑥查看在其站点上是否有别人的图形广告,以此来判断该企业在行业中与其他企业的合作关系;⑦对竞争对手的整体实力进行考察,全面考察对手在导航网站、新闻组中宣传网址的力度,研究其选择的类别、使用的介绍文字,特别是图标广告的投放量等;⑧考察竞争对手是开展网上营销需要做的工作,而定期监测对手的动态变化则是一个长期性的任务,要时时把握竞争对手的新动向,在竞争中保持主动地位。

4. 竞争者的市场反应行为

(1)迟钝型竞争者。某些竞争企业对市场竞争措施的反应不强烈,行动迟缓。这可能是因为竞争者受到自身资金、规模、技术等方面的能力的限制,无法做出适当的反应;也可能是因为竞争者对自己的竞争力过于自信,不屑于采取反应行为;还可能是因为竞争者对市场竞争措施重视不够,未能及时捕捉到市场竞争变化的信息。

(2)选择型竞争者。某些竞争企业对不同的市场竞争措施的反应是有区别的。例如,大多数竞争企业对降价这样的价格竞争措施总是反应敏锐,倾向于做出强烈的反应,力求在第一时间采取报复措施进行反击,而对改善服务、增加广告、改进产品、强化促销等非价格竞争措施则不大在意,认为不构成对自己的直接威胁。

(3)强烈反应型竞争者。许多竞争企业对市场竞争因素的变化十分敏感,一旦受到竞争挑战,就会迅速地做出强烈的市场反应,进行激烈的报复和反击,誓将挑战自己的竞争者置于死地而后快。这些强烈反应型竞争者通常都是市场上的领先者,具有某些竞争优势。一般企业轻易不敢或不愿挑战其在市场上的权威,会尽量避免与其做直接的正面交锋。

(4)不规则型竞争者。这类竞争企业对市场竞争所做出的反应通常是随机的,往往不按规则出牌,使人感到不可捉摸。例如,不规则型竞争者在某些时候可能会对市场竞争的变化做出反应,也可能不做出反应;既可能迅速做出反应,也可能反应迟缓;反应既可能是剧烈的,也可能是柔和的。

5. 竞争者优劣势分析的内容

（1）产品。竞争企业产品在市场上的地位,产品的适销性,以及产品系列的广度与深度。

（2）销售渠道。竞争企业销售渠道的广度与深度,销售渠道的效率与实力,销售渠道的服务能力。

（3）市场营销。竞争企业市场营销组合的水平,市场调研与新产品开发的能力,销售队伍的培训与技能。

（4）生产与经营。竞争企业的生产规模与生产成本水平,设施与设备的技术先进性与灵活性,专利与专有技术,生产能力的扩展,质量控制与成本控制,区位优势,员工状况,原材料的来源与成本,纵向整合程度。

（5）研发能力。竞争企业内部在产品、工艺、基础研究、仿制等方面所具有的研究与开发能力,研究与开发人员的创造性、可靠性、简化能力等方面的素质与技能。

（6）资金实力。竞争企业的资金结构、筹资能力、现金流量、资信度、财务比率、财务管理能力。

（7）组织。竞争企业组织成员价值观的一致性与目标的明确性,组织结构与企业策略的一致性,组织结构与信息传递的有效性,组织对环境因素变化的适应性与反应程度,组织成员的素质。

（8）管理能力。竞争企业管理者的领导素质与激励能力、协调能力,管理者的专业知识,管理决策的灵活性、适应性、前瞻性。

在市场竞争中,企业需要分析竞争者的优势与劣势,做到知己知彼,才能有针对性地制定正确的市场竞争战略,以避其锋芒、攻其弱点、出其不意,利用竞争者的劣势来争取市场竞争的优势,从而实现企业营销目标。

总之,每个企业都需要掌握、了解目标市场上自己的竞争者及其策略,力求扬长避短,发挥优势,抓住有利时机,开辟新的市场。

▼案例观察

QQ 大战 360 的启示

腾讯 QQ 和奇虎 360 是目前国内最大的两个客户端软件。

腾讯以 QQ 为基础,向各个方面发展。它以强大的市场占有率、强大的客户群体、几乎人手一号的资源,不断发展吞噬着互联网各个领域,是目前我国

图 1-2-4 360 与 QQ 的 PK

应用最广泛的即时通信软件之一。

奇虎 360 是以安全闻名的企业,其 360 安全卫士永久免费的策略,使其以很短的时间,占有了绝大多数安全市场份额,也成为继腾讯之后的第二大客户端软件。

这两家看似业务毫无关联的互联网公司却在 2010 年 11 月 3 日晚发生了可能是中国互联网史上最著名的"弹窗大战"。

11 月 3 日傍晚 6 点,腾讯公开信宣称,将在装有 360 软件的电脑上停止运行 QQ 软件,倡导必须卸载 360 软件才可登录 QQ,这是 360 与腾讯一系列争执中,腾讯方面最激烈的行动。

晚上 9 点左右,360 公司对此发表回应"保证 360 和 QQ 同时运行",随后 360 公司"扣扣保镖"软件在其官网悄然上线。

在国家相关部门的强力干预下,QQ 与 360 恢复兼容。4 日上午,360 发表公开信称,愿搁置争议,让网络回归平静,宣布召回"扣扣保镖",请求用户卸载。

这一事件引发了业界震动、网友愤怒。业内认为,腾讯这招是逼迫用户做出二选一的选择。腾讯公司对用户声明的"一个艰难的决定"也由此红遍网络,成为 2010 年中国互联网最火的网络流行语之一。

从 360 和 QQ 的争端可以看出,网络竞争并不仅仅局限于同一行业的竞争者之间,企业的网络营销人员也必须密切关注可能会影响到本公司营销活动的其他公司的竞争行为。

六、合作者

由于全球经济的一体化,企业往往联合行业中其他上下游企业,建立一条业务关系紧密、经济利益相连的行业供应链,使多个企业能在一个整体的 ERP 管理下实现协作经营和协调运作,实现优势互补,共同增强市场竞争实力。

七、社会公众

社会公众是指对企业实现其营销目标的能力感兴趣或发生影响的任何团体或者个人。

每个企业的周围有七类公众:

(1)金融界,主要包括银行、投资公司、证券经纪行、股东。

(2)媒介公众,指那些刊载、播送新闻、特写和社论的机构,特别是报纸、杂志、电台、电视台。

(3)政府机构。

(4)公民行动团体。一个企业营销活动可能会受到消费者组织、环境保护组织、少数民族团体等的质询。

(5)地方公众。每个企业都同当地的公众团体,如邻里居民和社区组织,保持联系。

(6)一般公众。一般公众对企业的印象影响着消费者对该企业及其产品的看法,因此企业需要关注一般公众对企业产品及经营活动的态度。

(7)内部公众。

对社会公众的分析主要是为处理好同社会公众的关系,树立企业的良好形象,促进网络营销活动的顺利开展。

第三节　网络营销宏观环境分析

　　宏观环境是指一个国家或地区的政治、法律、人口、经济、社会文化、科学技术等因素影响企业进行网络营销活动的宏观条件。

　　宏观环境对企业的短期利益可能影响不大，但对企业的长期发展具有很大的影响。所以，企业一定要重视对宏观环境的分析研究。

一、政治法律环境

1. 网络营销政治法律环境的概念

　　网络营销政治环境，是指那些对企业网络营销活动有一定影响的各种政治因素的总和，主要包括一个国家或地区的政治制度、政治局势，以及政府在发展电子商务、网络营销方面的方针政策等因素。

　　网络营销法律环境，是指能对企业的网络营销活动起到规范或保障作用的有关法律、法令、条例及规章制度等法律性文件的制定、修改与废除，以及其立法与司法等因素的总称。

2. 政治法律环境对企业网络营销的影响

　　政治法律环境对企业网络营销活动的影响有两个方面：

　　一是保障作用。即企业利用国家政治法律条文保护企业自身利益的作用。有了政治法律环境的保护作用，企业的网络营销利益就可以得到维护。当企业的利益受到侵害，造成企业经济利益流失的时候，企业可以寻求法律的帮助。

　　二是规范作用。即国家利用政治和法律手段规范企业的网络营销行为，使企业消费者的利益得到保护的作用。有了这个规范作用，企业消费者的利益可以得到保护，企业的违法行为可以得到纠正，有利于企业长期、稳定的发展。

3. 企业应采取的对策

　　（1）企业的网络营销活动要遵守目标市场东道国相关法律法规的规范。

　　（2）企业的网络营销活动要服从国家有关发展战略与政策的要求。

　　（3）企业要积极利用国家政策给网络营销带来的机会，尽量争取对企业、对社会、对消费者皆有利的法律、法规和政策的出台。

（4）企业要积极运用国家法律法规武器，保护自己在网络营销活动中的合法权益。

目前，关于电子商务、网络营销的国际立法主要有《电传交换数据统一行动法则》《电子提单规则》《电子商务示范法》《电子签字示范法》等。

我国在研究国际先进经验的基础上，结合国情，初步制定了一套有中国特色的电子商务法规和政策，如：

《中华人民共和国计算机信息网络国际互联网管理暂行规定》；

《计算机信息网络国际联网安全保护管理办法》；

《公用电信网间互联管理暂行规定》；

《中华人民共和国电信条例》；

《互联网信息服务管理办法》；

《互联网站从事登载新闻业务管理暂行规定》；

《关于互联网中文域名管理的通告》；

《中国互联网络域名管理办法》；

《中华人民共和国电子签名法》；

《国务院办公厅关于加快电子商务发展的若干意见》。

二、经济环境

经济环境是指企业网络营销过程中所面临的各种经济条件、经济特征、经济联系等客观因素。

网络营销活动中，企业需要考虑的经济环境因素主要包括两部分：一方面，要考虑现实的网络营销经济环境水平，主要包括经济发展阶段、国民经济的增长状况、地区与行业的发展状况、社会购买力水平、对外贸易状况等。另一方面，还要考虑网络经济对网络营销所产生的特有的影响作用。

1. 网络经济的概念

简单而言，网络经济就是建立在网络基础上，并由此所产生的一切经济活动的总和。

根据美国国际数据公司的定义，网络经济是指为应用互联网技术进行投资，以及通过互联网销售产品和服务而获得收入，包括技术开发、营销、内容设计、专业服务以及教育和培养等。从本质上看，网络经济是一种以信息技术为基础，以知识要素为主要驱动因素，以网络为基本工具的新的生产方式。

2. 网络经济的特点

以往经济学揭示与总结的一些基本经济规律、原理依然还存在，但网络经济与传统经济相比,有许多不同的特点,这些特点对网络营销从经营理念到营销战略与策略都会产生极大的影响。因此,作为网络营销人员,必须认真研究这些特点,以便做出对企业和消费者都有利的双赢策略。

(1)地球村形成。网络经济是全球一体化的经济。随着全球化的发展,世界变平了,我们和世界上强大的企业站在同一条起跑线上,这就是所谓的"山羊和狮子在同一个环境下竞争"。所以,我们的竞争对手很强大,我们要想生存,必须使自己的速度更快些。

(2)马太效应产生。马太效应是指网络经济正反馈机制,所谓强者越强,弱者越弱。这个典故来源于《圣经·马太福音》中的一则寓言。社会学家从中引申出"马太效应"这一概念,用以描述普遍存在的两极分化现象。此术语后为经济学界所借用,反映贫者愈贫、富者愈富、赢家通吃的收入分配不公现象。

(3)快鱼吃慢鱼。网络经济的核心是创新,创新的核心是速度。网络营销环境下企业的反应速度决定了企业的生存和发展,决定了企业的发展是否属于创新。

(4)船小好掉头。中小企业地位上升。中小企业的优势明显了,比如在美国纳斯达克上市的中小型创新企业,只要抓住机遇,可以在一夜之间成为行业巨头。

(5)标新立异,与众不同。需求个性化、产品多样化、营销差异化的趋势越来越明显。比如,2010年的冬天,杭州很冷,反应快的企业做棉袄发了财,反应慢的商家破了产,就是个极其普通而典型的例子。

(6)既要务实又要务虚。网络经济是一种虚拟经济。紧紧抓住市场的脉搏,快速对市场变化做出反应。以快取胜,是网络营销时代的最大特点。

三、社会文化环境

企业存在于一定的社会环境中,同时企业又是社会成员所组成的一个小的社会团体,不可避免地受到社会环境的影响和制约。营销企业必须重视对人文与社会环境的研究。

与企业网络营销关系较为密切的社会文化因素,主要包括:教育水平、宗教信仰、价值观念、风俗习惯、语言文字、审美观等。

1.教育水平

教育水平是指消费者受教育的程度。其高低反映人们的文化素养,影响消费者的购买行为和审美观。

一般来讲,教育水平高的地区,其消费者对商品的鉴别能力强,经济收入也高,容易受广告宣传等促销工具的影响,是新产品、技术含量高的产品、高质高价产品的目标市场;反之,教育水平低的地区,对其消费者很难开展科学的市场营销,一般不应采用文字宣传,而是更多地使用广播、电视、现场表演等方式促销产品,产品的操作要简单便利。

2. 宗教信仰

纵观历史上各民族消费习惯的产生和发展,可以发现,宗教是影响人们的消费行为的重要因素。宗教信仰不同,消费者的价值观念、生活方式和行为准则都会有很大的差异性,极大地影响消费者的消费需求和购买行为。如,据有关资料介绍,我国佤族人,每年用于宗教信仰方面的费用,约占其年收入的 1/3 以上,其中,用于这方面的劳动力消耗也十分惊人,平均每人每年超过 60 天。由此可见,宗教活动对人们的消费行为的重要影响。

宗教对人们的信仰及行为有极其复杂的影响,但营销人员也可以利用宗教为其服务。

3. 价值观念

在不同社会文化环境下生活的人们,有不同的价值观念,并极大地影响着消费需求及购买行为。

比如,崇尚节俭是我国传统民风及民族意识的一个方面,人们一向以节俭为荣,以挥霍奢华为耻。这种朴素的民风和节俭心理,表现在消费行为上就是精打细算,在购买商品时谨慎花钱,注重质量,讲究经久耐用。即使是收入水平较高的家庭,也会将其收入的相当部分用于储蓄,以备不时之需。这也是近年来我国银行储蓄存款余额一直不断攀升,除去人们的预期心理及制度性因素外的一个重要原因。

4. 风俗习惯

风俗习惯是人们历代相沿,积久而成的习惯性的行为模式,是一个社会大多数人共同遵守的行为规范的总称,包括饮食、婚丧、服饰、节日、居住、信仰、人际关系等。由于风俗习惯的不同,消费者的消费偏好、消费行为会有很大差异,因此,市场营销人员必须了解目标市场的风俗习惯。

此外,道德规范、审美观念、流行元素等也是影响和支配消费者购买行为的重要社会文化因素。

四、科学技术环境

科学技术环境是指与本行业有关的科学技术的水平和发展趋势。

科学技术是影响企业营销活动各大要素中最直接、力度最大、变化最快的因素。在当今世界,企业环境的变化与科学技术的发展有非常大的关系,特别是在网络营销时期,两者之间的联系更为密切。

（一）科学技术对网络营销产生的影响

1.科技的变革在给企业带来营销机会的同时，也造成了威胁

科学技术的每一次进步，都会给某些企业带来新的机会，甚至会出现一些新的行业。同时，新技术的出现，也会给某个行业的企业带来环境威胁，甚至会给某些企业带来灭顶之灾，使某些旧行业受到冲击甚至被淘汰。例如，因特网的应用，给那些经营灵活的企业，特别是中小企业的发展带来新的机遇，有利于其进入更广阔的市场甚至国际市场。

2.科技的变革为企业改善经营管理提供了有力的技术保障

科技的发展不仅对企业经营管理提出了更高的要求，也为企业改善经营管理提供了物质条件。随着网络技术在企业经营管理中的应用，电子商务系统日益完善，使得企业的经营管理工作变得效率更高、效益更好。

3.科技的变革能创造出许多新的网络营销方式

由于网络技术的发展与应用，因特网为买卖双方实现交换提供了众多的网上工具和方式，如网上购物、网上交易、网上拍卖等。但就目前来说，还有许多亟待解决的问题。例如，物流配送的配合问题、电子支付的安全性问题等，对网络营销的大面积推广都是技术性的障碍。

（二）企业的对策

针对网络营销的特点和企业生存发展的需要，企业应当及时转型，积极进行技术创新，实现企业发展的科学决策。具体来说，可以采取以下对策：

1.实施产业联合战略，谋求合作发展道路

随着网络经济对企业经营影响的日益深入，计算机、通信网络及信息产业成为带动新经济的火车头，并带动相关市场转型。所有企业要想在此环境下生存发展，必须实施产业联合的发展战略，以求共同发展。

2.必须不断学习，增强自己的应变能力

网络在社会生活各个层面的广泛应用，使得信息的时效性大大加强，企业面对的信息也更加庞杂。为此，企业应当不断学习，把企业建设成为一种学习型组织，并要学会适应迅速变化的竞争环境，学会新技术、新知识的生产和应用，充分认识信息传播和知识

学习的重要作用。

3.重视网络经济中不均衡增长的压力

网络经济造成的不均衡增长，主要体现为消费者的需求模式进一步向多样化转移。由于产品的多样化意味着产品生产的小批量、多品种，并且产品极大丰富，竞争对手林立，消费者获取产品或服务的渠道很多，消费者的选择余地很大，所以企业产品在销售看好的同时也随时面临滞销的危险，从而造成一种不均衡增长的压力。企业只有及时把握网络信息的脉搏，科学控制生产，才可以从容应对这种压力带来的影响。

4.关注网络新技术，不断创新网络营销方式

由于网络技术的应用，企业竞争对手之间比以往任何时候更容易彼此互相了解，技术更新、新产品推出等往往会出现在同一时间，产品性能、特点及价格也基本趋于一致。在此情况下，谁能吸引更多的消费者，谁就获得了网络营销竞争中取胜的第一张"王牌"，这便是人们在实践中通俗概括的"眼球经济"或"注意力经济"。

因此，企业必须关注网络新技术，并把它们积极运用到网络营销实践中，以吸引更多的消费者。例如，向消费者提供产品信息之外更多的娱乐信息、服务信息和共享资源，以提高自己网站的访问率等。

五、自然环境

自然环境是指一个国家或地区的客观环境因素，主要包括自然资源、气候条件、地形地质、地理位置等。

虽然随着科技的进步和社会生产力的提高，自然状况对经济和市场的影响整体是趋于下降的趋势，但自然环境制约经济和市场的内容、形式在不断变化。

自然环境对企业经营的影响，主要表现在这些方面：日益短缺的自然资源、不断提高的能源成本、日益严重的环境污染、政府对自然资源管理不断加强的干预、气候变化趋势、地理环境特点等。所有这些都直接或间接地给企业的生产经营带来威胁或机会。

六、人口环境

人是企业营销活动的直接和最终对象，市场是由消费者构成的。所以，在其他条件固定或相同的情况下，人口的规模决定着市场容量和潜力；人口的结构影响着消费结构和产品构成；人口组成的家庭、家庭类型及其变化，对消费品市场有明显的影响。

人口对网络营销的影响主要表现为自然结构和社会结构两方面。因此，我们应该对消费地区的人口结构做出分析，并在制定营销策略的时候参考。

传统市场营销学认为,具有购买需求且具备购买能力的人的数量决定了市场规模。对于网络营销来说,网民的数量、结构及偏好等因素成为企业网络营销要聚焦的地方。

1. 网民数量

2016 年 1 月 22 日,中国互联网络信息中心（CNNIC）发布了《第 37 次中国互联网络发展状况统计报告》（以下简称《报告》）。《报告》显示,截至 2015 年 12 月,中国网民规模达 6.88 亿,互联网普及率达到 50.3%,半数中国人已接入互联网。其中,2015 年新增网民 3951 万人,增长率为 6.1%,较 2014 年提升 1.1 个百分点,网民规模增速有所提升。

网民数量的持续增长,意味着网络市场规模的持续增长。另外,我们从 50.3% 的普及率可以看出,我国的互联网普及率不断攀升,这意味着市场潜力巨大。

2. 网民结构

网民的结构主要包括性别结构、年龄结构、学历结构、职业结构及收入结构等。

《报告》显示,在性别结构方面,截至 2015 年 12 月,中国网民男女比例为 53.6∶46.4,网民性别结构趋向均衡。

在年龄结构方面,截至 2015 年 12 月,我国网民以 10—39 岁群体为主,占整体的 75.1%,其中 20—29 岁年龄段的网民占比最高,达 29.9%,10—19 岁、30—39 岁群体占比分别为 21.4%、23.8%。与 2014 年底相比,10 岁以下低龄群体和 40 岁以上中高龄群体的占比均有所提升,互联网继续向这两部分人群渗透。

在学历结构方面,截至 2015 年 12 月,网民中具备中等教育程度的群体规模最大,初中、高中/中专/技校学历的网民占比分别为 37.4%、29.2%。与 2014 年底相比,小学及以下学历人群占比提升了 2.6 个百分点,中国网民继续向低学历人群扩散。

在职业结构方面,截至 2015 年 12 月,网民中学生群体的占比最高,为 25.2%,其次为自由职业者,比例为 22.1%,企业/公司的管理人员和一般职员占比合计达到 15.2%。这三类人群的占比相对稳定。

在收入结构方面,截至 2015 年 12 月,网民中月收入在 2001—3000、3001—5000 元的群体占比较高,分别为 18.4% 和 23.4%。随着社会经济的发展,网民的收入水平也逐步增长。与 2014 年相比,收入在 3000 元以上的网民人群占比提升了 5.4 个百分点。

3. 网民偏好

网民个人上网设备进一步向手机端集中,90.1% 的网民通过手机上网。截至 2015 年 12 月,我国手机网民规模达 6.20 亿,网民中使用手机上网的人群占比由 2014 年的 85.8% 提升至 90.1%。台式电脑、笔记本电脑、平板电脑的使用率均出现下降,手机不断挤占其他个人上网设备的使用。移动互联网塑造了全新的社会生活形态,潜移默化地改变着移动网民的日常生活。新增网民最主要的上网设备就是手机,使用率高达 71.5%,手机是带动网民规模增长的主要设备。

本章讨论与思考

    1. 网络营销的微观环境包括哪些因素?宏观环境包括哪些因素?

    2. 宏观环境和微观环境之间的关系是什么?

第三章　网络营销目标市场

学习目标

◎ 了解企业网络营销目标市场的内容。

◎ 掌握各种网络营销目标市场的影响要素。

▼案例观察

唯品会继续市场细分
轻物流走出全新 O2O 模式

唯品会是电商行业里唯一一家不设搜索的电商网站。唯品会董事长兼CEO沈亚不希望"比价",而是通过不断推出新品来刺激女性的"冲动消费"。在他看来,大部分女性购物是没有目的性的,以逛为主,唯品会吸引的就是这种女性,一旦让她开始搜索、比价、思考了,那就没有感性消费了。

唯品会正有意识地继续深化市场细分,缔造O2O全新布局。而他带领的物流团队,将沿用"轻物流"模式,积极寻找一条迥异于其他电商的O2O之路。

唯品会高级副总裁唐倚智表示,移动互联给电商带来的是从消费习惯到受众地区的新变化。当下移动商务的普及已经逐渐令消费者的购物习惯从PC转移到了手机。网上有数据估计,到2015年底,移动端的订单数将反超PC端,而移动互联网也为不少偏远地区的用户消除了障碍,用户开始从一、二线城市向偏远地区大规模扩散。

用户的细分给唯品会带来了巨大的商机,而唯品会设想的O2O布局则继续走深化市场细分的老路,以高效、轻便的物流为基础,做好基于系统互联的库存共享模式,这将会是继唯品会"干线＋落地配"物流体系的创新后,打破常规O2O模式的又一举措。

从他的表述中,可以看出唯品会未来模式的终极目的是"持续帮商家卖货,持续帮消费者找到心仪的商品"。当平台与品牌的后台系统打通后,品牌可以助力唯品会强大的物流,使不同地区的商品实现无缝调动,平台上抢购一空的商品,也能得益于该系统从品牌仓库迅速补货。

而回到这一切 O2O 设想的基础——物流问题,唐倚智表示唯品会追求的是承诺服务的完美实现。他将唯品会的物流仓储战略称作"两步走"战略。第一步是解决核心的物流仓储问题,唯品会将全国分为华北、华东、华中、华南、西南等五大区域,未来在武汉鄂州、广东肇庆都会迅速建起唯品会的超级仓库,用户订购的商品可以从五大区域仓库就近发出。第二步则是解决出货之后的及时配送问题,唯品会将坚持选择当地最强的合作伙伴,与之建立运输平台系统,确保商品最后 100 米的服务质量。

地处华南一隅的唯品会在 2012 年刚上市时并不像如今这么被看好。但是经过 2013 年在电商市场的迅速崛起,唯品会不仅成为最早实现盈利的 B2C 上市公司,也是中国最具盈利能力的 B2C 上市公司,成为中国最大的服装零售商。

关于唯品会的商业模式,在其股价的飙涨过程中,已经经过了市场多轮的分析与挖掘。人们普遍认为,闪购模式(限时特卖)以及为此而建设的精准买手团队是其商业模式的核心。唯品会自建仓储中心,快速送货,从而保证了良好的用户体验;重点推荐,限时特价,快速吸引人气,将流行商品的销售速度做到最快;特卖时间结束后,商品退回给商家,清空库存;拥有精锐的买手团队,他们经过培训,能够很好地把握流行趋势,精选合适的商品。

实际上,在发展的过程中,唯品会经历过多次战略路线的微调,比如从最开始与大品牌合作转向与本土二、三、四线品牌合作,从尾货折扣到也做新品发布,但是始终不变的是,依靠技术能力,通过对商品的精选来优化消费者的购物流程,又通过"干线 + 落地配"物流体系的创新提升自己的物流能力,使得消费者的购物体验更好。

2010 年 10 月,意识到物流的重要性之后,唯品会完成了第一轮 7000 万美元的融资,用来提升配送速度。2011 年 5 月,唯品会进行了第二轮 5000 万美元的融资,用于建设干线运输网络。2012 年 3 月上市后,公司融资 7000 多万美元,这些钱还是被用来投资仓储。

为了提升消费者的购物体验,唯品会甚至主动为合作的物流涨价,成为第一家承诺每单最低价 6 元的电商。唐倚智说,术业有专攻,唯品会只会专注特卖,不会自建物流配送体系。唯品会将会在全国建立密集的仓储基地,整合调配资源,打通电商上下游。

资料来源:陈春雷.粤商·人物 || 唯品会沈亚:我们更懂商,而不是电 [EB/OL].(2015-02-12)[2016-10-05].http://news.dayoo.com/news/201502/12/128473_40071351.htm.

【启示与思考】

　　唯品会敢于打破规则甚至创造特卖范式,突破特卖的低价甩货禁锢,以差异化产品服务响应消费者诉求,培养用户消费习惯,进而提高消费黏度。网络市场的进一步细化、目标化和定位,使了解消费者比了解自己更重要,消费者的消费环境、消费习惯等都将决定网络市场细分策略的成功与否。网络市场又应该如何进行细分与定位?

第一节 网络营销市场细分概述

市场细分化和目标营销,是第二次世界大战后市场营销理论和战略的新发展,是20世纪50年代中期由美国市场营销学者温德尔·斯密根据企业营销实践,归纳总结出来的一个新概念,此后受到广泛重视和普遍运用。过去,在传统的营销思想指导下是没有市场细分化这一概念的。

由市场细分(Segmentation)、目标市场选择(Targeting)、定位(Positioning)构成的STP理论,是战略营销的核心内容,指企业在一定的市场细分的基础上,确定自己的目标市场,最后把产品或服务定位在目标市场中的确定位置上。

一、网络营销市场细分的概念

网络营销市场细分,指企业在调查研究的基础上,依据网络消费者的购买欲望、购买动机与习惯爱好的差异性,把网络营销市场划分成不同类型的群体,每个消费群体构成企业的一个细分市场。

企业选择网络目标市场的基础和前提是对市场的期待.网络营销市场细分的意义是:第一,有利于企业发掘和开拓新的市场,提高企业竞争能力;第二,有利于制定和调整市场营销组合策略,增强企业应变能力;第三,有利于集中使用企业资源,提高经济效益。

二、网络营销的市场要素

1.速度

在这个社会上,没有速度上班会迟到,没有速度客户会跑掉……现实生活中的所有一切都在提醒着我们,只有拥有了胜人一筹的速度,才能够生存。在网络上做营销,速度就是客户。有谁敢说即便别人比我捷足先登,我依然能够获得最后的订单?没有!市场是在竞争中发展的,在营销过程中没有速度,留给你的会是什么?如何能够使自己的网络营销鹤立鸡群?通过网络广告的发布等各种宣传可以做到。

如今的网络是一个由信息组成的集成块,只要找对路,任何一路都能通向成功,可是花费的时间是不一样的,比如在选择网络广告服务商时,你需要确定自己注重的是价格还是品牌。有了便宜价格,可能效果并不能立竿见影;有了响亮的品牌,可能费用会高点,但是花费的背后是巨大的速度优势,你跑在他人前面,就意味着你获得了更多机会。

2. 针对性

光有速度还不够,宣传必须具有针对性。

比如,曾有个说法,营销要从女人和孩子抓起,他们的钱最好赚。因为这两个消费群体,比较容易被营销打动。

真是这样吗?可以说,女人是世界上最挑剔的动物,要赚她们的钱,需要你具有足够的细心及充分的针对性准备。其实女性是极其难以讨好的族群,她们非常小心翼翼,非常讲究感觉,购物时非常需要信赖感。女性的网上消费情况与男性完全不同。男性往往喜欢直奔主题,搜索到自己想要的买下就走,目的性相当强。而女性则喜欢没有目的地闲逛,什么都进去看看,但未必会买下。有一种内文广告就是针对女性的这种特征的。这种广告运用了关键字链接,将广告插在文中,在浏览文章的同时,鼠标只要移动到关键字的位置就会弹出广告,如此完全适合女性族群的口味。

对于小孩来说,现在不像过去,市场上商品数量和花样早已呈平方式地增长,孩子的可选对象多了,要求也水涨船高,要有精准的针对性着实不容易。但只要广告有足够吸引力,他们就会要求去消费。

3. 精确性

网络是由数字信息建立起来的。在网络上,拥有精确的统计数字并不是一件困难的事。一个好的网络广告商能提供给你的数据,有时足以对你的营销起到至关重要的帮助。这些精确的数字对于每一个广告主而言都是一个能够紧紧钩住市场的"鱼钩",它能告诉你什么时候开始投资,什么时候市场会发生变化,什么是消费者最需要的。所以,选择一个能够为你提供精确数据的广告商相当重要。

在对市场需求进行测量和预测的基础上,实行市场细分化、目标化和定位,是企业市场营销战略的核心,是决定营销战略成败的关键。因为为数众多、分布广泛的购买者,由于各种因素的影响,都有不同的需要和欲望。对此,任何一个企业,即使是大企业,也不可能全面予以满足,不可能为所有的购买者提供有效的服务。

因此,每个企业都应该采取三个步骤:一是按照一定的标准对市场进行细分;二是评估选择对本企业最有吸引力的细分部分,作为自己为之服务的目标市场,实行目标营销;三是确定自己在市场上的竞争地位,搞好产品的市场定位。

一个企业切忌没有明确的目标顾客和市场定位,盲目开发,盲目竞争。也就是说,选择目标市场和制定相应的营销组合,是市场营销战略构成的基本内容。而市场细分化是目标营销、市场定位的前提和基础,在选择目标市场基础上,才能采取相应的市场营销组合,即制定出正确的产品策略、价格策略、渠道策略及促销策略,以满足消费需求,实施市场营销战略。

三、网络营销市场细分的作用

1. 有利于企业发掘和开拓新的市场

网络消费者尚未加以满足的需求,对企业而言往往是潜在的,一般不易发现。在调查基础上的市场细分,可以使企业深入了解网络市场顾客的不同需求,并根据各子市场的潜在购买数量、竞争状况及本企业实力的综合分析,发掘新的市场机会,开拓新市场。

2. 有利于制定和调整市场营销组合策略

网络市场细分是网络营销策略运用的前提。企业在对网络营销市场进行细分后,细分市场的规模、特点显而易见,消费者的需求清晰了,企业就可以针对各细分市场制定和实施网络营销组合策略,做到有的放矢。

3. 有利于集中使用企业资源,取得最佳营销效果

不管企业在网络营销中试图开展什么工作或者最后总的目的是什么,都将面对网络营销中的主要和次要的目标市场。在网络营销中,企业不仅要确定自己的目标市场在哪里,还要确定哪些是主要的,哪些是次要的,从而选择对自己最有利的目标市场,合理使用企业有限的资源,以取得最理想的经济效益。

第二节　网络市场细分理论

实现网络市场细分化,并不是简单地把消费者视为需求相同或不同就行了。因为它在企业市场营销活动中,处于战略地位,直接影响到企业各种营销策略的组合。所以网络市场细分必然遵循一定的原则,或者具备一定的条件。

一、网络市场细分的原则

网络市场细分原则主要有以下几条:

1. 可衡量性

可衡量性是指表明消费者特征的有关资料的存在,或获取这些资料的难易程度。亦即细分出来的市场,不仅范围比较明晰,而且能够大致判定该市场的大小,各有其容易认识的组成人员、共同的特征,表现出类似的行为,并且有可能取得表明购买特性的资料。比如,以地理因素、消费者的年龄和经济状况等因素进行市场细分时,这些消费者的特征就很容易衡量,该资料的获得也比较容易,而若以消费者心理因素和行为因素进行市场细分,其特征就很难衡量。

2. 实效性

实效性是指网络营销市场细分后各子市场的需求规模及获利性,值得企业进行开发的程度。也就是说,细分出来的各子市场必须大到足以使企业实现它的利润目标。这取决于这个市场的人数和购买力。在进行市场细分时,企业必须考虑细分市场上消费者的数量、购买能力和购买数量。一个细分市场应是适合设计一套独立营销计划的最小单位,因此,市场细分并不是分得越细越好,而应该科学归类,保持足够容量,使企业有利可图。

3. 可接近性

可接近性是指企业能有效地集中力量接近网络目标市场并有效地为之服务的程度。企业对所选中的网络目标市场,能有效地集中营销能力,开展营销活动。可接近性一方面指企业能够通过一定的媒体把产品信息传递到细分市场的消费者;另一方面指产品经过一定的渠道能够到达细分市场。对于企业难以接近的网络市场,进行细分就毫无意义。

4. 反应的差异性

反应的差异性是指不同的细分市场对企业采用相同营销策略组合的不同反应程度。如果网络市场细分后,各细分市场对相同的营销组合策略做出类似的反应,就不需要为每个子市场制定一个单独的营销组合策略了,细分市场也就失去了意义。例如,若所有的细分市场按同一方式对价格变动做出反应,也就无须为每一个市场规定不同的价格策略。

5. 稳定性

网络细分市场必须在一定时期内保持相对稳定,以使企业制定较长期的营销策略,有效地开拓并占领该目标市场,获取预期收益。若细分市场变化过快,将会增加企业的经营风险。

值得注意的是,细分市场并不是越细越好。因为如果分得过细会导致以下后果:增加细分变数,给细分带来困难;影响规模效益;增大费用和成本。这时就应该实施反细分化策略。它并不是反对市场细分,而是要减少细分市场数目,即略去某些细分市场,或把几个太小的细分市场集合在一起。

二、网络市场细分的标准

(一) B2C 的市场细分标准

一种产品的整体市场之所以可以细分,是由于消费者或用户的需求存在差异性。在 B2C 市场上,市场是由以满足生活消费为目的的消费者构成的,消费者的需求和购买行为等具有许多不同的特性,这些不同的需求差异性因素,便是 B2C 市场细分的基础。

由于引起消费者需求差异性的因素很多,在实际操作中,企业一般综合运用有关标准来细分市场,而不是单一采用某一标准。概括起来,B2C 市场细分的标准主要有 4 类,即地理因素、人口因素、心理因素、行为因素。以这些因素为标准来细分市场就产生地理细分、人口细分、心理细分和行为细分 4 种市场细分的基本形式。

1. 按地理因素细分市场

Internet 这个全球性的网络,虽然打破了常规地理区域的限制,但是不同地理区域之间的人口、文化、经济等差异将会长期存在。目前我国区域经济的不平衡性,也使得在上网人口的分布上明显呈现出东部沿海地区和中西部地区的不平衡性,这一特点也就构成了企业在网络市场细分过程中需要考虑的一个重要因素。

地理细分是指按照消费者所处的地理位置、自然环境来细分市场,比如,根据国家、地区、城市的规模、气候、人口密度、地形地貌等方面的差异将整体市场分为不同的细分市场。

地理因素之所以能作为市场细分的标准,是因为处在不同地理环境下的消费者对同一类产品往往有不同的需求与偏好,他们对企业采取的营销策略与措施会有不同的反应。比如,在我国南方沿海一些省份,某些海产品被视为上等佳肴,而内陆的许多消费者却觉得味道平常。又如,由于居住环境的差异,城市消费者与农村消费者在室内装饰用品的需求上大相径庭。

地理变量易于识别,是细分市场应予以考虑的重要因素,但处于同一地理位置的消费者需求仍会有很大差异。比如,在我国的一些大城市,像北京、上海,流动人口逾百万,这些流动人口本身就构成一个很大的市场,很显然,这一市场有许多不同于常住人口市场的需求特点。所以,简单地以某一地理特征区分市场,不一定能真实地反映消费者的需求共性与差异,企业在选择目标市场时,还需结合其他细分变量予以综合考虑。

2. 按人口因素细分市场

消费者需求、偏好与人口统计变量有很密切的关系,比如,只有收入水平很高的消费者才可能成为高档服装、名贵化妆品、高级珠宝等的经常买主。

人口统计变量较容易衡量,有关数据也相对较容易获取,这就是企业经常以它作为市场细分标准的重要原因。

经常用于市场细分的人口因素,包括性别、年龄、收入、职业与教育、家庭生命周期、家庭规模、宗教信仰、种族、国籍等。实际上,大多数企业通常采用两种或两种以上人口因素来细分市场。

(1)性别。男性与女性在产品需求与偏好上有很大不同,如对服饰、鞋帽、化妆品等的需求明显有别。像美国的一些汽车制造商,过去一直是迎合男性要求设计汽车,现在,随着越来越多的女性参加工作和其社会经济地位的逐渐提高,这些汽车制造商正研究市场机会,设计具有吸引女性消费者特点的汽车。

(2)年龄。不同年龄的消费者对商品需求的特征也有着明显的差异。一般来说,儿童需要玩具、食品、童装、儿童读物;青年人则需要学习、体育和文娱用品;老年人需要营养品与医疗保健用品等。按年龄细分市场,有利于满足各年龄档次的消费者的特定需要。因此,企业必须掌握网络消费者的年龄结构、各年龄段的消费者占整个消费者群体的比重,以及各种年龄消费者的需求特点。

(3)收入。不同收入的消费者对商品的需求也有明显的差异。一般而言,低收入者对商品价格会比较敏感,而高收入者更看重商品的品质及购买的方便性。比如,同是外出旅游,在交通工具及食宿地点的选择上,高收入者与低收入者会有很大的不同。再如,目前我国学生占上网人口的比重较大,而有网上消费记录的却不多,这在很大程度上也是由于经济条件的制约。正因为收入是引起需求差别的一个直接而重要的因素,所以企业应该用不同档次、不同价格的商品去满足具有不同支付能力的消费者。

（4）职业与教育。这是指按消费者职业的不同、所受教育的不同以及由此引起的需求差别细分市场。比如,教师、职员、工人、农民、学生等不同职业者,对商品的需求有明显的差异。又如,消费者受教育水平的差异会引起志趣、生活方式、文化素养、价值观念等方面的差异,从而影响到他们的购买种类、购买行为、购买习惯等。不同消费者对居室装修用品的品种、颜色等有不同的偏好就是一个证明。

（5）家庭生命周期。一个家庭,按年龄、婚姻和子女状况等,可划分为7个阶段。在不同阶段,家庭购买力、家庭人员对商品的兴趣与偏好有较大差别。

单身阶段:年轻,单身,几乎没有经济负担,新消费观念的带头人,娱乐导向型购买者。

新婚阶段:年轻夫妻,无子女,经济条件比较好。他们购买力强,对耐用品、大件商品的购买欲望强烈。

满巢阶段Ⅰ:年轻夫妻,有6岁以下子女,家庭用品购买的高峰期。不满足现有的经济状况,注意储蓄,购买较多的儿童用品。

满巢阶段Ⅱ:年轻夫妻,有6岁以上未成年子女,经济状况较好,购买趋向理智型,受广告及其他市场营销措施刺激的影响相对减弱,注重档次较高商品及子女的教育投资。

满巢阶段Ⅲ:年长的夫妇与尚未独立的成年子女同住,经济状况较好,妻子或子女皆有工作。他们注重储蓄,购买冷静、理智。

空巢阶段:年长夫妇,子女离家自立。前期收入较高,购买力达到高峰期,较多购买老年人用品,如医疗保健品,娱乐及服务性消费支出增加。后期退休,收入减少。

孤独阶段:单身老人独居,收入锐减。特别注重情感、关注等需要及安全保障。

3. 按心理因素细分市场

心理因素包括购买者所处的社会阶层、生活方式、个性等。

（1）社会阶层。社会阶层是指在某一社会中具有相对同质性和持久性的群体。处于同一阶层的成员具有类似的价值观、兴趣爱好和行为方式,不同阶层的成员则在上述方面存在较大的差异。很显然,识别不同社会阶层的消费者所具有的不同特点,对很多产品的市场细分将提供重要的依据。

（2）生活方式。通俗地讲,生活方式是指一个人怎样生活。人们追求的生活方式各不相同,有的追求新潮时髦,有的追求恬静、简朴,有的追求刺激、冒险,有的追求稳定、安怡。西方一些服装生产企业为"简朴的妇女""时髦的妇女"和"有男子气的妇女"分别设计不同服装,烟草公司针对"挑战型吸烟者""随和型吸烟者"及"谨慎型吸烟者"推出不同品牌的香烟,均是依据生活方式细分市场。

（3）个性。个性是指一个人比较稳定的心理倾向与心理特征,它会导致一个人对其所处环境做出相对一致和持续不断的反应。俗话说:"人心不同,各如其面。"每个人的个性都会有所不同。通常,个性会通过自信、自主、支配、顺从、保守、适应等性格特征表现出来。企业依据个性因素细分市场,可以为其产品更好地赋予品牌个性,以与相应的消费者个性相适应。

4. 按行为因素细分市场

根据购买者对产品的了解程度、态度、使用情况及反应等,将他们划分成不同的群体,叫行为细分。许多人认为,行为变数能更直接地反映消费者的需求差异,因而成为市场细分的最佳起点。

行为因素主要包括:

（1）购买时机。根据消费者提出需要、购买和使用产品的不同时机,划分成不同的群体。如有些商品是时令商品（如电扇、空调、取暖器等）,有些商品是节日礼品或婚嫁特殊品,消费者购买时机有一定的规律性。

（2）追求利益。依据消费者通过购买、消费产品期望得到的主要利益,进行市场细分。消费者购买某种产品总是为了解决某类问题,满足某种需要。然而,产品提供的利益往往并不是单一的,而是多方面的。消费者对这些利益的追求时有侧重,如对购买手表,有的追求经济实惠、价格低廉,有的追求耐用可靠和使用维修的方便,还有的偏向于显示社会地位。

（3）使用者状况。根据顾客是否使用和使用程度细分市场。通常可分为:经常购买者、首次购买者、潜在购买者、非购买者。大公司往往注重将潜在使用者变为实际使用者,较小的公司则注重于保持现有使用者,并设法吸引使用竞争产品的顾客转而使用本公司产品。

（4）使用数量。根据消费者使用某一产品的数量大小细分市场。通常可分为大量使用者、中度使用者和轻度使用者。大量使用者人数可能并不多,但他们的消费量在全部消费量中占很大的比重。美国一家公司发现,美国啤酒的80%是被50%的顾客消费掉的,另外一半顾客的消耗量只占消耗总量的12%。因此,啤酒公司宁愿吸引重度饮用啤酒者,而放弃轻度饮用啤酒者,并把重度饮用啤酒者当作目标市场。该公司还进一步了解到,大量喝啤酒的人多是工人,年龄在25—50岁之间,喜欢观看体育节目,每天看电视的时间不少于3—5小时。很显然,根据这些信息,企业可以大大改进其在定价、广告传播等方面的策略。

（5）品牌忠诚度。企业还可根据消费者对产品的忠诚度细分市场。有些消费者经常变换品牌,另外一些消费者则在较长时期内专注于某一品牌或少数几个品牌。通过了解消费者的品牌忠诚度情况,品牌忠诚者与品牌转换者的各种行为与心理特征,不仅可为企业细分市场提供基础,同时也有助于企业了解为什么有些消费者忠诚于本企业产品,而另外一些消费者忠诚于竞争企业的产品,从而为企业选择目标市场提供启示。

（6）购买的准备阶段。消费者对各种产品的了解程度往往因人而异。有的消费者可能对某一产品确有需要,但并不知道该产品的存在;还有的消费者虽已知道产品的存在,但对产品的价值、稳定性等还存在疑虑;另外一些消费者则可能正在考虑购买。针对处于不同购买阶段的消费群体,企业可进行市场细分并采用不同的营销策略。

（7）态度。企业还可根据市场上顾客对产品的热心程度来细分市场。不同消费者对同一产品的态度可能有很大差异,如有的持肯定态度,有的持否定态度,还有的持既不肯定也不否定的无所谓态度。针对持不同态度的消费群体,企业在广告、促销等方面应当有所不同。

（二）B2B 的市场细分标准

许多用来细分 B2C 市场的标准,同样可用于细分 B2B 市场。但由于生产者与消费者在购买动机与行为上存在差别,所以,除了运用前述 B2C 市场细分标准外,还可用其他标准来细分 B2B 市场。

1. 用户规模

在 B2B 市场中,大客户数量少,但每次购买量往往很大;而中小客户数量多,但每次购买量很小。用户规模不同,企业的营销组合方案也应该有所区别。网络营销中,借助顾客数据库,就可以对企业的客户按照采购数量实行分类管理,制定不同的营销策略。

2. 最终用户

在 B2B 市场上,依据产品的最终用户细分企业用户群,在于强调某个产品在某个行业的最终用途。不同的最终用户（或产品不同的最终用途）对同一产品追求的利益不同。企业分析产品的最终用户,就可针对不同用户的不同需求制定不同的营销策略。

3. 企业购买状况

企业购买的主要方式包括直接重复购买、重复购买及新任务购买。不同购买方式的采购程度、决策过程等各不相同,可据此将整体市场细分为不同的子市场。

三、网络市场细分的方法

根据细分程度的不同,市场细分有 3 种方法,即完全细分、按一个影响需求的因素细分和按两个以上影响需求的因素细分。

1. 完全细分

假如购买者的需求完全不同,那么每个购买者都可能是一个单独的市场,完全可以按照这个市场所包括的购买者数目进行最大限度的细分,即这个市场细分后的小市场数目也就是构成此市场的购买数目。

在实际市场营销中,有少数产品确实具有适于按照这种方法细分的特性。但在大多数情况下,要把每一购买者都当作一个市场,并分别生产符合这些单个购买者需要的各种产品,从经济效益上看是不可取的,而且实际上也是行不通的。因此,大多数企业还是按照购买者对产品的要求或对市场营销手段的不同反应,对其做概括性的分类。

2. 按一个影响需求的因素细分

对某些通用性比较大、挑选性不太强的产品,往往可按其中一个影响购买者需求最强的因素进行细分,如可按收入不同划分,或按不同年龄范围划分。

3. 按两个以上影响需求的因素细分

大多数产品的销售都受购买者多种需求因素的影响,如不同年龄范围的消费者,因生理或心理的原因对许多消费品都有不同要求;同一年龄范围的消费者,因收入情况不同,也会产生需求的差异;同一年龄范围和同一收入阶层的消费者,更会因性别、居住地区及许多情况不同而有纷繁复杂、互不相同的需求。因此,大多数产品都需按照两个或两个以上的因素细分。

第三节　网络消费者分析

网络消费者是指通过互联网在电子商务市场中进行消费和购物等活动的消费者人群。

一、网络消费者的类型

网络消费者可以分为 6 类:简单型、冲浪型、接入型、议价型、定期型和运动型。

1. 简单型

这类消费者需要的是方便直接的网上购物。他们每月只花 7 小时上网,但他们进行的网上交易却占了一半。零售商们必须为这一类型的人提供真正的便利,让他们觉得在你的网站上购买商品将会节约更多的时间。要满足这类人的需求,首先要保证订货、付款系统的安全、方便,最好页面上设有购买建议。另外,提供一个易于搜索的产品数据库,是保持顾客忠诚度的一个重要手段。

2. 冲浪型

这类消费者占常见网民的 8%,而他们在网上花费的时间却占了 32%,并且他们访问的网页数是其他网民的 4 倍。冲浪型网民对常更新、具有创新设计特征的网站很感兴趣。

3. 接入型

这类消费者是刚触网的新手,占 36%。他们很少购物,而是喜欢网上聊天和发送免费问候卡。那些有着著名传统品牌的公司应对这群人保持足够的重视,因为网络新手们更愿意相信生活中所熟悉的品牌。另外,这些消费者的上网经验不是很丰富,一般对网页中的简介、常见问题的解答、名词解释、站点结构之类的链接会更加感兴趣。

4. 议价型

这类消费者有一种趋向购买便宜商品的本能,eBay 网站一半以上的顾客属于这一类型。他们喜欢讨价还价,并有强烈的愿望在交易中获胜。在自己的网站上打出"大减价""清仓处理""限时抢购"之类的字眼能够很容易地吸引到这类消费者。

5. 定期型和运动型

这类消费者通常都是为网站的内容所吸引。定期型网民常常访问新闻和商务网站，而运动型网民喜欢运动和娱乐网站。目前，网络商面临的挑战是如何吸引更多的网民，并努力将网站访问者变为消费者。对于这类型的消费者，网站必须保证自己的站点包含他们所需要的和感兴趣的信息，否则他们会很快跳过这个网站进而转入下一个网站。

二、网络消费者的购买行为及其影响因素

网络消费者的购买行为是影响网络营销的重要因素。了解网络消费者的购买类型、购买动机，可以帮助网络消费者正确把握自己的消费行为，并为企业网络营销提供决策的科学依据。

（一）网络消费者的购买行为

按照消费者需求的个性化程度，可以将网络消费者的购买行为划分为简单型、复杂型和定制型。

1. 简单型

简单型购买的产品大多是书籍、音像制品等标准化产品。消费者对它们的个性化需求不大，基本上属于同质市场。消费者购买这类产品通常以传统购买习惯为依据，不需要复杂的购买过程，购买前一般不会进行慎重的分析、筛选，主要以方便购买作为首要条件。

2. 复杂型

这类购买行为主要发生在购买电视机、电冰箱等技术含量相对较高的耐用消费品的场合。由于消费者对这些产品的许多技术细节不了解，因而对品牌的依赖性较大。随着这些产品逐渐走向成熟，消费者对它们变得越来越熟悉，这种复杂型购买将逐步趋于简单化。对这些产品，消费者的个性化需求主要表现在产品的颜色、外观造型上，对厂商的要求不是很高，厂商介入的程度不大。

3. 定制型

这类购买行为是指消费者按照自己的需求和标准，通过网络要求厂商对产品进行定制化生产。定制型购买的产品大致有三类：一类产品是技术含量高、价值高的大型产

品。定制虽然增加了制造成本,但可以大大削减非必要功能,从而获得更个性化同时也更经济的产品。另一类产品是技术含量不高但价值高的个性化产品。这类产品与消费者的兴趣、偏好有直接的关系。还有一类产品是计算机软件及信息产品。

(二)网络消费者购买行为的影响因素

网络消费者理智动机所占比重较大,而感情动机的比重较小,这是因为消费者在网上寻找商品的过程本身就是一个思考的过程。他有足够的时间仔细查看商品的性能、质量、价格和外观,从容地做出自己的选择。其次,网上购买受外界影响小。购买者常常是独自坐在计算机前上网浏览、选择,与外界接触较少,决策范围有一定的局限性,大部分购买决策是自己做出或与家人商量后做出。因此,网上购物的决策行为较之传统的购买决策要快得多。

影响网络消费者购买行为的因素主要是:

1. 产品的特性

首先,由于网上市场不同于传统市场,网络消费者有着区别于传统消费者的消费需求特征,因此,并不是所有的产品都适合在网上销售和开展网上营销活动。根据网络消费者的特征,网上销售的产品一般要考虑产品的新颖性,即产品是新产品或者是时尚类产品,才比较能吸引消费者的注意。追求商品的时尚和新颖,是许多消费者,特别是青年消费者重要的购买动机。

其次,要考虑产品的购买参与程度。一些产品要求消费者参与程度比较高,消费者一般需要现场购物体验,而且需要很多人提供参考意见。这些产品就不太适合网上销售。对于消费者需要购买体验的产品,可以借助网络营销推广功能,辅助传统营销活动进行,或者将网络营销与传统营销进行整合,还可以通过网络来宣传和展示产品,消费者在充分了解产品的性能后,可以到相关商场再进行选购。

2. 产品的价格

从消费者的角度说,价格不是决定购买的唯一因素,但又是肯定要考虑的因素,而且是一个非常重要的因素。对一般商品来讲,价格与需求量之间经常表现为反比关系,同样的商品,价格越低,销售量越大。网上购物之所以具有生命力,重要的原因之一是网上销售的商品价格普遍比较低廉。

此外,消费者对互联网有一个免费的价格心理预期,认为即使网上商品依然是要花钱的,那价格也应该比传统渠道要低。其原因,一方面是互联网的起步和发展都依托了免费策略,以致互联网的免费策略深入人心,而且免费策略也得到了成功的商业运作。另一方面,互联网作为新兴市场,可以减少传统营销中的中间费用和一些额外的信息费用,可以大大削减产品的成本和销售费用,这也是互联网商业应用的巨大增长潜力所在。

3. 购物的便捷性

便捷性是消费者选择网上购物的首要考虑因素之一。这个便捷性,一般而言,一是指时间上的便捷性,可以不受时间的限制并节省时间;二是指可以足不出户,在很大范围内选择商品。

4. 安全可靠性

网上购物另外一个必须考虑的因素是安全性和可靠性问题。由于是在网上消费,一般需要先付款后送货,如此过去购物时的"一手交钱一手交货"的现场购买方式发生了变化,网上购物中的时空发生了分离,消费者有失去控制的离心感。因此,为降低这种离心感,在网上购物各个环节必须加强安全措施和控制措施,保护消费者购物过程的信息传输安全和个人隐私保护,以及树立消费者对网站的信心。

第四节 网络目标市场定位策略

企业在制定市场营销策略后,还必须制定和实施市场定位策略。也就是说,企业不管采取何种目标市场策略,都必须进一步考虑在拟进入的一个或多个细分市场中推出具有何种特色的产品,应当做何种努力,使产品与营销组合在消费者心目中占据特定的位置。这是关系到企业产品能否为消费者认可和接受,企业能否搞出经营特色,站稳脚跟,求得发展的重要战略问题。

一、市场定位及其重要性

市场定位,亦称"产品—市场"定位或产品定位,是指企业根据市场状况和自身条件,在消费者心目中确定一个与竞争者产品不同的独特形象和地位。

目标市场决定以后,企业必须进行市场定位,为自己或者产品在市场上树立一定的特色,塑造预定的形象,并争取目标顾客的认同。它需要向目标市场说明,本企业与现有的及潜在的竞争者有什么区别。这种勾画企业形象和所提供的价值,以使目标顾客理解和正确认识本公司有别于其竞争者的象征的行为,就是市场定位。

在市场营销过程中,市场定位离不开产品和竞争,因此,市场定位、产品定位、竞争性定位三个概念经常交替使用。市场定位强调的是企业在满足市场需要方面,与竞争者比较,应当处于什么位置,使顾客产生何种印象和认识;产品定位是指就产品属性而言,企业与竞争对手的现有产品,应在目标市场上各自处于什么位置;竞争性定位则突出在目标市场上,相比较各竞争者的产品,企业应当提供何种特色的产品。三个术语在实质上,是从不同角度认识同一事物。

市场定位还有利于建立企业及其产品的市场特色。在现代社会,同一市场上有许多同一品种的产品出现的情况大量存在,给这些产品的生产厂家和经营者造成了严重的威胁。企业为了使自己生产或经营的产品获得稳定的销路,防止被别家产品所替代,唯有从各方面为其产品培养一定的特色,树立一定的市场形象,以期在顾客心目中形成一种特殊的偏爱。也就是说,进行市场定位。

二、市场定位的步骤

市场定位的主要任务,就是通过集中企业若干竞争优势,将自己与其他竞争者区别开来。市场定位是一个企业明确其潜在的竞争优势,选择相对的竞争优势,以及显示独特的竞争优势的过程。

(一)明确潜在的竞争优势

明确潜在的竞争优势,要求一个企业从以下三个方面寻找明确的答案。

第一,目标市场上的竞争者做了什么?做得如何?竞争者的成本和经营情况如何?对这些情况都要做出确切的估计。

第二,目标市场上足够数量的顾客确实需要什么?他们的欲望满足得如何?必须认定目标顾客认为能够满足其需要的最重要的特征。因为市场定位能否成功,关键在于企业能否比竞争者更好地了解顾客,对市场需求与其服务(包括产品、价格、渠道与促销各个方面)之间的关系有更深刻和独到的认识。

(3)本企业能够为此做些什么?这同样必须从成本和经营方面进行考察。

(二)选择相对的竞争优势

相对的竞争优势,是一个企业能够胜过竞争者的能力。有的是现有的,有的是具备发展潜力的,还有的是可以通过努力创造的。简言之,相对的竞争优势是一个企业能够比竞争者做得更好的工作。

(三)显示独特的竞争优势

独特的竞争优势不会自动地在市场上显示出来。企业要进行一系列活动,使其独特的竞争优势进入目标顾客的脑海,通过自己的一言一行,表明自己的市场定位。

1. 建立与市场定位相一致的形象

(1)让目标顾客知道、了解和熟悉企业的市场定位。一个企业要树立形象,首先必须积极、主动而又巧妙、经常地与顾客沟通,以期引起顾客的注意和兴趣,并保持不断的联系。

(2)使目标顾客对企业的市场定位认同、喜欢和偏爱。认同是目标市场对企业有关市场定位信息的接受和认可,是顾客对这一市场定位的意义和合理性的承认。喜欢则是一种更为积极的情绪,是在认同的基础上产生的一种心理上的愉悦感。偏爱则是建立在喜欢基础上的一种特别的感情。

2. 巩固与市场定位相一致的形象

(1)强化目标顾客的印象。印象来源于认识。顾客对企业的市场定位及其形象的认识，是一个持续的过程，即不断地由浅入深、由表及里和由偏到全的深化过程，有明显的阶段性。这就使得增进顾客认识，强化其对企业的印象，显得十分必要。

（2）保持目标顾客的了解。一个企业必须有较强的应变能力，始终保持与相关环境之间的动态平衡。在这个过程中，纵然企业的市场定位无须调整，构成其市场定位的相对优势在内容、形式上，也可能发生变动。只有促使顾客的认识与这些变化同步发展，始终保持他们对企业及其市场定位的了解，其形象才能巩固。

（3）稳定目标顾客的态度。态度反映人们对某种事物所持的评价与行为倾向，并使一个人的行为表现出某种规律性。态度的形成有一个过程，一旦形成则将持续相当长时间而不轻易改变。所以，树立形象之后，还应不断向顾客提供新论据、新观点，证实其原有的认识和看法的正确性，支持企业的市场定位，防止顾客的态度向中间或反向转化。

（4）加深目标顾客的感情。顾客对一个企业及其市场定位的认识，不会是一个冷漠无情、无动于衷的过程，必然充满鲜明的态度体验和感情色彩。

3. 矫正与市场定位不一致的形象

许多时候，目标市场对企业及其市场定位的理解会出现偏差，如定位过低或过高，模糊或混乱，易造成误会。企业在显示其独特的竞争优势的过程中，必须对这种与市场定位不一致的形象加以矫正。

三、市场定位的方法

企业推出的每种产品，都需要选定其特色和形象。现有产品在其原有定位已经不再具有生命力时，亦需要重新做出定位决定。对产品的市场定位，可以应用多种方法，归纳起来有以下五种。

1. 根据产品的特色定位

如中国闽东电机公司，以东南亚别墅用户为目标市场，设计推出 ST 系列三相发电机。它电力负荷较大，符合当地用户习惯与汽车发动机配套的特殊要求，表面光洁度高，外表漆上玫瑰红、翡翠绿、孔雀蓝等鲜艳颜色，深受别墅用户喜欢。公司以产品的这些特色广为宣传，在目标顾客中形成突出的形象，结果在香港市场获得极高的占有率。

2. 根据为顾客带来的利益、解决问题的方式定位

产品本身的属性及由此获得的利益、解决问题的方法及需求满足的程度，能使顾客感受到它的定位。如在汽车市场上，德国的"大众"享有"货币的坐标"之美誉，日本的"丰田"侧重于"经济可靠"，瑞典的"沃尔沃"讲究"耐用"。在有些情况下，新产品更应强调某一种属性。如果这种属性是竞争者无暇顾及的，这种策略就越容易见效。

3. 根据产品的专门用途定位

为老产品找到一种新用途,是为该产品创造新的市场定位的好方法。

4. 根据用户种类定位

法国有一个制药厂,生产一种具有松弛肌肉和解热镇痛效能的药品。药厂针对不同用户做不同内容的宣传。法国人饮酒过量者较多,便宣传这种药品可以帮助消费者酒后恢复体力;英美人最怕感冒,便说明此药可以治疗头疼感冒;芬兰滑雪运动盛行,便强调该药品有助于消除疲劳;在意大利胃病患者较多,便又再三解释此药品的止疼功能。因此,这种本来并不复杂的药品在不同市场上获得了最适宜的形象,广销许多国家。

5. 根据与同类竞争产品的对比定位

这是与竞争对手产品相比较后而进行的市场定位。有两种方式:一是迎头定位,即与竞争对手对着干,如百事可乐的市场定位是针对可口可乐定的。二是避强定位,即避开竞争锋芒,另辟蹊径,占领被竞争者忽略的某一市场空隙,突出宣传本产品在某一方面的特色。

本章讨论与思考

1. 简述网络营销市场细分与市场定位的概念。
2. 市场定位与市场细分的含义是什么?
3. 网络消费者购买行为的影响因素有哪些?

第四章 网络营销产品策略

学习目标

◎ 了解网络营销产品的内涵、特点及分类。

◎ 掌握网络营销中所采用的不同的产品策略，根据特定的网络营销产品的特点，分析策划相应的网络营销产品策略。

◎ 了解网络市场中产品的品牌价值，以及企业应该如何树立良好的品牌形象，了解企业网络营销环境分析的内容。

◎ 掌握网络时代的新产品开发策略。

▼案例观察

凡客重回小公司聚焦衬衫
极致策略能否奏效

陈年（凡客创始人）受雷军（小米科技创始人）影响深远。2013年6月是凡客最艰难的时候，深陷资金链断裂及裁员传闻。看着凡客一天不如一天，雷军坐不住了。在一次和陈年的酒局上，雷军问陈年："我们还是不是兄弟？是兄弟就把话说明白，凡客产品不行？凡客对待产品的态度不行？"

"坦白说我那天挺生气的。"陈年在昨日演讲中说，"因为你雷军牛，把小米做了300多个亿美元估值，但凡客这么有名，至少也是五六十亿美元估值的公司。"陈年的潜台词是，凡客好歹也是大公司，怎么会产品不行。

2个月后雷军和其他董事到凡客看产品。9月底正值2013年秋冬新品上架，办公室里挂的到处都是新品，大概占了几百个衣架。雷军并没有看陈年准备好的PPT，而是花了两个小时时间研究这些衣架上的服装，然后对陈年说了一句话："我看到的不是一个品牌店，而是一个百货市场。"

这是当时凡客的状态，即使那时陈年已经反思到品类过多，大刀阔斧砍品类清库存，在小米思维里的雷军看来，几百个衣架依然意味着不专注。

董事会决定开始更大力度推动凡客改革。参观过后没多久，董事会找到凡客管理团队坐下来谈,核心问题就是能不能做好衬衫。这个问题是当时陈年和凡客团队不能理解的:凡客历史上已经销售出 1000 多万件衬衫,创造了 10 多亿元的销售额,什么叫"能不能做好衬衫"?

在小米极致单品策略的影响下,陈年用了 3 个月时间认识到做好一件衬衫有多难。真正做好这件事情,陈年又用了一年的时间。当然在专注之前,凡客需要更加彻底地"瘦身"。

现在的凡客用陈年的话说是一个"小公司",从最多 13000 名员工到现在加仓储库房一共 600 多人,从最高 19 万 SKU、50 多个频道缩减到加上颜色尺码在内的总共 200—300 个 SKU。陈年砍掉的不仅是公司规模,还有如风达和他最擅长的营销。

过去这一年,陈年同样放弃的,还有曾经造就出明星效应的"凡客体"的营销。"现在做这些干吗?"陈年说,过去一年是继 2007 年底之后,自己再次回到产品的前线去。而眼下做出一款极致的单品才是凡客最重要的事情。

极致策略能否奏效?

在过去的采访里,电商出身的陈年总是爱谈模式、谈增长。在凡客最危急的那几年,陈年喜欢谈反思。现在的陈年则更喜欢谈产品,不仅整个发布会都在讲一件衬衫,连和媒体沟通时,都会把帆布鞋脱下来向大家展示,并讲解让鞋舒服的技术原理。

"今天我站在这里,让过去的事情都过去吧。"虽然陈年不愿提起凡客最艰难的日子,但他时刻提醒着自己凡客为何衰落:盲目扩张品类,公司内部形成大公司病,人浮于事,大量库存积压,过度重视流量经济及广告投放,以及造成用户流失的核心问题——"品质无法保证"。

陈年认为凡客用了非常快的速度,吸收了目前中国品牌所有的错误,只做到了"快","专注"和"极致"谈都谈不上,这不是一个品牌应该做的事情。

回归产品的陈年,成为公司产品的首席体验官。为了做出一双舒服的帆布鞋,陈年甚至穿着帆布鞋在跑步机上跑步,几乎到了"偏执"测试的状态。而为了做出最好的衬衣,陈年过去一年去了两次越南工厂、两次日本、两次重庆,以及无数次宁波、上海。

衬衣是凡客起家的品类,陈年希望从哪里跌倒在哪里爬起来。当然这里也有一个市场空白,高品质的免烫 300 支衬衫市场售价在 1000 元以上,而一件白色免烫衬衫又是男人衣橱里的基本款。

在陈年研究衬衫的过程中,发现原有工艺完全不能满足新的产品,他请来了日本木村先生的团队。这是一个曾经帮助优衣库走出困境的团队:优衣库当年因为盲目扩张,犯下了和凡客差不多的错误,木村帮助优衣库扭转局面的策略,无非就是缩减门店,推出聚焦的单品。

　　凡客这件打着300支高品质的衬衫,单件成本比过去高出2—3倍,定价却只有129元,比起类似款1000元以上的市场价低太多。陈年透露这个价格也是和雷军反复商量的,雷军始终认为毛利率是个伪命题,而产品做到极致才最重要。

　　不过做手机毕竟和做衣服不一样。小米硬件可能并不赚钱,但其构造起的生态链已经留出增值空间。持续保持亲民高性价比单品的凡客,品牌的溢价空间又在哪儿?

　　陈年则坦言目前还没有想那么多,他眼下研究的是,在一件衬衫之后,如何做出一双最舒服的帆布鞋,或如何做出性价比最高的T恤衫。

　　　　资料来源:崔西.凡客重回小公司聚焦衬衫:董事会推动瘦身改革[EB/OL].(2014-08-29)[2016-10-05].http://tech.sina.com.cn/i/2014-08-29/07029583902.shtml.

【启示与思考】

　　不少电商公司高层都认为,凡客已经错过了最好的发展时期,现在电商品牌行业的竞争已经更加激烈。凡客是否能重新赢得用户信任?如何避免再次高速增长带来的扩张?低毛利率下如何构建商业模式?凡客的极致产品策略是否会成功?

第一节 网络营销产品概述

一、网络营销产品概述

产品是指能够提供给市场,被人们使用和消费,并能满足人们某种需求的任何东西,包括有形的物品,无形的服务、组织、观念,或它们的组合。

在网络营销中,产品的整体概念可分为 5 个层次:

(1)核心利益层次。是指产品能够提供给消费者的基本效用或益处,是消费者真正想要购买的基本效用或益处。

(2)有形产品层次。是产品在市场上出现时的具体物质形态,主要表现在品质、特征、式样、商标、包装 5 个方面,是核心利益的物质载体。

(3)期望产品层次。在网络营销中,顾客居于主导地位,其消费呈现出个性化的特征,不同的消费者可能对产品要求不一样,因此产品的设计和开发必须满足顾客这种个性化的消费需求。

(4)延伸产品层次。是指由产品的生产者或经营者提供的购买者有需求的产品层次,主要是帮助用户更好地使用核心利益和服务。

(5)潜在产品层次。是在延伸产品层次之外,由企业提供的能满足顾客潜在需求的产品层次。它主要是产品的一种增值服务,与延伸产品层次的主要区别是,没有潜在产品层次,顾客仍然可以很好地使用其需要的产品的核心利益和服务。

二、网络营销产品分类

在网络上销售的产品,按照性质和形态的不同,可以分为两大类,即实体产品和虚体产品。

1. 实体产品

实体产品是指具有物理形状的物质产品。

在网络上销售实体产品的过程,与传统的购物方式有所不同。在这里已没有传统的面对面的买卖方式,网络上的交互式交流成为买卖双方交流的主要形式。消费者或客户通过卖方的主页考察其产品,通过填写表格表达自己对品种、质量、价格、数量的选择;而卖方则将面对面的交货改为邮寄或送货上门,这一点与邮购产品颇为相似。因此,网络销售也是直销方式的一种。

2. 虚体产品

虚体产品与实体产品的本质区别是,虚体产品一般是无形的,即使表现出一定形态,也是通过其载体体现出来,但产品本身的性质和性能,必须通过其他方式才能表现出来。

在网络上销售的虚体产品可以分为两大类:软件和服务。软件包括计算机系统软件和应用软件。网上软件销售商常常可以提供一段时间的试用期,允许用户尝试使用并提出意见。好的软件很快能够吸引顾客,使他们爱不释手并为此慷慨解囊。

三、网络营销产品特点

一般而言,适合在互联网上销售的产品,通常在以下几个方面具有特性:

1. 产品性质

由于网络用户在初期对技术有一定要求,因此,用户上网大多与网络等技术相关,故而网上销售的产品最好是与高技术或电脑、网络有关。一些信息类产品,如图书、音乐等,也比较适合网上销售。还有一些无形产品,如服务,也可以借助网络的作用实现远程销售,如远程医疗。

2. 产品质量

网络的虚拟性,使得顾客可以突破时间和空间的限制,实现远程购物和在网上直接订购,这也导致网络购买者在购买前无法尝试或只能通过网络来尝试产品。

3. 产品式样

通过互联网对全世界国家或地区进行营销的产品,要符合该国家或地区消费者的风俗习惯、宗教信仰和教育水平。同时,由于网络消费者的个性化需求,网络营销产品的式样还必须给予满足。

4. 产品品牌

在网络营销中,生产商与经营商的品牌同样重要。一方面,要在网络上浩如烟海的信息中获得浏览者的注意,必须拥有明确、醒目的品牌;另一方面,由于网上购买者可以面对很多选择,网上的销售又无法进行购物体验,因此,购买者对品牌比较关注。

5. 产品包装

通过互联网经营的针对全球市场的产品,包装必须适合网络营销的要求。

6. 目标市场

网上市场是以网络用户为主要目标的市场,在网上销售的产品要适合覆盖广大的地理范围。如果产品的目标市场比较狭窄,可以采用传统营销策略。

7. 产品价格

互联网作为信息传递工具,在发展初期采用的是共享和免费策略,网上用户比较认同网上产品的低廉特性;另一方面,由于通过互联网进行销售的成本低于其他渠道,在网上销售产品一般采用低价位定价。

四、网络营销产品促销策略

新型网络营销的促销策略有以下几种方式:

1. 网上折价促销

折价亦称打折、折扣,是目前最常用的一种网上促销方式。因为网民在网上购物的热情远低于在商场、超市等传统购物场所,因此网上商品的价格一般都要比以传统方式销售时低,以吸引人们购买。网上销售商品不能给人全面、直观的印象,也不可试用、触摸等,再加上配送成本高、付款方式复杂,容易造成消费者网上购物和订货的积极性下降。而幅度比较大的折扣,可以促使消费者进行网上购物的尝试并做出购买决定。大部分网上销售商品都有不同程度的价格折扣。

2. 网上赠品促销

赠品促销在网上的应用不算太多,一般情况下,在新产品推出试用、产品更新、对抗竞争品牌、开辟新市场的情况下,利用赠品促销可以达到促销效果。赠品促销的优点是可以提升品牌和网站的知名度,鼓励人们经常访问网站以获得更多的优惠信息,能根据消费者索取赠品的热情程度而总结分析营销效果和产品本身的反应情况等。

3. 网上抽奖促销

抽奖促销是网上应用较广泛的促销形式之一,是大部分网站乐意采用的促销方式。抽奖促销是以一个人或数人获得超出参加活动成本的奖品为手段进行商品或服务的促销。网上抽奖活动主要附加于调查、产品销售、扩大用户群、庆典、推广某项活动等。消费者或访问者通过填写问卷、注册、购买产品或参加网上活动等方式获得抽奖机会。

4.网上积分促销

积分促销在网络上的应用比起传统营销方式要简单和易操作。网上积分活动很容易通过编程和数据库等来实现，并且结果可信度很高，操作起来相对较为简便。积分促销一般设置价值较高的奖品，消费者通过多次购买或多次参加某项活动来增加积分以获得奖品。积分促销可以增加上网者访问网站和参加某项活动的次数，可以提升上网者对网站的忠诚度，可以提高活动的知名度等。

5.搜索引擎促销

有数据显示，44.71%的网民经常使用（每天多次使用）搜索引擎，每天使用一次搜索引擎的用户也占到17.2%，也即每日使用搜索引擎用户数高达69.4%，意味着已有超过半数的网民开始依赖搜索引擎的使用。

五、网络营销产品组合策略

说到产品组合策略，不得不提到两个概念：产品线和产品组合。

产品线是指在技术和结构上密切相关，具有相同使用功能，规格不同而满足同类需求的一组产品。

产品组合是指一个企业所经营的全部产品线的组合方式，包括三个因素：产品组合的广度、深度和关联度。这三个因素的不同构成不同的产品组合。

产品组合策略是指企业根据其经营目标、自身实力、市场状况和竞争态势，对产品组合的广度、深度和关联度进行不同的结合。

由于产品组合的广度、深度和密度，同销售业绩密切相关，因此，在网络营销中，确定经营哪些产品或服务，明确产品之间的相互关系，是企业产品组合策略的主要内容。

（一）产品组合策略

1.扩大产品组合策略

扩大产品组合策略，也称全线全面型策略，即扩展产品组合的广度和深度，增加产品系列或项目，扩大经营范围，以满足市场需要。这将有利于综合利用企业资源，扩大经营规模，降低经营成本，提高企业竞争能力；有利于满足客户的多种需求，进入和占领多个细分市场。但扩大产品组合策略，要求企业具有多条分销渠道，采用多种促销方式，对企业资源条件要求较高。

如亚马逊（Amazon）在稳稳占领了图书这个主营商品市场后，开始增加新的经营品种,其业务范围已经从图书和音像制品成功地拓展到其他利润丰厚的商品中去。1998 年 11 月,亚马逊开通音像和礼品商店,商品从游戏盘、索尼随身听,到手表和芭比娃娃,无所不有。1998 年底,亚马逊以 2.8 亿美元并购了加州和波士顿的两家拥有网络新技术的公司,以协助其扩展网络营销业务。

2. 缩减产品组合策略

缩减产品组合策略,指降低产品组合的广度和深度,减少一些产品系列或项目,集中力量经营一个系列的产品或少数产品项目,提高专业化水平,以求从经营较少的产品中获得较多的利润,故也称市场专业型策略。该策略有利于企业减少资金占用,加速资金周转;有利于广告促销、分销渠道等的目标集中。

(二)产品延伸策略

每一个企业所经营的产品都有其特定的市场定位。产品延伸策略,指全部或部分地改变企业原有产品的市场定位。具体做法有以下三种。

1. 向上延伸

向上延伸,即由原来经营低档产品,改为增加经营高档产品。

向上延伸可提高企业及现有产品的声望。消费者购买商品,不但取得了产品的所有权及其附加的当期收益,而且包括各种远期收益。如大多数软件商都承诺用户可以享受免费的软件升级服务,我国一些软件公司就是通过自己的网站向用户提供免费的升级软件。

2. 向下延伸

向下延伸,即由原来经营高档产品,改为增加经营低档产品。

向下延伸可吸引受经济条件限制的消费者,扩大企业的市场规模。总资产和年销售额都曾创造过世界第一的美国通用汽车公司的网站上不仅销售新车,同时提供旧车交易。对购二手车者,可进入标有"经 GM 认可确保质量的二手车"字样的网页进行选择。此举如今已被其他厂商以及日本、新西兰、新加坡等国的汽车经销商或网络公司效仿。另外,随着网上金融服务体系的逐步建立,网络银行的业务也由传统的银行业务,延伸到电信、税务、水电、交通等行业,完成诸如代收电话费、水电费、税费、交通罚款等代理业务。

3. 双向延伸

双向延伸,即由原经营中档产品,改为增加经营高档和低档产品。

原定位于中档产品市场的企业掌握了市场优势后,采取双向延伸策略,可使企业同时获得上述两种延伸所产生的效果。

对于开展网络营销的企业来说,产品不但包括要出售的货物,还包括各种服务、商业过程及信息,因此,双向延伸也不仅仅是增加传统意义上的高档或低档产品,而且是要在产品的各个组成部分中进行延伸,如企业可以为每个产品的客户制定一种相应的服务方案,包括送货服务、安装服务、培训服务及维修服务等,以增加服务的价值;为所有客户提供一系列可增值的信息,如供应商的生产能力、产品前景预测、产品设计、保修、交易和送货条款等。通过这些延伸,企业可达到提高产品的附加值和市场占有率的目的。

第二节　网络营销的新产品开发

一、网络产品的生命周期

产品生命周期（Product Life Cycle，PLC），是指产品的市场寿命。一种产品进入市场后，它的销售量和利润都会随时间推移而改变，呈现一个由少到多、由多到少的过程，就如同人的生命一样，由诞生、成长到成熟，最终走向衰亡，这就是产品的生命周期现象。所谓产品生命周期，是指产品从进入市场开始，直到最终退出市场为止所经历的市场生命循环过程。产品只有经过研究开发、试销，然后进入市场，它的生命周期才算开始。产品退出市场，则标志着生命周期的结束。

典型的产品生命周期，一般可分为以下四个阶段。

（一）导入期

新产品投入市场，便进入导入期。此时，顾客对产品还不了解，只有少数追求新奇的顾客可能购买，销量很低。为了拓展销路，需要投入大量的促销费用，对产品进行宣传。在这一阶段，由于技术方面的原因，产品不能大批量生产，因而成本高，销售额增长缓慢，企业不但得不到利润，反而可能亏损，产品也有待进一步完善。

导入期的营销策略有下面4种：

1. 快速撇脂策略

快速撇脂策略，即以高价格、高促销费用推出新产品。实行高价策略，可在每单位销售额中获取最大利润，尽快收回投资；投入高促销费用，能快速建立知名度，占领市场。

实施这一策略须具备以下条件：产品有较大的需求潜力；目标顾客求新心理强，急于购买新产品；企业面临潜在竞争者的威胁，需要及早树立品牌形象。一般而言，在产品引入阶段，只要新产品比替代的产品有明显的优势，市场对其价格就不会那么计较。

2. 缓慢撇脂策略

缓慢撇脂策略，即以高价格、低促销费用推出新产品，目的是以尽可能低的费用开支求得更多的利润。

实施这一策略的条件是:市场规模较小;产品已有一定的知名度;目标顾客愿意支付高价;潜在竞争的威胁不大。

3. 快速渗透策略

快速渗透策略,即以低价格、高促销费用推出新产品。目的在于先发制人,以最快的速度打入市场,取得尽可能大的市场占有率。然后再随着销量和产量的扩大,使单位成本降低,取得规模效益。

实施这一策略的条件是:该产品市场容量相当大;潜在消费者对产品不了解,且对价格十分敏感;潜在竞争较为激烈;产品的单位制造成本可随生产规模和销量的扩大迅速降低。

4. 缓慢渗透策略

缓慢渗透策略,即以低价格、低促销费用推出新产品。低价可扩大销售,低促销费用可降低营销成本,增加利润。

这种策略的适用条件是:市场容量很大;市场上该产品的知名度较高;市场对价格十分敏感;存在某些潜在的竞争者,但威胁不大。

(二)成长期

进入成长期,意味着顾客对产品已经熟悉,大量的新顾客开始购买,市场逐步扩大。产品大批量生产,生产成本相对降低,企业的销售额迅速上升,利润也迅速增长。竞争者看到有利可图,将纷纷进入市场参与竞争,使同类产品供给量增加,价格随之下降,企业利润增长速度逐步减慢,最后达到整个生命周期利润的最高点。

成长期的营销策略有下面4种:

1. 改善产品品质

改善产品品质,包括增加新功能、改变产品款式、发展新型号、开发新用途等。对产品进行改进,可以提高产品的竞争能力,满足顾客更广泛的需求,吸引更多的顾客。

2. 寻找新的细分市场

寻找新的细分市场,即通过市场细分,找到新的尚未满足的细分市场,根据其需要组织生产,迅速进入这一新的市场。

3. 改变广告宣传的重点

把广告宣传的重心从介绍产品转到树立产品形象上来,树立产品名牌,维系老顾客,吸引新顾客。

4.适时降价

在适当的时机,可以采取降价策略,以激发那些对价格比较敏感的消费者产生购买动机和采取购买行动。

(三)成熟期

市场需求趋向饱和,潜在的顾客已经很少,销售额增长缓慢直至转而下降,标志着产品进入了成熟期。在这一阶段,竞争逐渐加剧,产品售价降低,促销费用增加,企业利润下降。

成长期的营销策略有下面 3 种:

1.市场调整

这种策略不是要调整产品本身,而是发现产品的新用途、寻求新的用户或改变推销方式等,以使产品销量得以扩大。

2.产品调整

这种策略是通过产品自身的调整来满足顾客的不同需要,吸引有不同需求的顾客。整体产品概念的任一层次的调整都可视为产品再推出。

3.市场营销组合调整

组合调整即通过对产品、定价、渠道、促销四个市场营销组合因素加以综合,刺激销量的回升。常用的方法包括降价、提高促销水平、扩展分销渠道和提高服务质量等。

(四)衰退期

随着科学技术的发展,新产品或新的代用品出现,将使顾客的消费习惯发生改变,转向其他产品,从而使原来产品的销售额和利润额迅速下降。于是,产品进入了衰退期。

衰退期的营销策略有下面 4 种:

1.继续策略

继续沿用过去的策略,仍按照原来的细分市场,使用相同的分销渠道、定价及促销方式,直到这种产品完全退出市场为止。

2. 集中策略

把企业能力和资源集中在最有利的细分市场和分销渠道上，从中获取利润。这样有利于缩短产品退出市场的时间，同时又能为企业创造更多的利润。

3. 收缩策略

抛弃无希望的顾客群体，大幅度降低促销水平，尽量减少促销费用，以增加利润。这样可能导致产品在市场上的衰退加速，但也能从忠实于这种产品的顾客中得到利润。

4. 放弃策略

对于衰退比较迅速的产品，应该当机立断，放弃经营。可以采取完全放弃的形式，如把产品完全转移出去或立即停止生产；也可采取逐步放弃的方式，使其所占用的资源逐步转向其他的产品。

二、网络营销新产品开发

（一）产品组合

不同的公司向市场提供不同的产品组合，即不同数量的产品类别或产品线，而每一个产品类别又可能由不同型号的单个产品或不同品牌的产品组成。例如，宝洁公司的产品组合中有纺织品、美容护肤品和个人清洁护理品等多个产品线，而为了满足不同细分市场各自对产品质量、特性、价格、包装等方面的特定需求，每条产品线又会生产不同的品牌以供市场挑选。产品线的数量和类型的选择，取决于公司本身的战略目标、资源和能力，以及市场竞争的激烈程度等众多外部因素。

（1）创新性产品。创新性产品可能会带来巨大的回报，因为它通过与原有产品的竞争，甚至可以缔造一个全新的行业或创造一个全新的经营模式，而改变原来的竞争基础，但是实际上，在新产品中真正算得上"全新"的数量却很少。

（2）当前产品或服务的升级版或产品线延伸。

（3）现有产品及其派生和增强形式。公司除了要设计好新旧产品的组合外，也要安排好新产品投放和对现有产品进行改良的时间。要考虑的因素有上市速度、新产品进入市场的次序，以及现有产品所处的生命周期。

（二）网络营销新产品的开发

为保持企业可持续盈利的能力，每一家公司都需要去寻找和开发现有产品的替代品或补充品。所以,一个企业能否适时地开发出新产品,以适应不断变化的市场需求,对于企业在行业中的地位和前途至关重要。

所谓新产品开发,根据其创新程度,主要指两方面:公司通过自主研发开发出具有突破性的创新产品,以及公司利用现有品牌对目前产品的属性进行改良和调整。

突破性创新可以给企业带来巨大利润,提升市场地位,改变竞争基础,同时又意味着企业需要承担由此而产生的高风险和高成本;而对现有产品的派生和增强,固然可以节省在新产品导入期的促销成本,但是若新产品在市场上失败的话,也可能给现有品牌的形象带来负面影响,动摇现有的客户基础。所以,产品开发要求公司在突破性创新以及对现有产品的改良和调整之间进行权衡,并进行许多不确定性的决断。

新产品的开发过程是一个从创意生成、创意筛选、概念发展、产品设计、原型开发、测试营销一直到商品化的过程,传统做法是在此过程中的每一步骤结束时,都要进行是否继续进入下一步骤、返回前一步骤或停止项目的决策,目的在于最大限度地挖掘未被满足的市场需求,在投入大量的资源前,将任何可能的决策失误降到最低点。

在新的在线营销环境中,传统的新产品开发过程与方法显得不够快速。面对变化快速的市场环境,循序渐进的产品开发过程往往已无法对市场变化给予及时的回应,网络技术的应用,特别是在创意生成、产品设计、原型开发、测试营销阶段的作用,进一步挖掘了消费者的需求并缩短了新产品的推出过程。

1. 创意生成 (Idea Generation)

创意可能来自研发、制造、营销等内部群体或个人,也可能来自外部的客户、供应商、销售商,甚至可能从同类竞争产品中获得启发。创意生成阶段的目标是如何采用一个有效的方法来鼓励群体产生关于新产品或产品改进的想法,并尽可能多地聚集这些创意,而不进行过滤。顾客的需求是新产品构思的重要来源,营销人员可以通过网站的公告栏和社区群体讨论等发现流露出来的顾客创意,了解市场的个性化需求和总体特征。

2. 创意筛选 (Idea Screening)

头脑风暴一旦完成,就要求参与产品开发的所有相关人员对聚集的创意进行分类和识别,从中筛选出有价值的创意。创立一个高效的创意评分系统,可使最好的创意继续前进。

3. 概念发展 (Concept Development)

富有吸引力的新产品创意,需要提炼后才能发展成产品概念。产品创意指的是公司希望为市场提供的可行的产品构思,而产品概念是指用有意义的顾客术语来表述的产品构思,具体包括满足顾客需求的描述,产品解决方案的形式,初步的产品规范和设计,产品定位和经济可行性。创意通过概念发展阶段须达到一系列的特定指标。

4. 产品设计（Product Design）

面对激烈的市场竞争,缩短产品设计时间的模块化,就是将新产品分成几个子系统来独立设计和测试,负责各个子系统的工作小组可以平行地进行工作,不必等到前一个工作结束后再开始下一道工序,这样可大幅度缩短开发时间,并降低新产品的开发成本。模块化的设计需要有研发团队间持续、通畅的沟通做保证。CAD 和视频会议等网络工具为跨职能、跨地域开发团队间的高效沟通与协作提供了便利。

5. 原型开发（Prototype Development）

原型开发指将产品从概念变成模型的过程。在此过程中,可能要造出一个从设计图纸到标准尺寸的三维实验模型的完整系列原型。在本阶段通常需要投入相当多的时间和资源来制作一个更完整、更精确的模型。原型开发方法可使产品相关数据完全以数字形式被生成、测试、细化和制造,在产品的实物原型推出之前先经历虚拟产品的开发阶段,这可以将资源密集深入阶段推移到产品开发的后期。

6. 测试营销（Test Marketing）

测试营销是一种小规模的营销实验,目的是通过对小规模实验中采用的一些营销变量进行观察、测试和识别,制定出一个适宜于产品大量导入市场阶段的营销支持模式:广告、分销、包装、定价和促销等。利用在线营销实验可对新产品进行评估,如公司服务器可以随机向不同的来访者展现不同的产品,然后通过跟踪其点击率来测量来访者对不同产品的反应,了解被测试的各营销变量间的因果关系,预测它们在市场上的潜在性。

7. 商品化（Commercialization）

产品的商品化涉及产品的市场导入计划,这个计划包括对导入时机、地点的把握,所需的资源配置,与产品定位相配套的营销支持模式,以确保新产品一上市就在市场上取得成功。

三、网络营销新产品战略

按照美国学者兰姆、海尔等人的观点,企业的新产品战略有 6 种:非连续创新产品、新产品线、产品线的延伸、对现有产品的改进或调整、重新定位的产品和低价格的相同产品。企业可以根据营销目标和风险偏好、品牌价值、可利用的资源、竞争优势等其他因素选择一种或几种产品战略。

（1）非连续创新产品,是指开发一种以前从没见过的新产品。互联网上第一个网页制作软件、搜索引擎等都属于非连续创新产品。时下非常热的社交网络也是非连续创新产品战略的企业,其客户从了解到接受新产品需要一个过程,他们需要从充分熟悉产品到能驾轻就熟,直到感觉物有所值才会改变消费行为。但是,如果目标群体是 35 岁以下的年轻人,企业面临的风险就会小很多,因为这群人更易接受新技术。

(2)新产品线,是指企业用一种现有的品牌为完全不同的新产品命名。例如,微软公司介绍和推广 IE 浏览器时就创造了一种新产品线,因为浏览器已经被网景公司开发出来,微软的浏览器并不算非连续创新产品。

(3)产品线的延伸,是指企业只是增加现有产品的花色品种,例如《财经》杂志网页版只是纸质版的在线延伸。产品线的延伸可以进一步提升品牌知晓度,增加品牌价值。

(4)对现有产品的改进或调整,会形成一种新产品,也可以替代旧产品。例如,基于网站的电子邮件系统是基于客户端的电子邮件系统的发展。通过改进或调整现有产品形成新产品,企业能不断促进品牌发展,增加客户价值。

(5)重新定位的产品,是指将现有产品定位于不同的目标市场,或者提供新的用途。例如,网易邮箱将网易邮箱管家重新定位于高端用户价值,目标群体定位于高端商务人士。

(6)低价格的相同产品,即用低价与现存的品牌展开竞争,赢得价格上的优势。

第三节　网络营销品牌策略

一、品牌的定义、特点

1.品牌的定义

美国市场营销协会对品牌的定义是："品牌（brand）是一种名称、属性、标记、符号或设计，或是它们的组合运用，其目的是借以辨认某个销售者或某群销售者的产品或服务，并使之同竞争对手的产品和服务区别开来。"

这个定义，主要强调了品牌的可辨识性因素，即企业品牌存在的特征。那么，什么是网络品牌呢？简单来说，企业品牌在互联网上的存在即网络品牌。

网络品牌有两个方面的含义：一是通过互联网手段建立起来的品牌，二是互联网对网下既有品牌的影响。两者对品牌建设和推广的方式和侧重点有所不同，但目标是一致的，都是为了企业整体形象的创建和提升。

2.品牌的特点

网络品牌包含三个层次：

（1）要有一定的表现形态。一个品牌之所以被认知，首先应该有其存在的表现形式，也就是可以表明这个品牌确实存在的信息，即网络品牌具有可认知的、在网上存在的表现形式，如域名、网站（网站名称和网站内容）、电子邮箱、网络实名/通用网址等。

（2）需要一定的信息传递手段。仅有网络品牌的存在并不能为用户所认知，还需要通过一定的手段和方式向用户传递网络品牌信息，才能为用户所了解和接受。网络营销的主要方法如搜索引擎营销、许可 E-mail 营销、网络广告等，都具有网络品牌信息传递的作用。因此，网络营销的方法和效果之间具有内在的联系，例如在进行网站推广的同时，也达到了品牌推广的目的，只有深入研究其中的规律，才能在相同营销资源的条件下获得综合营销效果的最大化。

（3）网络品牌价值的转化。营销网络品牌的最终目的是获得忠诚顾客并增加销售，因此，网络品牌价值的转化过程是网络品牌建设最重要的环节之一。用户从对一个网络品牌的了解到形成一定的转化，如网站访问量上升、注册用户人数增加、对销售的促进效果等，就是网络营销活动的过程。

毫无疑问,无论网上或网下,所有公司都希望为消费者提供完美的消费经历,但是网下经历容易在某一环节出现问题而不尽如人意,并具有较大的偶然性。

例如,尽管传统的消费品公司可以成功管理自己的产品设计和广告营销内容,却不得不把销售和交易过程的控制权交给零售商,以至于在处理这些领域内的问题时往往处于不利地位。而互联网可以赋予公司全部的拥有权和控制权,因此有能力也有必要改善客户的全程购物经历。

二、网络品牌的营销模式

建立一个以消费者为中心的网络品牌的费用是昂贵的,网络企业只有采用多种不同类型的品牌经营模式,才能以多种来源的收益,支撑企业所需的品牌忠诚力。要建立一个成功的网络品牌,关键是要保持以下三方面的一致性:向消费者做出的承诺、网上发送这些承诺所必要的网络设计、要求转化成利润的经济模型。这三个要素共同组成一个成功的互联网企业不可分割的部分。

以下10种品牌营销模式,是3种基本模式的具体化和提供的有效可操作性。一个在线品牌的成功,在于能够综合运用其中2种或3种,甚至更多的模式。

1. 眼球模式

眼球模式实际上就是注意力营销模式,它关注的焦点有四:点击率、注册会员数、广告收入和合作伙伴。所谓眼球,说白了,就是网络世界中代表市场占有率的指标。有人估计,每双投向雅虎的眼球,为雅虎创造了2609美元的价值。每双停驻在亚马逊的眼球,则价值2699美元。统计网络流量的Media Metrix报告指出,在1999年12月14日市值877亿美元的雅虎,10月份总共攫取了3361万人的注意,市值326亿美元的亚马逊,总共有1208万人造访。

2. 个性化服务模式

个性化的营销是以产品最终满足单个消费者需求为归依的。企业能否根据具体消费者而不是群体消费者,设计非常个人化的产品或服务,成为衡量其竞争实力的一项准则。个性化服务的回报是巨大的。朱庇特公司报告说,25家消费者电子商务站点第一年的新顾客就增加了47%,销售收入增长了52%。即使个性化软件的成本在5万至300万美元之间,而且需要电脑储存顾客的资料,通过个性化服务,一般一年内也可收回投资。

3. 信息服务模式

信息中介商会比其他任何人更加了解客户,并能够量身定做出一套产品和服务来满足每一个客户的要求。因此,信息中介商将培育出非常强大的以客户为中心的品牌。

通过利用客户信息档案来为客户量身定做一套满足其要求的产品或服务,专业化的信息中介商发展了自己的专长,同时可以培育出强大的以客户为中心的品牌。

这些信息中介商有可能成为大型信息中介商的初级合作伙伴,提供关于某一类产品的客户的专门资料。例如,专业的服装顾问可以在在线环境中扮演私人购物者的角色,发展专门的技能,把自己对时尚发展趋势的深刻理解和客户对时尚的个人偏好有机地结合起来,并为客户提出最适合他/她的各种衣着的建议。

4. 零售模式

零售业的成功秘诀可归结为 7 个以 R 开头的名词:①适当的商品（Right product）;②正确的地点（Right location）;③正确的时间（Right time）;④适当的包装（Right packaging）;⑤正确的数量（Right quantity）;⑥合理的价格（Reasonable price）;⑦正确的顾客（Right customer）。

零售业的秘诀就是在正确的时间与正确的地点,以适当的包装、合理的价格,提供正确数量的适当产品给正确的顾客。无法做到以上 7 项秘诀中的任何一项都有可能丢掉生意。根据问题性质的不同,后果也不同,有些顾客可能不在意,有些顾客则可能愤而产生敌意。

举例来说,一家服装店贩售的服饰不是最新款式,你也许还能忍受,但如果你邮购一件工具,寄来时却缺少主要零件,你一定会打电话抱怨。同样的,如果你订购的果酱果冻礼盒因为包装不好而摔破,你也一定会打电话抱怨。

5. 媒体模式

除了电子媒体外,多元新型媒体的出现不同于工业时代不分群体无差异的大众媒体,而是演变为依据不同市场、不同消费群体、不同场景的“小众媒体”,根据受众阅读习性、欣赏倾向和接受程度,最大限度地为受众度身定做媒体。

这样既可以满足特定消费群体个性化的媒体需求,亦可在各种各样的媒体中有的放矢,提高媒体的发布效率。

例如,医院专供病人阅读的杂志、学校食堂专对学生播放的电视广告、超级市场手推车上悬挂的广告和电视台针对不同观众发布的不同广告等,都是在传统媒体基础上的细化。

如果让媒体受众将接受广告视为一项乐于欣赏和阅读视听的事情,21 世纪的媒体公司和广告公司可就大有作为了。

网络媒体伴随着网络技术的日新月异将更加多元化,尤其是个性化营销时代加速来临,网络媒体一对一的发布方式不知会催化多少意想不到的网络广告模式,当然它也会迅速淘汰掉无数效果甚微的媒体。

6. 营销顾问模式

网络时代营销管理人员存在的价值不再是推销产品和服务,而是充当信息咨询顾问。因为营销功能的实现,在很大程度上依赖各种电脑网络系统,营销人员的作用是要借助互联网等各种信息系统,为客户提供各种解决问题的方案,而不是简单地劝诱顾客,或向顾客推销产品。

由于营销人员角色转换成辅助消费者购买行为的顾问,他们不仅要适应信息化社会千变万化的需求,全面掌握和了解市场全球化的发展趋势,应对技术创新带来的营销观念、营销理论和营销策略的不断变化,还要将自己培养为洞悉消费者行为、精通业务分析的专家。他必须能让产品与知识融为一体,出售给消费者,成为知识产品的创造者。

7. 自己动手模式

这种模式是指网络企业(如 IKEA、DELL、爱印印刷)帮助消费者进行自我服务。消费者有时希望自己寻找所希望得到的信息、进行交易、查询订单处理进度之类的互动管道。必要时,最好有专人服务。

为了提供顾客服务,网络企业应掌握下列重点:①让消费者在线上取得信息并进行交易;②让消费者自行查询订单处理进度、付款、更正账单或使用其他服务;③让消费者自行选择互动媒体;④赋予消费者自行设计产品的能力。

▼案例观察

宜家:不要继承财产,而要自己去创造

宜家公司来自欧洲北部的小国——瑞典,自 1943 年成立至今,已成为世界上最大的家居用品公司,所属分公司遍布于 30 多个国家和地区。宜家把长期积累的经验与新的思维方法相结合,不断创新和开发,所以,它的商品既包括瑞典传统家具的精华,又代表现代室内设计的新潮流。构成宜家品牌最大特色的,就是"Don't inherit, create(不要继承财产,而要自己去创造)",其营销口号"We do our part, You do your part(宜家做一部分,你自己做一部分)",强烈地满足了消费者自己动手创造新生活的愿望。通过自己选购、自己运送回家和自己组装家具,消费者不仅可以降低家居布置的开支,而且有助于宜家降低优质产品的价格。正是这种全新的购物方式,塑造了网上与网下宜家企业的国际品牌。

资料来源:文硕.非娱乐产品的娱乐营销传播[M].北京:中国工商出版社,2003:220—221.

8. 社区模式

开发并运用社区模式,不仅应绝对以顾客的利益为出发点,而且应经历相当时日的持续投入,有可能领先创造规模优势,并享受之后爆炸性的丰硕成果。否则,不仅浪费投资,欲速而不达,还有可能九仞雄峰一时崩溃。

正是由于虚拟社区在网络上的崛起,出现了一场史无前例的市场权力大转移,原先掌握在提供产品和服务商手中的权力,开始移至购买这些产品和服务的顾客之手。

洞察这一权力的转移趋势并组织虚拟社区主动出击的企业网站,不仅可以得到众多的品牌忠诚,还必将获得可观的经济回报。

9. 离线模式

网络品牌是传统品牌的延伸。比如,海尔集团的品牌"Haier"本身在国内外就享有较高的声誉,因此,其网站 www.haier.com 自然在原有品牌的基础上有了一个较好的基础。

但是,即使有了好的基础,如果不妥善加以利用,非但不会增加原有品牌资产(Brand Asset),相反会有损原有的品牌形象。

离线模式是网络品牌和传统品牌的有效营销机制。

10. 资本运营模式

网络经济的背后有对未来经济的预期和对品牌的注意力。例如,TOM.com 之所以能成功,一是其本身代表着未来经济的发展方向;二是其为李嘉诚的品牌。

在现实经济中,大致有两种产业运营模式:一种是实体经济模式,一种是虚体经济模式。

实体经济模式,是有一个实实在在的企业,一点点积累,慢慢地发展起来的;而虚体经济模式,就是泡沫扩张,如香港的 TOM.com、新意网等。

说得简单一点,这就像盖楼房,虚体经济的方式是,先把大楼盖好,然后一点点地往里续东西,一点一点地进驻;而实体经济盖楼房的办法是,盖一点,往里续一点东西,住一点,边盖边用。大楼盖好了,有人住了,就有了效益。

比如盈动对香港电讯的收购,用虚体经济吃掉了实体经济,通过实体经济的运营产生利润,冲掉泡沫膨胀的空间。这是一种现代企业运营的新思路、新方式。

三、网络品牌的经营

从企业的角度看,创品牌的过程一般包括四个步骤:①市场定位;②品质控制;③营销管理;④市场推广。这四个步骤相互联系、相辅相成,在创立在线品牌的过程中缺一不可。

一般而言,网络品牌的形成可分在线和离线两条途径进行,而且无数的事实表明,离线途径,即通过传统渠道进行传播,效果远远大于在线途径。

我们的焦点放在围绕消费者的态度与动机,探讨如何使企业在竞争中寻求优势的营销模式,也就是去探讨公司如何去发掘、建立和经营伴随网络而生的品牌忠诚。只有建立在与消费者互动、心连心基础上的品牌,才能真正打赢网络消费者争夺战,进而为企业创造滚滚的财源。

因此,如果公司要从长远规划着想,追求企业整体效益,当然包括实实在在的盈利水平,就必须选择独具特色、别人难以模仿的品牌风格和气质。

而要达到这一目标,基本途径有三:

1. 建立以消费者经验为基础的网站品牌

在今日盛行批量生产的时代里,品牌可能是能够在众多商品中彰显自己商品的最有力工具,而且愈是在产品差异性不大的市场里,愈需要品牌来突出自己商品的特性。

▼案例观察

佩笃的冷冻包装鸡肉

冷冻包装食品可以说是差别性最小的产品,佩笃(Frank Purdue)却成功地让上百万的消费者相信,他的冷冻鸡肉是所有冷冻鸡肉中最好的。佩笃之所以成功建立优良冷冻鸡肉的品牌,与老板个人所呈现出的形象有关。他把自己塑造成事业心强烈的企业家,一心要成为鸡肉业界的龙头老大,因此,消费者不仅认为如果他的工厂里有任何散漫的员工,一定会被他开除,而且还认为佩笃不会生产出任何不符合他严格要求的鸡肉。鸡肉本身不会有任何差别,但消费者相信经过佩笃亲自验过的鸡肉,几乎是你可以买到的最好的鸡肉。

资料来源:79网络品牌营销策略-4[EB/OL].[2016-10-08].http://3y.uu456.com/bp_7ejqe9nc7n8jj329naeh_4.html.

经验式的品牌塑造不是新的概念。事实上,过去的经验显示,成功塑造经验式品牌的公司之所以成功,原因在于它们实体商品的呈现。

麦当劳和迪士尼就是很好的例子,它们成功执行了经验式品牌塑造。大部分到麦当劳消费过的消费者都知道,它的餐厅很干净、服务快速,而且拿到手上的汉堡也很合胃口。如果麦当劳偶尔让我们失望,我们只会把那次事件当成是偶发情况。

2.通过控制产品或服务的配送提升网站品牌

消费者下单购物之后，这些物品必须递送到消费者的手中，这时网络就不再"虚拟"了。如果递送过程顺利，消费者对这个品牌的印象自然加分，但是如果过程中出错，公司的品牌形象必然受到牵连。

早期的网络公司之中，只有少数几家了解这个道理。许多新兴网络公司，公关宣传活动搞得天翻地覆，却几乎每一家都忽略了递送过程的实际问题。

3.善用消费者信息来塑造数字化品牌

要做到善用消费者信息，就要做到以下几点：①分别对待消费者资讯；②善用客户个人资料来创造品牌经验；③善用集体需求资料，挑战旧有的经营模式。

▼案例观察

有的放矢，保护隐私

据 Fingerhut 邮购公司董事长兰辛（Will Lansing）透露，Fingerhut 拥有一个容量达 9 兆位元组的客户资料库，平均每位顾客的相关资料就有 3500 多笔："大家以为我们是专门寄垃圾邮件的公司，事实恰恰相反。我们的宗旨是不寄给客户垃圾邮件，而是寄给他们想要的邮件。"

但是 Fingerhut 公司怎么知道顾客要什么呢？

"我们收集他们的消费行为资料，看他们长期以来都跟我们买什么东西，再把顾客的个人资料跟我们各邮购目录的属性相比较，然后就知道我们每年135 次的目录邮寄中，哪些目录适合寄给哪些顾客。"

Fingerhut 邮购公司在交换宝贵的客户资料时，非常小心地避免触犯消费者的隐私权。"我们相当保护自己的资料，"兰辛说道，"我们不把这些资料卖给别人，而且是经过客户同意，才使用这些资料。"

懂得运用客户资料的公司，还必须懂得计算每个上网的消费者为公司带来的收益，以评估自己付出的心血是否有相应的回报。消费者今天、明天、明年甚至他一生所购买的东西中，你可以卖给他多少？如果你的公司可以根据他的个人资料来提供更好的服务，你又可以多卖给他多少东西？一家可以每年在每位消费者身上赚取150美元的公司，比只能赚30美元的公司，前景自然好得多。

本章讨论与思考

1. 网络品牌是什么？
2. 网络营销新产品的开发过程是怎样的？
3. 网络品牌的营销模式有哪几种？

第五章　网络营销价格策略

学习目标

◎了解网络营销价格策略变革的内涵,能理解基于互联网的企业定价策略的变革。

◎理解网络营销定价应考虑的因素、特点及目标。

◎了解网络营销价格策略的类型,能针对具体项目开展策划分析。

◎理解网络营销定价的程序和方法,能应用相应方法进行定价。

▼案例观察

电商价格战现怪圈

电商价格战怪圈

电商价格战现已陷入了新一轮怪圈——大平台不断叫嚣,小电商、第三方数据平台甚至传统行业厂商也纷纷凑热闹,大搞噱头、痴迷数据,越进入越混乱,消费者越发不信任。

【蜂拥涌入】大平台"叫嚣"　小电商"凑热闹"

早在 2013 年 6 月初,各大电商已打过一轮"微博战帖"的口水战。京东率先在其官方微博上发布"别闹,6 月有且只有京东",迅速引发苏宁、易迅、当当等跟进"别慌""别吹""都别装"等"别 X"系列。电商战,是一场格局战,各电商大佬基于自身在电商格局中的位置做出相应的作战方略争市场,而处于争夺边缘的小电商大打"攻"字诀,以寻求乱中圈地。

【蝴蝶效应】越促销越不信任

各大电商从未停止过"价格战",只不过让利幅度多少有差别,去年的

"价格水分"和频繁价格战带来的审美疲劳,已经很难在短时间内激发强烈的消费欲望。当然,受价格影响,部分已经有购物目标的消费者会选择在这一时机下单。所以 IT 产业研究员罗青预测,新一轮"电商大战"会提升网站的销售额,但不可能是爆发式的增长。

【迷失方向】电商价格战走入死胡同

电商价格战正在逐渐步入死胡同,京东、易迅、苏宁易购、国美在线、当当网等无一不被卷入其中,为了搏出位吸引眼球相互贬损,有些竟然采用水军给竞争对手抹黑。电商正在恶性竞争的道路上一步一步走下去。

其实整个过程并不难预料:造势、提价再降价、你方唱罢我登场、骗多少消费者上当算多少。最后,所有电商均会不约而同地对外界宣称促销期间销售大幅增长多少多少。只是更容易预测的是,各家增长比例肯定是不一的,业绩稍好点的,牛皮吹得大点。业绩一般的,对外称增长个百分之二三十,面子上过得去,也就收场了。

如果电商所谓的颠覆传统零售的创新,最终只是通过一次又一次的价格战来体现,这与实体零售在营销方式上的手段又有什么本质区别?实体零售不正是因为在经营方式上的陈旧而日渐被动吗?很显然,电商若是过于依赖价格战,也不可能逃脱得了被淘汰的命运。

失序的市场与零信任的消费者

电商价格战日益演变为混战,使得行业内各种不规范现象再度丛生,发生了物流滞后、虚标价格、未完全履行价格承诺等现象,有的甚至涉嫌价格欺诈,令消费者失望的同时也引发了一些厂商的不满。

【市场无序】"黄牛"真是背后元凶?

6 月份电商促销季主角是京东,与天猫主导的"双十一"大促相互呼应。今年正逢京东"6·18 十周年大促",亚马逊、国美、易迅、凡客、1 号店等都顺势加入战局。价格战实为公关战,以"价格战"噱头带动消费者关注度,拉动消费欲和消费力,已成为电商的标准打法。除了大渠道商,价格战中还存在大量规模不一的经销商,由于资金链等问题,在电商价格战时,遇到价格很低的商品,这些渠道商也会从其他电商进货以囤货,然后再高价转卖赚取利润,从而维持自身渠道的生存。黄牛党囤货有规律性。"当电商打价格战比较猛的时候,他们就拼命吃货,然后慢慢消化。"

【被绑架】上游厂商不满紊乱的价格体系

电商行业频发的价格战，已经影响到了产品在线下原本就有些混乱的价格体系，线上促销的成本最终还是向供应商转嫁，这引发了上游厂商的强烈不满。还有部分厂商不是选择拒绝回应就是直接发难，它们认为部分电商的做法非企业经营之道，不管线上线下的定价都应该遵循市场基本规律。因为价格的混乱拼杀，会造成制造业整个产业链价格体系与需求体系紊乱，从而干扰整个产业的健康发展。

【零信任】视觉疲劳的消费者不买账

电商价格战期间，不少电商存在服务器瘫痪、无法下单、无故撤单、价格虚高、缺货等情况，使得网民对电商价格战心存戒备和不信任。同时，价格战引发的爆仓导致物流延时、售后服务水平下降等问题严重影响了消费者的用户体验，进而降低了购买欲望。有数据显示，在对同一机型的产品比较后发现，在苏宁易购、京东、易迅、国美在线等电商平台之间较难形成价格对比，电商们不是缺货就是没上架，价格战越打越玄乎，越打越口号化。

电商几乎都不愿提"价格战"，而是称其为"6月大促"，同时各家的促销都有自己的节奏与方式，并不刻意与别人死磕。今年电商大战，捉对厮杀的味道并不浓，各企业都是根据自己的年度战略来制定促销计划。

各大电商从未停止过价格战，只不过让利幅度多少有差别，价格水分和频繁价格战带来的审美疲劳已经很难在短时间内激发强烈的消费欲望。去年，曾早早坐在电脑前等"开战"的何先生，今年只是随便浏览了各大网站。他说："看了促销广告，但不太相信，因为'水分'太大了。"

资料来源：电商价格战现怪圈——无序、噱头、零信任 [EB/OL].（2013-06-18）[2016-10-05].http://tech.ifeng.com/internet/special/e-commercecircle.

【启示与思考】

所谓价格战已经变成电商集体促销，以往的捉对厮杀也许会逐渐演变成联手抗衡。2013年的电商大战已经比上年发生很大变化，电商自身内功的修炼和前期投资的效益也将慢慢显现，电商群体对零售业的侵蚀将加速。表现嚣张、内心理性或将是日后电商竞争的主旋律。电商从简单粗暴的野蛮生长开始向低成本运营追求规模效益过渡。

第一节 网络营销定价内涵

产品的销售价格是企业市场营销过程中一个十分敏感而又最难有效控制的因素，它直接关系着市场对产品的接受程度，影响着市场需求量即产品销售量的大小和企业利润的多少。定价是最关键的时刻——所有的营销都聚焦于定价决策。由于网上信息的公开性和消费者易于搜索的特点，网上的价格信息对消费者的购买起着重要的作用。消费者选择网上购物，一方面是由于网上购物比较方便，另一方面是因为从网上可以获取大量的产品信息，从而可以择优选购。企业要有效地促进产品在网上销售，就必须针对网上市场制定有效的价格策略。

一、网络时代的需求方地位提升

要实现帕累托最优状态，需要同时满足以下三个条件，即生产的最优条件，交换的最优条件，生产与交换的最优条件。

所谓生产的最优条件，就是在生产要素存量一定的情况下，使产出达到最大的条件。即在不考虑需求弹性或认为需求无止境时，从生产者角度出发，力求达到产出和利润最大化的过程。随着 Internet 得到日益广泛的应用，特别是 Intranet 和 Extranet 的引入，生产者逼近最优条件的速度和程度都得以显著提升。由 Intranet 引发的管理革命和由 Extranet 支撑的产业联盟体系，使生产者能够极大地提升效率，降低成本，不断地逼近生产的最优条件。

所谓交换的最优条件，是使交换双方得到最大满足和最高效率的条件。与生产的最优条件相反，交换的最优条件是不考虑供应弹性或认为供应无止境时，从需求者角度出发，力求达到支出不变而效果最佳的过程。Extranet 和 Internet 的引入，使交换的最优条件得以快速建立——因为通过 Extranet 采购，可以加速生产工具和原材料市场的资源分配；同时，Internet 导致需求多样、市场容量激增、消费特征变迁，并使替代品数量增多。

所谓生产与交换的最优条件，即社会生产结构与需求结构相一致，生产出来的产品都是社会需要的，不存在滞销和积压。也可以说，任何生产者都有能力快速应对需求的变化。

在工业经济时代，需求方特别是消费者，由于信息不对称，并受市场空间和时间的隔离,不得不处于一种被动地位,从属于供应方来进行满足其需求。买方由于对价格信息所知甚少,所以在讨价还价中总是处于不利地位。互联网的出现不但使得收集信息的成本大大降低,而且能得到很多的免费信息。网络技术的发展使得市场资源配置朝着最优方向发展。

二、网络营销产品定价目标

企业的定价目标一般有:生存定价、获取当前最高利润定价、获取当前最高收入定价、销售额增长最大量定价、最大市场占有率定价和最优异产品质量定价。

企业的定价目标一般与企业的战略目标、市场定位和产品特性相关。企业在制定价格时,主要依据是产品的生产成本,这是从企业局部来考虑的。企业价格的制定更主要是从市场整体来考虑的,它取决于需求方的需求强弱程度和价值接受程度,再是来自替代性产品（也可以是同类的）的竞争压力程度;需求方接受价格的依据则是商品的使用价值和商品的稀缺程度,以及可替代品的机会成本。

在网络营销中,市场还处于起步阶段的开发期和发展期,企业进入网络营销市场的主要目标是占领市场,求得生存发展机会,然后才是追求企业的利润。网络营销产品的定价一般都是低价甚至是免费,以求在迅猛发展的网络虚拟市场中寻求立足机会。

网络市场分为两大市场,一个是消费者大众市场,另一个是工业组织市场。对于前者的网民市场,属于前面谈到的成长市场,企业面对这个市场时必须采用相对低价的定价策略来占领市场。对于工业组织市场,购买者一般是商业机构和组织机构,购买行为比较理智,企业在这个市场上的定价可以采用双赢的定价策略,即通过互联网技术来降低企业、组织之间的供应采购成本,并共同享受成本降低带来的双方价值的增值。

第二节 网络营销定价基础

从企业内部来说,企业产品的生产成本总的是呈下降趋势,而且越来越快。在网络营销战略中,可以从降低营销及相关业务管理成本费用和降低销售成本费用两个方面分析网络营销对企业成本的控制和节约。

一、互联网应用带来的成本费用节约

1. 降低采购成本

采购过程之所以经常出现问题,是由于过多的人为因素和信息闭塞。互联网应用可以减少人为因素和解决信息不畅通,在最大限度上降低采购成本。

首先,利用互联网可以将采购信息进行整合和处理,统一从供应商订货,以求获得最大的批量折扣。

其次,通过互联网实现库存、订购管理的自动化和科学化,可最大限度减少人为因素的干预,同时能以较高效率进行采购,节省大量人力,避免人为因素造成不必要损失。

再次,企业通过互联网可以与供应商进行信息共享,帮助供应商按照企业生产的需要进行供应,同时又不影响生产和不增加库存。

2. 减少库存

利用互联网将生产信息、库存信息和采购系统连接在一起,可以实现实时订购,企业可以根据需要订购,最大限度减少库存,实现"零库存"管理。

这样做的好处是,一方面减少资金占用和降低仓储成本,另一方面避免价格波动对产品的影响。正确管理存货,能为客户提供更好的服务,并为公司降低经营成本,加快库存核查频率会减少与存货相关的利息支出和降低存储成本。减少库存量,意味着现有的加工能力可更有效地得到发挥,更高效率的生产可以减少或消除企业和设备的额外投资。

3. 控制生产成本

利用互联网可以节省大量生产成本。首先,利用互联网可以实现远程虚拟生产,在全球范围寻求最适宜生产厂家生产产品；其次，利用互联网可以大大缩短生产周期，提高生产效率。使用互联网与供货商和客户建立联系，使公司能够比从前大大缩短用于收发订单、发票和运输通知单的时间。有些部门通过增值网（VAN）共享产品规格和图纸，以提高产品设计和开发的速度。互联网发展和应用将进一步减少产品生产时间，其途径是通过扩大企业电子联系的范围，或是通过与不同研究小组和公司进行的项目合作来实现。

二、网络营销定价特点

1. 全球性

网络营销市场面对的是开放的和全球化的市场，用户可以在世界各地直接通过网站进行购买，而不用考虑网站属于哪一个国家或地区。目标市场从过去受地理位置限制的局部市场，一下拓展到范围广泛的全球性市场，使得网络营销产品定价时必须考虑目标市场范围的变化给定价带来的影响。

如果产品的来源地和销售目的地与传统市场渠道类似，则可以采用原来的定价方法；如果差距非常大，则必须考虑这种地理位置差异带来的影响。如亚马逊的网上产品来自美国，购买者也在美国，那么产品定价可以按照原定价方法进行折扣定价，比较简单。如果购买者是中国或者其他国家消费者，那么采用针对美国本土的定价方法就很难面对全球化的市场，影响了网络市场全球性作用的发挥。为解决这些问题，可采用本地化方法，在不同市场的国家建立地区性网站，以适应地区市场消费者需求的变化。

因此，若企业面对的是差异性极大的全球性网上市场，不能以统一市场策略来面对，必须采用全球化和本地化相结合原则来定价。

2. 低价位定价

互联网是从科学研究应用发展而来的，因此，互联网使用者的主导观念是网上的信息产品是免费的、开放的、自由的。在早期互联网开展商业应用时，许多网站采用收费方式想直接从互联网盈利，结果被证明是失败的。雅虎公司就是通过为网上用户提供免费的检索站点起步，逐步拓展为门户站点，一步一步获得成功的，它成功的主要原因是遵循了互联网的免费原则和间接收益原则。

网上产品定价较传统定价要低，还有着成本费用降低的基础。上文分析了互联网发展可以从诸多方面帮助企业降低成本费用，从而使企业有更大的降价空间来满足顾客的需求。因此，定价过高或者降价空间有限的产品，在现阶段最好不要在网络消费者市场上销售。如果面对的是工业、组织市场，或者产品属高新技术的新产品，网上顾客对产品的价格就不太敏感，而主要考虑是否方便、新潮，这类产品就不一定要考虑低价位定价策略了。

3. 顾客主导定价

所谓顾客主导定价,是指为满足顾客的需求,顾客通过充分市场信息来选择购买或者定制生产自己满意的产品或服务,同时以最小代价(产品价格、购买费用等)获得这些产品或服务。简单地说,就是顾客的价值最大化,顾客以最小成本获得最大收益。

顾客主导定价的策略主要有:顾客定制生产定价和拍卖市场定价。这两种定价策略将在下文详细分析。

根据调查分析,由顾客主导定价的产品并不比企业主导定价利润低。根据国外拍卖网站的分析统计,在网上拍卖的产品,只有 20% 拍卖价格低于卖者的预期价格,倒有 50% 略高于卖者的预期价格,剩下 30% 与卖者预期价格相吻合。在所有拍卖成交的产品中,有 95% 的成交价格卖主比较满意。

因此,顾客主导定价是一种双赢的定价策略,既能更好地满足顾客需求,企业的收益又不受影响,而且可以对目标市场了解得更充分,让企业的经营、生产和产品研制开发更加符合市场竞争的需要。

第三节　网络营销定价策略

给电子商务的免费午餐算算成本账

　　免运费最早出现于世纪初的早期电商公司。例如,当当、卓越因为书的单价较低,顾客在线上买书,一本书可能比标价(线下书店大多是按标价出售的)便宜20%,即3—5元钱,但一加上运费,对顾客来说,就不划算了。于是网站就提供了免运费服务。好在图书都是标准化的商品,包装、重量、外形比较统一,所以运费较低,如北京、上海这样的同城快递,成本在4元左右,跨城大多也可以控制在6—8元之间。

　　像中国其他很多领域一样,模仿,不加思考的模仿,是一大通病。后来凡客、京东,还有很多电商公司,为了赢得用户,纷纷高举免邮大旗,虽然规则上不断有些调整,例如29元、59元以上免运费,但总体上,除了淘宝,整个行业基本走的是免邮费路线。

　　让我们来看一下费用结构。运费大体上可以区分为三大部分:①仓储分拣包装;②城际运输;③同城快递。

　　不同的商品类别,需要支付的费用不尽相同。总体上说,每个订单从商品存储、员工分拣、汇集、打包发送,到物流配送,送达用户手里,以日常百货类商品为例,整体费用大致在10—15元之间。如果是服装家居类商品,订单金额平均在100—120元之间的,配送费用的占比会是10%—15%。单价高一点的,例如化妆品,配送费用也要占到7%—8%。即便是出售高单价类数码商品的京东商城,来自该公司发布的数据显示,其配送费用也占6.1%。这实在是一个不可承受之重负。要知道由于疯狂的价格战,大部分电商公司的毛利率远低于线下零售,从运营的角度根本无法承担这样高百分比的开销。

　　为什么说亚马逊公司不会因此产生额外的费用呢?

　　假如一个用户在没有实行99美元包年运费之前,他平均一年订购6次,每次付16美元邮费,大约付96美元,而每单配送成本大约15美元,亚马逊有6美元的配送收益。但由于有了99美元年费封顶的吸引,这个用户的订购次数增加了，变成 12 次／年，而他依然仅仅付了 99 美元，亚马逊的配送成本也依然是 15 美元／单，这样算下来，亚马逊要有 81 美元的配送亏损（99 美元—（15 美元 ×12 次）＝— 81 美元）。这不完全对。因为这样的算法忽视了招募新用户的成本，原来需要两位用户才能实现的销量现在由一个用户完成了，节省了招募新用户的很多营销推广费用。而且，同一个用户购买的增加，使其单位销售成本下降了，意味着他有更高的净利贡献值。何况，这是一个让顾客觉得买得越多越合算的销售推动。

资料来源：黄若.给电子商务的免费午餐算算成本账［EB/OL］.（2013-07-03）［2016-10-08］.http://www.cyzone.cn/a/20130703/243252.html.

一、低价定价策略

借助互联网进行销售，比传统销售渠道的费用低廉，因此，一般来说，网上销售价格比线下的市场价格要低。由于网上的信息是公开和易于搜索比较的，因此，网上的价格信息对消费者的购买起着重要作用。根据研究，消费者选择网上购物，一方面是因为网上购物比较方便，另一方面是因为从网上可以获取更多的产品信息，从而以最优惠的价格购买商品。

直接低价定价策略就是定价时大多采用成本加一定利润的办法，有的甚至是零利润，因此，这种定价在公开价格时就比同类产品要低。它一般是制造业企业在网上直销时采用的定价方式，如 Dell 公司的电脑定价比同性能其他公司的产品低 10%—15%。采用低价策略的基础是前文分析中指出的，通过互联网，企业可以节省大量的成本费用。

另外一种低价定价策略是折扣策略。它是通过在原价基础上进行折扣来定价的。这种定价策略可以让顾客直接了解产品的降价幅度，以促进顾客的购买。这种策略主要用于一些网上商店，它一般按照市面上的流行价格进行折扣。如亚马逊、当当的图书价格一般都有折扣。

如果企业致力于拓展网上市场，但产品价格又不具有竞争优势，则可以采用网上促销定价策略。由于网上的消费者面很广且具有很强的购买力，许多企业为打开网上销售局面和推广新产品，会采用临时促销定价策略。促销定价除了前面提到的折扣策略外，比较常用的是有奖销售和附带赠品销售。

在采用低价定价策略时要注意的是：

首先，由于互联网是从免费共享资源发展而来的，以致用户一般认为网上商品比从一般渠道购买要便宜，因此，在网上不宜销售那些顾客对价格敏感而企业又难以降价的产品。

其次,在网上公布价格时要注意区分消费对象,一般要区分一般消费者、零售商、批发商、合作伙伴,分别提供不同的价格信息发布渠道,否则可能因低价策略混乱导致营销渠道混乱。

再次,网上发布价格时要注意比较同类站点公布的价格,否则可能会起到反作用,因为消费者通过搜索功能很容易就能在网上找到最便宜的商品。

二、定制生产定价策略

1. 定制生产的内涵

网络营销服务策略中,有一种个性化服务。作为个性化服务的重要组成部分,按照顾客需求进行定制生产,是网络时代满足顾客个性化需求的基本形式。

定制生产根据顾客对象可以分为两类。

一类是面对工业组织市场的定制生产。这部分市场属于供应商与订货商的协作,如波音公司在设计和生产新型飞机时,要求其供应商按照其飞机总体设计标准和成本要求来组织生产。这类定制生产主要通过产业价值链,由下游企业向上游企业提出需求和成本控制要求,上游企业通过与下游企业进行协作,设计、开发并生产满足下游企业需要的零配件产品。

另一类是面向具体消费者的定制生产。由于消费者的个性化需求差异性大,加上消费者的需求量又少,因此,企业实行定制生产必须在管理、供应、生产和配送各个环节上,都适应这种小批量、多式样、多规格和多品种的生产和销售变化。为适应这种变化,企业在管理上采用 ERP（企业资源计划系统,Enterprise Resource Planning）来实现自动化、数字化管理,在生产上采用 CIMS（计算机集成制造系统,Computer Integrated Manufacturing System）,在供应和配送上采用 SCM（供应链管理,Supply Chain Management）。

2. 定制生产定价策略

定制生产定价策略是在企业能实行定制生产的基础上,利用网络技术和辅助设计软件,帮助消费者选择配置,或者自行设计能满足自己需求的个性化产品,同时承担自己愿意付出的价格成本。Dell 公司的用户可以通过其网页了解本型号产品的基本配置和基本功能,根据实际需要和在能承担的价格内,配置出自己最满意的产品,使消费者能够一次性买到自己中意的产品。在网上配置电脑的同时,消费者也相应地选择了自己认为价格合适的产品,因此对产品价格有比较透明的认识,增强了企业在消费者面前的信用。这种允许消费者定制定价,订货的尝试还只是初步阶段,消费者只能在有限的范围内进行挑选,还不能完全要求企业满足自己所有的个性化需求。

三、使用定价策略

在传统交易关系中,产品买卖是完全产权式的,顾客购买产品后即拥有对产品的完全产权。但随着经济的发展,人民生活水平的提高,人们对产品的需求越来越多,而且产品的使用周期也越来越短,许多产品购买后使用几次就不再使用,非常浪费,因此制约了许多顾客对这些产品的需求。为改变这种情况,可以在网上采用类似租赁的按使用次数定价的方式。

所谓使用定价,就是顾客通过互联网注册后可以直接使用某公司的产品,只需要根据使用次数进行付费,而不需要将产品完全购买。

这一方面减少了企业为完全出售产品而进行的不必要的大量的生产和包装浪费,同时可以吸引过去那些有顾虑的顾客使用产品,扩大市场份额。顾客每次只是根据使用次数付款,节省了购买产品、安装产品、处置产品的麻烦,还可以节省不必要的开销。如微软公司曾将其产品 Office 2000 放到网站,用户通过互联网注册使用,按使用次数付钱。

采用按使用次数定价,一般要考虑产品是否适合通过互联网传输,是否可以实现远程调用。比较适合的产品有软件、音乐、电影等产品。

对于软件,如我国的用友软件公司推出网络财务软件,用户在网上注册后直接在网上处理账务,而无须购买软件和担心软件的升级、维护等非常麻烦的事情。

音乐产品,也可以通过网上下载或使用专用软件点播。

电影产品,则可以通过视频点播系统 VOD 来实现远程点播,无须购买影带。

另外,采用按次数定价对互联网的带宽提出了很高的要求,因为许多信息都要通过互联网进行传输,如带宽不够将影响数据传输,势必影响顾客租赁使用和观看。

四、拍卖竞价策略

网上拍卖是发展比较快的领域。经济学认为市场要想形成最合理价格,拍卖竞价是最合理的方式。

网上拍卖由消费者通过互联网轮流公开竞价,在规定时间内价高者得。

1. 网上拍卖竞价方式

根据供需关系,网上拍卖竞价方式有下面几种:

(1)竞价拍卖。最大量的是 C2C 的交易,包括二手货、收藏品,也可以是普通商品以拍卖方式进行出售。如 HP 公司也将公司的一些库存积压产品放到网上拍卖。

(2)竞价拍买。它是竞价拍卖的反向过程,消费者提出一个价格范围求购某一商品,由商家出价。出价可以是公开的或隐蔽的,消费者将与出价最低或最接近的商家成交。

（3）集体议价。在互联网出现以前,这种方式在国外主要是多个零售商联合起来,向批发商（或生产商）以数量换价格。互联网的出现,使得普通消费者也能使用这种方式购买商品。提出这一模式的是美国著名的 Priceline 公司。在国内,雅宝已经率先将这一全新的模式引入了自己的网站。

2. 交易模式

就价格而言,理论上有两种:浮动价格模式和固定价格模式。浮动价格模式包括竞价拍卖、竞价拍买和集体议价等竞价模式;固定价格模式包括供方定价直销、需方定价求购等定价模式。

在拍卖交易关系中,根据交易双方的关系,可以将交易关系形式化为交易模式 X ∶ Y。X ∶ Y 的含义为达成交易时供需者数量的对比。根据数量对比关系,有下面 4 种模式:

（1）1 ∶ 1（1 对 1）的交易模式。大部分个人交易（C2C）,企业以拍卖的方式出售商品,传统拍卖企业进行的对单个购买者的拍卖交易,均为这一模式。

（2）1 ∶ n（1 对多）的交易模式。多数企业对个人的交易（B2C）是这种模式。这一模式中价格的形成,既有供方主导的正向定价法,也有通过集体议价由需方主导的逆向定价法。

（3）m ∶ 1（多对 1）的交易模式。当任何一个供应方无法满足需求方的批量要求时,将由多个商家提供商品或服务,这将导致 m ∶ 1 交易模式的使用。

（4）m ∶ n（多对多）的交易模式。当集体议价模式盛行,同时参与集体议价的需方数量又超过了单一供应方的供给能力时, m ∶ n 交易模式将会出现。

上面一些拍卖竞价方式是一种最市场化的方法,随着互联网市场的拓展,将有越来越多的产品通过互联网拍卖竞价。

拍卖竞价针对的购买群体主要是消费者市场,个体消费者是拍卖市场的主体。因此,采用拍卖竞价并不是企业首要选择的定价方法,因为拍卖竞价可能会破坏企业原有的营销渠道和价格策略。网上拍卖竞价的方式,比较适合于企业的一些库存积压产品,也可以是一些新产品,通过拍卖展示起到促销效果,以吸引消费者的关注。

以上定价策略,是企业在利用网络营销拓展市场时,可以考虑的几种比较有效的策略,但并不是所有的产品和服务都可以采用上述策略,企业应根据产品的特性和网上市场发展的状况来决定选择哪种策略。不管采用何种策略,都应与其他策略配合,以保证企业总体营销策略的实施。

本章讨论与思考

1. 网络营销定价的内涵和特点有哪些？与传统市场相比有哪些异同？

2. 网络营销成本包括哪些方面？

3. 如何选取网络营销定价策略？

第六章　网络营销渠道策略

学习目标

◎掌握网络营销渠道的概念。

◎了解网络营销渠道的分类。

◎掌握网络营销渠道的管理。

▼案例观察

韩都衣舍的崛起：来自一个"车库的故事"

和苹果公司等世界知名企业类似，韩都衣舍的崛起，同样是一个"车库的故事"。从一家国有企业辞职的赵迎光在一个租来的车库内开始创业，一开始仅是做被他称作"渠道中的渠道"的电商代购。摸清电商特点和市场需求后，他迅速招兵买马，建立起一个庞大的、拥有18个自主品牌的互联网服装企业。短短7年间，韩都衣舍在淘宝、天猫等电商平台上异军突起，旗下的男装、女装等原创品牌服装的交易额蝉联各大电商平台前列。

然而，故事并未结束。在赵迎光的谋划中，一个基于"互联网+"并以韩都衣舍为核心的互联网生态系统正在搭建中。

1. 做"渠道中的渠道"

今年41岁的韩都衣舍董事长赵迎光曾是山东大学招收的第一批韩语专业大学生，如同冥冥中注定，这让他此后的人生经历与韩国总有千丝万缕的联系。

大学毕业后，因熟练掌握韩语，他被山东一家国有贸易公司派驻韩国。此间，他有大量的机会接触韩国已如火如荼的电子商务，并结交了很多韩国电商领域的朋友。2001年，感叹于韩国时尚文化和电商发展，赵迎光利用工作之余做起了代购。从最初的韩国化妆品、母婴用品，再到汽车用品，赵迎光根据韩国流行趋势和中国国内的消费动向，随时调整自己的方向。一切都很顺利，但他总觉得路"越走越窄"。"其实做代购有一个共同的特点，那就是都在网上卖别人的品牌，实际上都是互联网渠道里面的渠道。代购没有别的优势，想要做得大、做得好只能依靠打价格战。后来我思考了很长时间，想清楚了一个问题，互联网其实是适合做直销的，渠道为王已经成了品牌为王。"赵迎光说。

6 年的代购生涯让赵迎光已有些疲倦。2007 年，一个偶然的机会，赵迎光在韩国一个做电子商务的朋友厂里参观时，被"惊晕了"：这个工厂每天通过电商平台发出去的货有 3 万单。带着诧异，赵迎光向朋友请教秘诀。朋友告诉他，想要在互联网领域快速成功，有三条诀窍，一是要做休闲女装，二是要做自己的品牌，三是要抓住潮流做快时尚品牌。2007 年底，"豁然开朗"的赵迎光果断地从国有企业辞职。尽管对韩国服装领域已十分熟稔，但因为家人都在济南，赵迎光"任性"地没有选择北京、上海、广州等总是最早掌握时尚潮流的城市，而是在济南租赁来的一个车库里开始了自己的创业，决心要做自己的互联网服装企业。与国内一线城市相距甚远，给赵迎光的创业带来不小的麻烦。最大的难题在于，在服装界看来，赵迎光仍是一个外行，因而没有知名的服装设计师愿意到济南和他一起忍受早期的草根生活。

没有设计师，他就从山东高校招揽了 40 个相关专业的大学生；缺乏经验，就让员工们先尝试从韩国 3000 个时尚品牌中选择 1000 个品牌做代购，以此熟悉品牌和潮流。"我给他们一人 2 万元作为启动资金，每个人负责 25 个品牌，他们每天的任务就是从 25 个品牌里选择 8 款商品放到我们的网店里，吸引顾客下单购买。这样一来，每天我们的网店可为顾客更新 300 种款式。"赵迎光说。

让赵迎光至今仍觉得颇有成就感的是，当时国内消费者知晓的韩国品牌并不多，但赵迎光却为国内消费者提供了批量式的选择。赵迎光说，最初韩国大概只有 50 个服装品牌能够吸引中国消费者，但他们提供代购的另外 950 个品牌在韩国也很知名，这就让韩都衣舍的代购和别的网店形成明显的差异化。韩都衣舍最早区别于其他电商经营者的思路，就是从这里开始的。

近一年的代购，为韩都衣舍锻炼出一支具有敏锐市场捕捉力和潮流观察力的队伍，这也成为这家企业最早自有设计师的来源。一年后，韩都衣舍结束了这段代购的生活，告别"渠道中的渠道"，向自有互联网品牌迈进。

2. 用大数据判断服装潮流

韩都衣舍第一个品牌被命名为"Hstyle"，和这家企业的名称相呼应。"这个品牌的意思是韩式风格，按照消费者的喜爱和需求来设计韩式服装。"韩都衣舍副总经理胡近东说。赵迎光说，第一个服装品牌的问世，是韩都衣舍正式在互联网服装领域迈开步的标志，也为韩都衣舍后来的经营模式打下了基础。

现在看来，赵迎光接触电子商务的经历及韩都衣舍的成功，与中国电子商务的快速发展正好吻合。2002年，中国电子商务交易总额仅为1万亿元，到2014年达到了约13万亿元，在全球电商市场名列前茅。

但如果将韩都衣舍作为一个微观单位来观察，其成长路径又与其他电商企业具有明显差异。7年多的发展，已让韩都衣舍从单纯开设一个淘宝店，变成拥有至少18个服装品牌的王国，并牢牢占据了主流电商平台销售榜的前列。韩都衣舍办公区的过道和会议室墙壁上，贴着18个品牌创始团队成员的照片。照片上，一群年轻人衣着时尚，充满朝气。这和41岁的赵迎光形成鲜明对比：除了一头过早花白的头发，他的外表并无显眼之处。赵迎光在公司有个外号——"安西教练"。一方面，他的外表与著名动漫作品《灌篮高手》里的安西教练有几分相似；另一方面，在员工眼中，"他一点儿也不像一位老板，而是像一位老师"——赵迎光在自己办公室装了一块特制玻璃，充当为员工答疑解惑的黑板。

自诩为"站在时尚门外的时尚品牌掌门人"，赵迎光领导着近300个三人制的创意小组，每年有3万余款韩都衣舍的服装就是从这些小组里诞生。"他们负责时尚，我只是为他们提供服务，把决策权交给一线'听得见炮声的人'，尽可能地给他们最大的自由和权利。"赵迎光说。

资料来源：韩都衣舍的崛起：一个"车库的故事"[EB/OL].（2015-07-24）[2016-10-05].http://www.ebrun.com/20150724/142081.shtml.

第一节　网络营销渠道概述

一、渠道的概念

渠道是由一些独立而又互相依赖的组织组成的增值链,产品和服务经过渠道的增值变得更具吸引力和可用性,使得最终用户得以满意地接收。

营销渠道是商品和服务从生产者向消费者转移过程的具体通道或路径。

二、网络营销渠道的概念

网络营销渠道是借助互联网将产品从生产者转移到消费者的中间环节,即指企业通过互联网为消费者提供的与企业进行产品信息和资金交换的途径和一系列的中间环节,包括利用网络进行订货、结算和配送。

三、网络营销渠道的整体分类

利用互联网的信息交互特点,网上直销市场得到大力发展。因此,网络营销渠道可以分为两大类:

1. 网络直销渠道

网络直销渠道,即网店系统或在线订购系统。可以通过以下形式进行网络营销:①生产企业可以通过建设网络营销站点,使顾客直接从网站订货;②可以通过与电子商务服务机构的合作,如网上银行等,直接提供支付结算功能,解决资金流转问题;③可以利用互联网技术,通过与一些专业物流公司进行合作,建立有效的物流体系。网络直销渠道一般适用于大型商品及生产资料的交易。

2. 网络间接渠道

网络间接渠道,即专业门户或电子商务服务商,是通过融入互联网技术后的中间商机构提供网络间接营销渠道。传统中间商由于融合了互联网技术,大大提高了交易效率、专门化程度和规模经济效益。它是通过电子中间服务商,如阿里巴巴等,把商品由中间商销售给消费者的营销渠道。中间商一般具备完善的渠道功能,如订货、结算配送等。间接营销渠道一般适应于小批量商品及生活资料的交易。

理想的网络渠道状态是建立直销网站,即通过电子商务平台,直接把商品从企业销售给顾客。但是近年来电子商务竞争日益激烈,快鱼吃慢鱼、大鱼吃小鱼的现象在加速发生,导致非常多的淘宝小卖家关门歇业。此外,未来将会有更多的传统企业进入互联网,从而引起网络广告费用的上涨,导致很多中小电子商务企业无法经营下去。

因此,在如此激烈的竞争环境下,网络直销渠道的推广成本将会变得非常昂贵。网络间接渠道,将会是未来网络销售的主力军。也就是说,传统的经销商和代理商并不会消失,只是从实体经营转移到互联网上来。

第二节　传统营销渠道与网络营销渠道的关系

简要地说,传统营销渠道的大多数方式,对网络营销渠道来说,只要做一些调整,都是适用的。应把传统营销渠道的管理方式与互联网的管理方式相融合,成为新的网络营销渠道。

一、网络营销渠道的优势

传统的营销是选择一个最好的地点,并提供一个有吸引力的营业时间,从而把消费者吸引到营销点。但是现在消费者们希望在任何时间、任何地点买到他们想要的东西。

与传统营销渠道相比,网络营销渠道具有功能优势、结构优势、成本优势。

1. 功能优势

（1）网络营销渠道能使全球商务更加便捷,方便客户随时随地进行信息搜寻及实现交易。

（2）网络营销渠道提供了双向信息传播模式,使生产者和消费者的沟通更加方便畅通。

（3）网络营销渠道是企业销售产品、提供服务的快捷途径,使传统营销渠道实现商品所有权转移的作用进一步加强。

（4）网络营销渠道是企业间洽谈业务、开展商务活动的场所,也是进行客户技术培训和售后服务的理想园地。Internet 的在线服务是企业向客户提供咨询、技术培训和进行消费者教育的平台,对树立企业的网络形象起到很大的作用。

2. 结构优势

（1）网络的直接分销渠道是零级分销渠道,这和传统的直接分销渠道一样,但是网络的直接分销渠道能通过互联网提供更多的增值信息和服务。

（2）网络的间接分销渠道只有一级分销渠道,不存在多个中间商的情况,因此也就不存在多级分销渠道,能大大减少渠道之间的内耗和降低渠道成员的管理难度。

3. 成本优势

在网络环境下的营销,无论是直接分销渠道还是间接分销渠道,都较传统的营销渠道在结构上大大减少了中间的流通环节,因而有效地降低了交易费用,缩短了销售周期,提高了营销活动的效率,具有很强的成本优势。

二、渠道移植:如何把传统营销渠道模式移植到网络中

由于网络营销渠道有着独特的优势,除了典型的互联网企业外,传统企业也希望建立自己的网络营销渠道,那么如何把传统营销渠道有效地移植到互联网上呢?

传统营销渠道中,经销商是主要的销售环节,企业依托经销商的实体店经营,把商品卖到消费者手中。传统营销渠道可以分为直营、加盟和联营三种模式。

直营模式,映射到互联网上,即商家的直营店,由商家直接管理和销售,例如麦包包的官方网站 www.mbaobao.com,就是典型的网络直营方式。

传统的加盟模式,在互联网上尤为突出,李宁的淘宝专卖店演变历程,更是传奇。据说,当初李宁的部分经销商,违规把李宁放到淘宝上销售,结果销售很好。这个情况越演越烈,李宁在淘宝上出现非常多的卖家。此后,李宁的电子商务部负责人,采用收编的方式,让做得好的李宁淘宝卖家变为正常的网络加盟商,进行统一管理,取得了非常好的效果。

传统的联营模式,在互联网上也变得尤为突出。有些电子商务销售平台,要求商家把货物放在平台的自有仓库,但并不预先支付货款,等消费者购买后,再定期结算。

所以,传统营销渠道模式,经过一些演变之后,都可以转化为网络渠道模式。最关键的还在于管理和对冲突问题的解决。

网民的生活,离不开现实的消费。所以当一个传统企业要进军互联网的时候,一定会发生已有现实顾客与网络顾客的重叠现象,即顾客既是该品牌的实体店购买者,也是该品牌的网络购买者。这就需要充分考虑网络销售与传统销售的冲突问题。

三、网络营销渠道与传统营销渠道的结合

戴尔公司在互联网上将其生产的计算机直接销售给消费者,公司 40% 以上的销售额来自这种直销经营。戴尔借助互联网,节省了大量的销售开支,以相当低廉的运营成本,创造出高于业内平均水平的利润。此举很大程度上改变了计算机业的运作格局。

其实,其他主要个人计算机生产商都在竞相寻找能与戴尔模式长期抗衡的新方法。然而,值得注意的是,戴尔成功的关键在于实施了多渠道交流策略:①除了大胆应用互联网以外,戴尔建立了一支大规模的直销队伍,向不同领域的潜在客户发送大量促销信件,同时为销售和服务部门分别设立了自己的电话资讯中心等;②此外,针对中国的市场,戴尔推出体验店的模式,把网络与实体进行整合,辐射非网购人群,消除网购顾虑。

进行渠道整合的出发点除了扩展销量外,另一个重要因素就是要改善客户体验。渠

道整合包含着渠道之间的配合。为客户提供周全的个性化服务是吸引客户的一种手段。渠道整合带来了空间上的整合。渠道整合的目的不在于渠道本身,而是要提高对客户的服务质量。渠道整合如果成功会给服务质量方面带来一个很大的变化。

四、网络营销渠道的注意点

在传统营销渠道中,总经销商、分销商、零售商都是厂家走向市场的方式。它们有着强大的地缘优势,也会低价抢夺终端渠道资源,但总体也能相安无事。

网络的兴起,让这种地缘分割失去依靠。网络直面消费者,打破了传统渠道的层级关系。网络更低的运营成本,同样的进货成本,即使达到同样的渠道利润,加价率也远低于传统渠道。同时互联网高效率的信息交换,改变着过去传统渠道的诸多环节,将错综复杂的关系简化为单一关系。

所以网络营销渠道之间的竞争关系,将变得尤为突出。消费者比较价格,也变得更为便利。同样的品牌在不同的渠道,如果销售价格不一致,极容易产生价格战。一旦这类价格战成为常态,对品牌也会产生负面影响。

在管理网络营销渠道的时候,有以下几个注意点:

1. 建立防伪入口

官方网站可以让消费者验证各个渠道的真伪,从而避免网络李鬼现象的产生。

2. 统一价格

由于互联网的便利性,消费者在渠道间做比较非常方便,所以要严格控制渠道之间的价格战,这点在标价的时候就要明确。也有些强势的网络营销渠道,要求给他们的价格一定是全网最低价,此刻需要采用特殊渠道特殊款式的方式,避免产生价格冲突。对于一般的渠道,除了控制统一标价外,对其促销的折扣也应给予一定的监管,避免渠道商采用打折促销的方式引起价格战。

3. 促销管理

由于互联网活动繁多,节假日促销也成为常态。互联网的地域性不明显,各渠道间的促销,极容易引起价格冲突。例如,某品牌有直营平台和淘宝商城两个网络渠道。直营平台的圣诞促销力度为全场 5 折;同样的时间,淘宝商城发布一些圣诞活动报名,如能参加淘宝的官方活动,可以带来很好的销量,但是折扣必须为 4 折。如果两者之间没有妥善地协调好,采用淘宝商城全场 4 折、直营平台全场 5 折的定价,将会给平台和品牌带来负面影响。随着项目的扩展,渠道会发展到几十个甚至上百个,因此促销引起的价格冲突问题,将变得格外尖锐。

第三节 网络营销渠道分类

以 2009 年为例,成功进入网上零售领域的传统企业,一般线上分销渠道的销量会占整个网上销售额非常大的比例。如罗莱家纺网络专销品牌 LOVO 每月销售额大约 500 万元,其中外部线上渠道中,B2C 渠道当当、卓越的平台代销每月 50 万元左右,CPS(Cost for Per Sale,按销售提成)渠道包括第三方及自营 CPS 联盟每月 50 万元,C2C 联盟渠道淘宝网店联盟贡献约 10 万元,再加上 C2C 渠道天猫商城的销售,线上分销贡献了不少于 50% 的比例。

通过对这些线上营销渠道体系的梳理,综合分析,网络营销渠道分为以下 17 大类。

一、自身平台

1. 渠道情况介绍

企业为销售商品而建立起自己的销售平台,并通过网络营销方式推广自身的销售平台,将商品直接展示在消费者面前。如凡客诚品、麦包包。

2. 建立方式

如果要求自主性强一些,用户数据更加保密一些,一般通过招聘程序员开发团队进行开发。随着各类开源商城代码的日益成熟,如 ecshop,更多的商家选择利用这类开源代码进行二次开发,加快进程。但是,这样做有可能内部数据会有风险,自主性更弱些。

3. 效果预估

自己建立的商城,能更直接地面对消费者,灵活性更强。但是,鉴于电子商务的发展势头,自己建立直营平台,营销成本往往更高。同样,由于要购买或租用服务器开发网站,维护成本远高于其他渠道商。

二、B2C 商城渠道

1. 典型渠道举例

典型的 B2C 商城,如卓越网、京东商城等。

2.渠道情况介绍

我国排名居于前十的 B2C 商城大多已开始转为百货商城,大多数商品种类都有卖,正在建立其他种类商品供应链,这就给传统企业的商品进入其他 B2C 渠道提供了机会。

3.进入方式

如果你的商品是市场上热卖的商品,又有电子商务的客服体系等基本条件,只要能保证这些 B2C 平台一定的毛利空间,就有可能成为它们的供应商。注意,以传统企业名义去谈比用网站名义去谈更能被接受。

4.效果预估

如果能成为这些大 B2C 平台的主推供应商,只要一个大的平台就可以带来每天几十个订单。

三、银行网上商城渠道

1.典型渠道举例

典型的银行网上商城渠道,如工商银行网上商城、交通银行网上商城、建设银行网上商城等。

2.渠道情况介绍

我国大部分银行网上商城及信用卡商城都建有 B2C 平台。通过合作,会发现这个渠道价值非常大,银行是拿出自己开设有网上银行支付的用户来和一些网上商城合作。

3.进入方式

银行最在乎的是自家银行网上支付的流水。知道银行的需求,和银行谈判,就容易了。当然,企业的最基本的条件是有自己的网上商城,再开通银行的网上支付接口,有互联网资质证明、商品商标许可等。

4.效果预估

进入我国各家银行的网上商城(每家银行的很多地区分行也开设有自己的网上商城),并进行深度推广合作。除了实际效果,银行对 B2C 平台的背书作用也不容忽视。

四、网上支付渠道

1. 典型渠道举例

典型的网上支付渠道,如腾讯财付通、快钱等。

2. 进入方式

除了网上银行支付,各种第三方支付平台的庞大用户量完全可以成为企业的营销渠道。这些支付平台的用户都已经开通网上支付手段,基本都有网购经验,是精准的网购人群。这些平台也希望企业使用其支付手段做大资金流,抓住用户需求,展示企业实力与未来注册用户群的庞大,也愿意利用自己的资源推广企业的网站平台。

五、资讯网站商城渠道

1. 典型渠道举例

典型的资讯网站商城渠道,如新浪商城、搜狐商城、网易购物返现商城等。

2. 渠道情况介绍

我国的主流门户网站都有自己的 B2C 商城,虽然都没有发力,交易量暂时也还不大,但是影响力及庞大用户量是不可小觑的。

3. 进入方式

用户还是更欢迎和直接的厂商合作,如果在这些门户网站有广告投放合作,结合推广进入商城,会更容易一些。至于其他大流量的网站如天涯、迅雷等,都已经进军电子商务,也可作为线上的补充渠道。

4. 效果预估

如果企业在这些门户商城能占据较好的渠道位置,并争取门户的推广资源支持,且策划一些在门户渠道的促销活动,有专门的人维护商品与设置专门客服,也可取得每天几十单的销售。

六、积分商城渠道

1. 典型渠道举例

典型的积分商城渠道,如平安万里通商城、网易邮箱积分商城、携程特约商户等。

2. 渠道情况介绍

现在很多有庞大用户量的机构,都建有自己的积分体系,并将这个积分和电子商务结合。在积分体系商城中,平安万里通商城是做得最极致的,将自己的 4000 万用户的积分变成一个商城,用平安万里通的入口可以直接购买其他 B2C 平台如 1 号店及红孩子等的商品。

3. 进入方式

由于这个渠道设立的目的就是给自己的积分用户带来优惠,所以对商品价格的优惠力度要求较高,而且要求合作伙伴能和他们对接网上同步订单操作,对技术接口要求也高。

4. 效果预估

1 号店的总销售额中,60% 来源于平安万里通商城这个渠道,超过其他渠道及官网销售额的总和,效果可见一斑。网易邮箱积分商城及携程用户也是海量级别的,将它们的部分用户转为企业的购买用户,会给 BD(商务拓展)及公关工作带来极大挑战,但一旦变成企业的销售渠道,战略意义是很大的。

七、运营商渠道

1. 典型渠道举例

典型的运营商渠道,如中国移动商城、中国联通积分商城、中国电信商城。

2. 渠道战略意义

随着移动互联网的兴起及移动支付的普及,运营商渠道的战略意义会越来越大,属于提前占位的策略。和中国移动商城的合作就是用户用手机支付来购买商品,等于多开了一个销售渠道与支付手段。

八、购物搜索渠道

1. 典型渠道举例

典型的购物搜索渠道,如聪明点、易购网、特价王。

2. 渠道价值

由于这些渠道的用户都是购买用户,其价值大于一般娱乐性信息网站,成为成熟网购人群的入口之一。企业的商品如能让这些购物搜索渠道全部收录,而且在首页推荐,每天都能带来一些订单。

九、CPS 渠道

1.典型渠道举例

典型的 CPS 渠道,包括第三方 CPS 平台及自营 CPS 平台。

2.渠道情况介绍

电子商务比较主流且固定的渠道推广模式就是 CPS 模式,通过推广产生有效的订单后进行比例分成。CPS 方式对企业来说是一种零风险的实效营销方式,如果网站主不能为你的网站带来销售额,广告主不用支付任何广告费用。

3.进入方式

主要是要争取更多表现形式,制定超越竞争对手的联盟分成政策,增强竞争力,还需要有专人结算与维护。

4.效果预估

一般 B2C 平台,CPS 销售会占到 20% 比例,不做这个渠道意味着你损失 20% 的销量。当然,有实力的企业也可以建立自己的 CPS 联盟,一旦发展起来,和第三方 CPS 平台形成补充,带来的销量比例更大。

十、网站导航渠道

1.典型渠道举例

典型的网站导航渠道,如 hao123、265、114la 购物频道、团购网址导航等。

2.进入条件

如果能进入这些导航网站首页的购物频道,每天可以带来上百个左右订单,但审核较严,需要你的品牌商城关键词在百度每天有 5000 左右搜索量才行,如果达不到这个标准需要以做广告付费的形式进入。

3.效果预估

网址导航适合我国国情,流址比较稳定,但是居于不同位置,效果也明显不同。以 hao123 为例,首页普通导航的浏览可以达到几万点击量一天,甚至十几万点击量一天。

十一、C2C 渠道

1. 典型渠道举例

典型的 C2C 渠道,如淘宝网、拍拍网、有啊商城。

2. 渠道情况介绍

虽然现在的 C2C 平台,都是由之前的小卖家聚集起来的,但是,随着电子商务的不断发展,更多的企业级卖家也开始入驻各类 C2C 平台。

各类 C2C 平台也开始发生战略转移,最典型的就是淘宝网。推出天猫商城后,淘宝网的重心转向了天猫商城,但是卖家仍然可以开设 C 店,或者利用各类 C 店,作为自身的销售渠道。拍拍网也开始推出官字认证店和拍拍商城。

3. 效果预估

从目前来看,淘宝网的 C 店是最具有竞争优势的,如果有多家淘宝 C 店帮助企业销售商品,销量将非常可观。

拍拍网比较特殊,依托腾讯的平台,参与拍拍活动的店铺,可以获得可观的流量和销售量。

十二、团购平台

1. 渠道情况介绍

2010 年,各类团购网站风起云涌。随着美国 groupon.com 的成功,国内数以千计的团购网站在互联网行业风起云涌,从起初的百团大战迅速发展到如今的千团大战。如何找准特色团购网站作为渠道商,成为企业渠道建设的必修课之一。

2. 进入方式

由于这个渠道是给它们的用户带来优惠,所以对商品价格的优惠力度要求较高,合作伙伴若能和它们对接网上同步订单操作,团购平台也可以大批量购买合作方库存销售。该种形式的渠道合作对技术接口要求也低。

3. 效果预估

这些团购平台的用户都是购买用户,他们成为团购网站会员的目的明确,其价值大于其他带有资讯、娱乐等信息的平台,短时间内带来的订单量和浏览量较大。

十三、返利类型渠道

1.典型渠道举例

典型的返利类型渠道,如腾讯返利商城、返利网。

2.渠道情况介绍

返利类型的网站采用购物返现金的形式聚集大量网购会员。会员从该网站去各大网上商城购物,订单完成后（无退货）,返利类型的网站作为该商城的合作伙伴,可从该商城得到一定比例的销售佣金,网站再把佣金的绝大部分返还给会员。这类渠道需要依靠对消费者消费心理的把握。

3.进入方式

商家自愿和返利类型网站签订联盟商家协议,即可免费成为联盟商家。

4.效果预估

如果你选择的返利网站具有良好的信誉,并能够占据较好的广告位置,争取网站推广资源的支持,也可取得不错的销售成绩。

十四、折扣平台

1.典型渠道举例

典型的折扣平台渠道,如唯品会、佳品网。

2.渠道情况介绍

唯品会这类折扣平台只售名牌正品,以最优惠的折扣面向会员销售,基本是2折起售,每周精选3—4个国际国内知名品牌做限时限量售卖,通过货到付款、无理由退货等完善的售后服务维护用户的满意度。

3.进入方式

折扣平台对加盟方的要求较清晰,合作方必须是具备法人资格的合法经营的公司或企业。需要符合以下要求:①提供证明资格的相关资料;②代理商须出示授权代理证书,代理商或经销商须具备独立法人资格;③生产商须提供品牌持有企业的授权生产证明,提供我国政府管理机构出具的产品检验合格证明;④能够为商品开具正式的商业发票。

4.合作价值

（1）会员群体。折扣平台会员群体多为年轻人群、白领人群及名牌爱好者,已积累一定的用户基础。

（2）品牌信用。开展各类针对性的营销,有利于品牌信用的树立,扩大品牌影响力。

（3）商业统计。折扣平台通常拥有专业的商业数据统计系统,品牌售卖结束后,会把全方位的统计数据（包括热销款式、客户群体分布状况、地区售卖情况、消费者反响等）反馈给品牌合作商,为其市场战略提供有价值的参考。

（4）消化库存。合作商需给出极大的折扣额度,但是每次上线活动都能有几百个订单,有利于消化库存,不占资金,回款快。

十五、快递平台

1.典型渠道举例

典型的快递平台渠道,如顺丰 E 商圈。

2.渠道情况介绍

2010 年,快递行业也开始试水电子商务的运营,凭借其物流覆盖范围提供电子商务服务。例如,在快递行业小有名气的顺丰速运已经和国内多个电子商务平台达成合作伙伴关系,悄然推出"顺丰 E 商圈",提供销售、物流、收款及仓储服务。出售品类包括礼品、茶叶、特产、数码、电脑、手机、居家用品、箱包、钟表首饰等。更加值得注意的是,顺丰推出了自己的支付平台"顺丰宝"来解决支付问题。

3.进入方式

满足快递商城的招商要求,与其签订合作协议,即可成为其合作商。

十六、3D 虚拟人生类平台

1.典型渠道举例

典型的 3D 虚拟人生类平台渠道,如 Second life、卡玛 3D 等。

2.渠道情况介绍

3D 虚拟人生平台是一个基于因特网的虚拟世界,通过实验室开发的一个可下载的客户端程序,游戏里的"居民",即平台用户,可以通过可运动的虚拟化身交互。"居民"们可以四处逛逛,会碰到其他的"居民",展开社交,参加个人或集体活动,制造和相互交易虚拟财产及服务。

衍生出的 3D 虚拟商城是一种基于 internet 的虚拟购物环境,它采用 C2C 的电子商务模式,让用户在 3D 虚拟环境中漫游,能进行交互式的操作,全面虚拟了购物的浏览、挑选、支付过程,使用户有身临其境的感受。同时还会提供数字化的管理,商品分类清楚,搜索方便,具有完备的财务系统和可靠的安全系统,确保购物的有效性、完整性和机密性。

十七、论坛的商城板块

1. 渠道情况介绍

国内的高人气社区、论坛都开设有自己的论坛销售板块或商城,部分论坛的交易量已开始显现。论坛的影响力、庞大的用户量及强大的用户黏性是其成为营销渠道的一部分筹码。

论坛板块众多,即使有着较高的日均流量,也不一定会有多少的转化率。争取获得论坛推广资源的支持,在商城占据一个高展现的位置,并不时参与论坛促销活动至关重要。

2. 进入方式

这类带销售板块的论坛、社区更愿意和厂商直接合作,基本采用广告投放或活动赞助的形式合作进入。

第四节　网络营销渠道管理

▼案例观察

麦包包年末促销冲突

在年前一个月,麦包包举行最后一波大促(5折)。平台首页大图轮播展示该促销信息。促销期间,发现麦包包各营销渠道间存在促销冲突:极其类似款,价格差距比较大。平台是209元打5折,实价104.5元,但是在麦包包的天猫商城,原价209元,搭配钥匙链才62.7元。

资料来源:网络营销渠道策略[EB/OL].(2013-10-16)[2016-10-08].http://www.docin.com/p-712307382.html.

由上述麦包包案例可以看出,如果不能有效解决促销冲突问题,不但不利于自身的内部管理,而且会带来不良的用户体验,甚至让消费者觉得有欺诈之嫌。

有效的网络营销渠道管理,是避免网络营销渠道冲突的重要方式。

由于互联网的便利性,消费者购买不同销售平台的同品牌商品,变得尤为便利,因此,一旦产生价格冲突,就非常明显。

一、如何设计可行的网络营销渠道体系

1.设计网络营销渠道的长度

渠道的长度,即我们通常所说的渠道层次。

对于商家做电子商务来说,渠道越短,利润相对就越丰厚,但因此带来的推广费用相对就越高。所以,要算上营销成本,有效计算投资转化率。

2.设计网络营销渠道的宽度

渠道的宽度,即我们通常所说的渠道各层次中同种类中间商的数量。

例如,在商家的各大渠道中,在淘宝平台上寻找的代理网店越多,证明该渠道越宽。

3.设计网络营销渠道的广度

渠道的广度,指厂家的产品需要经过几种类型的渠道。涉及的各大网络渠道入驻越多,网络渠道就越广。

二、筛选网络营销渠道成员的四大原则

1.相互认同原则

渠道的铺设,不能仅仅把商家的商品铺设至渠道就放手不管了。尤其在网络环境下,网络营销渠道商上架商品的主要方式,即上传图片、定价、销售。如果不给予一些推荐,对销量的营销甚微。而推荐的重要理由,就是要让渠道商充分认可品牌和商品,做到互惠互利。

2.目标实现原则

目标一致是实现共赢的基石。在大的目标上,渠道商应与品牌商保持一致。不仅如此,在年目标、季目标和月目标上,也要有效沟通,制定目标,按时完成。

3.产品销售原则

电子商务的根本还是销售商品带来利润,对渠道商来说,销售策略是最重要的因素。有些品牌商觉得在网络上入驻网站越多越好,即便无法销售,也可以多一些展示。但是,由于没有销量,渠道商的利益无法保障,往往最终无法持久合作。

4.形象匹配原则

互联网上网站数不胜数。所以,在铺设渠道的时候,除了追求数量外,更重要的是做好质量管理工作,做到渠道商与品牌的形象匹配。如果一个饰品品牌入驻了卖成人用品的网站,虽然可能会带来一定销量,但是对品牌形象却会造成极大的伤害。

三、如何解决网络营销渠道的冲突问题

1.价格策略

渠道冲突,纠结在价格。解决之道就是:不同网络渠道,使用不同价格。我们通过对线上、线下渠道价格的调研发现,只要网上价格在线下价格的 75% 以上,就不会对线下销售产生太大的冲击。联想就采用控制价格下限的办法,对自己旗舰店的商品,包括网上代理商的销售价格,制定了下限浮动不得超过 3% 的严令;而玩具类产品,一般厂家则采取了限调 20% 的幅度禁令。

2. 服务策略

企业要根据区域市场容量和结构的变化,结合各销售渠道的具体发展状况,使用不同的销售方式及售后服务,使渠道成员各尽所能。

3. 产品策略

根据市场或客户群划分的不同,不同的销售渠道,在营销推广期间,企业要使用不同的产品或赠品。

总之,无论采取什么策略,都应当以客户为中心。

本章讨论与思考

1. 网络营销渠道与传统营销渠道有哪些区别?
2. 网络营销渠道分类有哪些?
3. 结合身边的实际案例,论述网络营销渠道的管理策略。

第七章　网络营销包装策略

学习目标

◎了解快递包装的设计及重要性。

◎掌握快递包装的流程。

▼案例观察

奢侈品太阳镜 D&G 的包装

世界著名的太阳镜品牌 D&G（Dolce & Gabbana）是梦想的表达。D&G 太阳镜秉承了 D&G 这一豪华品牌一贯的标准，一种独特的风格，一季接一季地将创新和强烈独特的地中海烙印相结合。在注重其太阳镜本身特征的同时，更加注重其包袋所构成的深刻本质，如图所示，从里至外充分体现出其品牌的魅力。

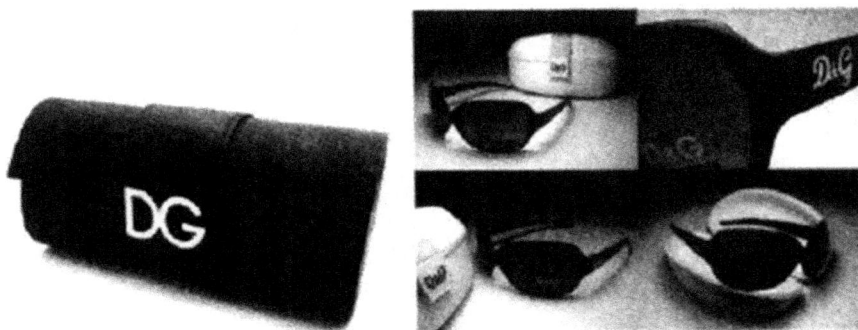

图 1-7-1　D&G 的包装

第一节　快递包装概述

一、包装和快递包装的概念

1. 包装

我国国家标准 GB/T 4122.1—2008《包装术语　第 1 部分:基础》中,对包装的定义是:"为在流通过程中保护产品,方便储运,促进销售,按一定技术方法而采用的容器、材料及辅助物等的总体名称。也指为了达到上述目的而采用容器、材料和辅助物的过程中施加一定方法等的操作活动。"

其他国家或组织对包装的含义有不同的表述和理解,但基本意思是一致的,都以包装功能和作用为其核心内容,一般有两重含义:①关于盛装商品的容器、材料及辅助物品,即包装物;②关于实施盛装和封缄、包扎等的技术活动。

2. 快递包装

随着网络的飞速发展,网购的迅速推进,包装界衍生出了一种独特的网络包装,即快递包装。它是一座连接网络买卖者信息沟通的桥梁,一种为在流通过程中保护产品、方便储运、促进销售而衍生出的辅助物的总称,主要由快递包装盒与内部填充物两部分组成。简单将其定义为以保护物品安全流通、方便储运为主要功能目的的包装。

二、快递包装的作用

1. 快递包装的保护作用

（1）防止物品在运输途中破损变形（如震动、颠簸、压缩、摩擦）。
（2）防止物品在运输途中发生化学变化（如受潮、发霉变质、生锈）。
（3）防止有害生物（如鼠、虫及其他）对物品的侵害。
（4）防止异物流入,减少污染,避免丢失、散失。

2. 快递包装的方便功能

（1）便于搬运装卸。
（2）方便周转、装入、封合、贴标、堆码等。

（3）方便发货过程中仓储及快递人员对货物、商品信息等的识别。

3. 快递包装的营销作用——无声的推销员

（1）实现商品价值和使用价值，并是增加商品价值的一种手段。

（2）美化商品，吸引顾客，有利于促销。

（3）通过包装体现特定商品的文化品位，给人以愉悦的感受，创造附加值。

（4）通过包装体现企业的品牌信誉，以及一个国家或地区的政治、经济、文化艺术面貌。

（5）包装设计与包装治理，关系到人们的生活方式的变化与生态环境的保护。

（6）包装是一种广告工具，具有广告最基本的显露功能。

（7）包装是商品特色的放大镜，可以通过引人入胜的造型，以及印刷在包装上的图片和文字，突出商品的特色。

（8）包装是营销策略的缩影，一个设计良好的包装，以一种物化的形式体现着一个企业的营销策略。

三、快递包装设计及常用软件

（一）快递包装设计

快递包装设计一般有两种：一种是常见的邮政快递包装盒子；另一种是快递包装上面的特殊设计。第一种，一般就是那种直接的瓦楞纸盒或者普通的快递袋；而对于第二种来讲，涉及的东西会非常多。快递特殊包装指的是在快递的包装上进行印刷，印上Logo、公司象征标志及彩色图案等。

一个精美的快递包装特殊设计，会给购买者带来新鲜的感觉。我们的身边，充满着很多因为包装而使得产品畅销的案例，比如山姆森玻璃瓶，设计的瓶子不仅美观，而且使用非常安全，易握而不易滑落，瓶子设计出来后，赞声连连。

当香水创作师恩尼斯·鲍将他发明的多款香水呈现在香奈尔夫人面前让她选择时，香奈尔夫人毫不犹豫地选了第五款，即现在誉满全球的香奈尔5号香水。除了那独特的香味以外，真正让香奈尔5号香水成为"香水贵族中的贵族"的原因，却是那个看起来不像香水瓶，反而像药瓶的创意包装。

作为一家有着50多年历史的酿酒企业，北京红星股份有限公司生产的红星二锅头历来是北京市民的餐桌酒，一直受到老百姓的喜爱。然而，由于在产品包装上一直是一副"老面孔"，红星二锅头始终走在白酒低端市场，无法获取更高的经济效益。随着红星青花瓷珍品二锅头的推出，红星二锅头第一次走进了中国的高端白酒市场。

快递特殊包装设计一般由公司美工部负责，若没有美工部，公司会交给印刷企业进行设计。设计人员将符合包装形象的图片设计好之后,进行制版、纸料购买、晒版、上机印刷、完印、覆膜、烫金、压痕等,这样的一个印刷过程会将货物的包装呈现得活灵活现。

各个生动的案例说明一个包装设计对品牌的形象提升、影响力的扩建,都具有非常大的效果,快递的包装设计会是电子商务公司能否在行业中脱颖而出的基础。其实很多电子商务网站,如唯品会、凡客,当购买其产品的时候,你会发现货品的快递包装都是非常精美的,都带有公司的 Logo,这种形式会让消费者第一次拿到货就对电子商务公司的印象不断地提升。

▼案例观察

山姆森玻璃瓶,一个价值 600 万美元的玻璃瓶

说起可口可乐的玻璃瓶包装,至今仍为人们所称道。1898 年,鲁特玻璃公司一位年轻的工人亚历山大·山姆森在同女友约会中,发现女友穿着套筒型连衣裙,显得臀部突出,腰部和腿部纤细,非常好看。约会结束后,他突发灵感,根据女友穿着这套裙子的形象设计出一个玻璃瓶。

经过反复的修改,亚历山大·山姆森不仅将瓶子设计得非常美观,很像一位亭亭玉立的少女,还把瓶子的容量设计成刚好一杯水大小。瓶子试制出来之后,获得大众交口称赞。有经营意识的亚历山大·山姆森立即到专利局申请专利。

当时,可口可乐的决策者坎德勒在市场上看到了亚历山大·山姆森设计的玻璃瓶后,认为非常适合作为可口可乐的包装。于是他主动向亚历山大·山姆森提出购买这个瓶子的专利。经过一番讨价还价,最后可口可乐公司以 600 万美元的天价买下这项专利。要知道在 100 多年前,600 万美元可是一项巨大的投资。然而,实践证明可口可乐公司这一决策是非常成功的。

亚历山大·山姆森设计的瓶子不仅美观,而且使用非常安全,易握不易滑落。更令人叫绝的是,其瓶型的中下部是扭纹型的,如同少女所穿的条纹裙子;而瓶子的中段圆满丰硕,如同少女的臀部。此外,由于瓶子的结构是中大下小,当它用来盛装可口可乐时,给人的感觉是分量很多。采用山姆森玻璃瓶作为包装后,可口可乐的销量飞速增长,在两年的时间内,翻了一倍。从此,采用山姆森玻璃瓶作为包装的可口可乐开始畅销美国,并迅速风靡世界。600 万美元的投入,为可口可乐公司带来了数以亿计的回报。

资料来源:周桂芳.一个包装的成功案例 [EB/OL].(2015-06-12)[2016-10-08]. https://club.1688.com/article/58959201.htm.

（二）设计常用软件

想要做一个非常精美的快递包装,那么一定会用到以下这三种图像处理软件（CorelDraw、Illustrator、Photoshop）中的任何一种。

1.CorelDraw

CorelDraw（图 1-7-2）界面设计友好,空间广阔,操作精微细致。它提供给设计者一整套绘图工具,包括圆形、矩形、多边形、方格、螺旋线等,并配合塑形工具,设计出如圆角矩形、弧、扇形、星形等。同时也提供特殊笔刷如压力笔、书写笔、喷洒器等,以便充分地利用电脑信息处理量大、随机控制能力高的特点。

2.Illustrator

Illustrator（图 1-7-3）是美国 Adobe 公司推出的专业矢量绘图工具,是出版、多媒体和在线图像的工业标准矢量插画软件。Illustrator 不仅仅是一个艺术品工具,它还适用于大部分小型设计,直至大型的复杂项目。

3.Photoshop

Photoshop（图 1-7-4）是 Adobe 公司旗下最为出名的图像处理软件之一,它集图像扫描、编辑修改、图像制作、广告创意、图像输入与输出于一体,深受广大平面设计人员和电脑美术爱好者的喜爱。

从功能上看,Photoshop 分为图像编辑、图像合成、校色调色等几部分。

Photoshop 界面中,图像编辑是图像处理的基础,可以对图像做各种变换,如放大、缩小、旋转、倾斜、镜像、透视等,也可进行复制、去除斑点、修补、修饰图像的残损等。这在婚纱摄影、人像处理制作中有非常大的用途,去除人像不满意的部分进行美化加工,得到让人非常满意的效果。

图像合成则是将几幅图像通过图层操作、工具应用合成完整的、传达明确意义的图像,这是美术设计的必经之路。Photoshop 提供的绘图工具让外来图像与创意很好地

图 1-7-2　CorelDraw 的标志

图 1-7-3　Illustrator 的标志

图 1-7-4　Photoshop 的标志

融合,使图像的合成天衣无缝。

校色调色是 Photoshop 深具威力的功能之一,可方便快捷地对图像的颜色进行明暗、色调的调整和校正,也可在不同颜色间进行切换,以满足图像在不同领域如网页设计、印刷、多媒体等方面的应用。但是,一般印刷中不把 Photoshop 作为最后印刷底版。

四、快递包装的规格

1. 基本纸箱规格

纸箱(图 1-7-5)是电子商务卖家不可缺少的物品。纸箱没有最好的,只有合适不合适。选购纸箱通常要考虑三个成本:①纸箱本身的成本;②选购不合适的纸箱导致货物破损的成本,以及邮费成本;③客户流失的成本,如果纸箱破损了,很容易导致这个客户下次不来购买,而对于卖家来说,要持续地盈利下去,除了挖掘新客户外,还要注意维持老客户。邮政纸箱基本规格见表 1-7-1。

图 1-7-5　纸箱

表 1-7-1　邮政纸箱基本规格

邮政纸箱型号	规　　格	邮政纸箱型号	规　　格
1 #	530 × 290 × 370	7 #	230 × 130 × 160
2 #	530 × 230 × 290	8 #	210 × 110 × 140
3 #	430 × 210 × 270	9 #	195 × 105 × 135
4 #	350 × 190 × 230	10 #	175 × 95 × 115
5 #	290 × 170 × 190	11 #	145 × 85 × 105
6 #	260 × 150 × 180	12 #	130 × 80 × 90

2. 特殊纸箱定制

在电子商务世界中,什么产品都有搬到网络上进行销售的可能。很多产品其实并不适合用邮政规定的纸箱规格,而是需要定制,并且有些要定制的纸箱,也可以进行快递的包装设计,进行印刷。

在定制纸箱的时候,先测量自己所需要运送的产品的尺寸,定好尺寸后,再进行包装设计,将属于自己的包装设计印在纸箱上。

(1)起订量。由于尺寸不同,单价是不一样的,所以按照金额计算,通常同一个尺寸1000 元起订。

(2)材质。定制纸箱材质通常分为三层(又称单瓦楞纸箱)和五层(又称双瓦楞纸箱)两种。三层纸箱依据材料的厚薄一般分为 A 瓦和 B 瓦。两种材质的价格是一样的,硬度的话,薄的硬度相对而言更好。按照行规,通常尺寸大的纸箱,采用 A 瓦纸板;尺寸比较小,需要做刀模的纸板,采用 B 瓦纸板。三层纸箱依据材料的硬度一般分为普通硬度和特硬两种材质。纸板的好坏一般是以硬度来判断的,而不是厚度。由于信息不对称,目前淘宝上的纸箱行业比较混乱,有所谓 A 级、B 级等很多称谓。卖家误导买家认为 A 级纸板比 B 级纸板更好,其实有些卖家的 A 级纸板还没有 B 级纸板硬。

（3）制版费。制版费分为两种:一种是印刷的皮板制版费（要印刷文字的情况下才收取,不印刷不收取。通常皮板材质为橡皮板,根据尺寸不同,一般在 100 元左右）,另一种是刀模制版费（只有尺寸较小的情况下才需要。例如,宽度小于 10 厘米或者高度小于 10 厘米的情况下,需要做刀模,刀模费一般为 150 元）。无论皮板还是刀模,都是可以重复使用的,只有第一次制作的时候需要支付费用。

（4）纸箱印刷。如果单个尺寸达到 1000 元的起订量,一般可以免费提供单色印刷。如果需要双色印刷,需另行加钱。（注:无论单色还是双色印刷,首次需制版,印刷板需客户自行付钱,通常在 50—100 元之间。）如果仅仅是印刷淘宝店铺地址、旺旺 ID 之类,不涉及注册商标和知识产权,不需要提供文件。如果印刷内容涉及商标,需提供以下文件:商标注册书、授权许可印刷书、营业执照复印件。

（5）纸箱单价。定制纸箱是根据尺寸的大小和材质的好坏来报价的。如果手中有样品,建议将样品直接快递到纸箱厂,然后根据样品报价。如果没有样品,先给报价,然后再邮寄样品,对质量满意后,再下订单。

五、快递包装使用技巧

包装第一步:避重就轻。
包装第二步:严丝合缝。
包装第三步:表里如一。
包装第四步:防盗宣传两不误。

第二节　电子商务货物仓储及包装发货的流程

一、仓库管理基本内容（货物放置规则）

仓库管理也叫仓储管理（Warehouse Management，WM），指的是对仓储货物的收发、结存等活动的有效控制，其目的是为企业保证仓储货物的完好无损，确保生产经营活动的正常进行，并在此基础上对各类货物的活动状况进行分类记录，以明确的图表方式表示仓储货物在数量、品质方面的状况，以及目前所在的地理位置、部门、订单归属和仓储分散程度等情况的综合管理形式。

1. 货物放置规则

（1）货品排列要井井有条，一目了然。

（2）货品要分类排列，分类要以款式、颜色和条码等为标准。

（3）畅销货要排在入口，且容易提取的货架上，非畅销货可排在仓库深处。

（4）同一货品尽量排在同一个地方。

（5）设置次货放置位置，以便处理。

（6）如是纸箱货则标明款式、条码等。

（7）货品放置分门别类，型号朝外，货物按分列陈列。

2. 仓库管理的基本要点

（1）通常可由店主/店长进行管理（如仓库较大，可设置仓管）。

（2）建立货品登记本，所有货品入库、出库时，都要进行详细登记（用条码即可轻松搞定），并于每天下班后清理复检一次，录入电子档。

（3）需熟悉货品（包括色彩、款式、相关搭配），最好在订货时可以同往，但新货到店的时候需对货品再次熟悉。

（4）仓库要每天清点，每天打扫。退货、追加都要打点清楚，同时也要了解哪些货品不好卖，及时处理，避免存货过多。

3. 仓库管理的原则

仓库因为其库存物品的不同有其个性的管理原则，例如，食品类仓库、产品类仓库、工业设备类仓库等类型,管理原则是不同的。

（1）面向通道进行保管。为使物品出入库方便,容易在仓库内移动,基本条件是将物品面向通道保管。

（2）尽可能地向高处码放,提高保管效率。向高处码放,可以有效利用库内容积。为防止破损,保证安全,应当尽可能使用棚架等保管设备。

（3）根据出库频率选定位置。出货和进货频率高的物品,应放在靠近出入口,易于作业的地方;流动性差的物品,放在距离出入口稍远的地方;季节性物品,则依其季节特性来选定放置的场所。

（4）同一品种在同一地方保管。为提高作业效率和保管效率,同一物品或类似物品应放在同一地方保管,员工对库内物品放置的熟悉程度直接影响着出入库的时间。将类似的物品放在邻近的地方也是提高效率的重要方法。

（5）根据物品重量安排保管的位置。安排放置场所时,当然要把重的东西放在下边,把轻的东西放在上边。需要人工搬运的大型物品,则以腰部的高度为基准。这对于提高效率、保证安全,是一项重要的原则。

（6）依据形状安排保管方法。依据物品形状来保管也是很重要的,如标准的商品应放在托盘或货架上来保管。

（7）依据先进先出的原则。保管的一条重要原则是,对于易变质、易破损、易腐败的物品,以及机能易退化、老化的物品,应将其放在靠近出入口、易于作业的地方,应尽可能按先入先出的原则,加快周转。

4. 仓库管理需要注意的问题

（1）库存商品要进行定位管理,其含义与商品配置图表的设计相似,即将不同的商品按照分类、分区管理的原则来存放,并用货架放置。仓库内至少要分为三个区域:第一,大量存储区,即以整箱或栈板方式储存;第二,小量存储区,即将拆零商品放置在陈列架上;第三,退货区,即将准备退换的商品放置在专门的货架上。

（2）区位确定后应制作一张配置图,贴在仓库入口处,以便于存取。小量存储区应尽量固定位置,大量存储区则可弹性运用。若存储空间太小或属冷冻（藏）库,也可以不固定位置而弹性运用。

（3）储存商品不可直接与地面接触。一是为了避免潮湿;二是为了降低磨损率;三是为了堆放整齐,便于管理。

（4）要注意仓储区的温、湿度,保持通风良好、干燥、不潮湿。

（5）库内要设有防水、防火、防盗等设施,以保证商品安全。

（6）商品储存货架应设置存货卡,商品进出要注意先进先出的原则。也可采取色彩管理法,如每周或每月用不同颜色的标签,以明显识别进货的日期。

（7）仓库管理人员要与订货人员及时沟通,以便到货的存放。此外,还要适时提出存货不足的预警通知，以防缺货。

（8）商品进出库要做好登记，以便明确保管责任。但有些商品（如冷冻、冷藏商品）为讲究时效，也可采取卖场存货与库房存货合一的做法。

（9）仓库要注意门禁管理，不得随便入内。

二、发货员验货及填写或打印快递单

1. 发货员验货流程

电子商务要正常运行，首要条件是打通电子商务的各条经脉，大到电子商务的物流问题，小到一个发货员的细致问题，这些方面都需要很好地进行操作，并且要仔细操作，不可出现任何错误。一般一个电子商务卖家要进行发货时，都由两个验货员把每天要发货的产品准备起来，进行快递单的填写。之后要进行验货，一般由两个人进行，避免一个人失误造成对口碑的影响。验货时要注意产品质量是否合格，数量是否正确，赠品是否添加等。整个发货过程最重要的是细心。全部准备齐全之后，通知合作物流商，让他们进行上门取货。

2. 快递单的填写或打印

在填写快递单的时候，要注意以下几点：①收件人详细地址、电话等不要漏写；②注明收件人要求的到货时间；③商品编号、物流过程中需注意的方面要写明；④选择是否保价，填写申报价值；⑤写上签收提醒，以及备注栏内容。

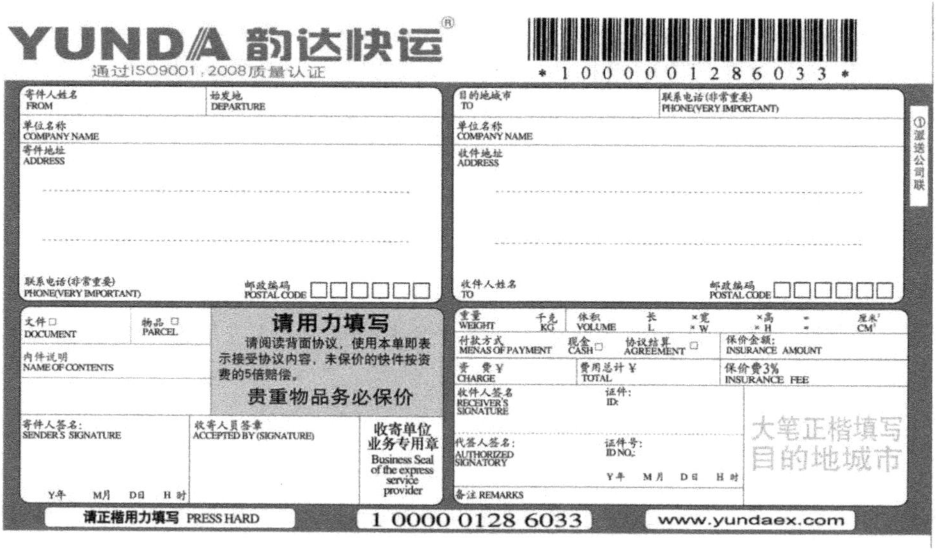
YUNDA 韵达快运®
通过ISO9001：2008质量认证
* 1 0 0 0 0 0 1 2 8 6 0 3 3 *
寄件人姓名 FROM
始发地 DEPARTURE
单位名称 COMPANY NAME
寄件地址 ADDRESS
联系电话（非常重要） PHONE(VERY IMPORTANT)
邮政编码 POSTAL CODE
目的地城市 TO
联系电话（非常重要） PHONE(VERY IMPORTANT)
单位名称 COMPANY NAME
收件地址 ADDRESS
收件人姓名 TO
邮政编码 POSTAL CODE
①派送公司联
文件 DOCUMENT
物品 PARCEL
内件说明 NAME OF CONTENTS
请用力填写
请阅读背面协议，使用本单即表示接受协议内容，未保价的快件按资费的5倍赔偿。
贵重物品务必保价
寄件人签名：SENDER'S SIGNATURE
收寄人员签章 ACCEPTED BY (SIGNATURE)
收寄单位业务专用章 Business Seal of the express service provider
Y年 M月 D日 H时
重量 WEIGHT 千克 KG
体积 VOLUME 长 L ×宽 ×W ×高 ×H = 厘米³ CM³
付款方式 MENAS OF PAYMENT 现金 CASH 协议结算 AGREEMENT
保价金额：INSURANCE AMOUNT
资费 ¥ CHARGE
费用总计 ¥ TOTAL
保价费3% INSURANCE FEE
收件人签名 RECEIVER'S SIGNATURE
证件：ID:
代签人签名：AUTHORIZED SIGNATORY
证件号：ID NO.:
Y年 M月 D日 H时
备注 REMARKS
大笔正楷填写目的地城市
请正楷用力填写 PRESS HARD
1 0000 0128 6033
www.yundaex.com

图 1-7-6 快递单示例

3. 发货员的基本要领

（1）树立为生产服务、为公司服务的观点，爱护公司的财务，忠于职守，廉洁奉公，热爱仓库工作，树立高度责任感，认真钻研业务，不断提高管理水平。

（2）负责仓库的物品保管、验收、出库等工作，并配合部长做好车间管理工作。

（3）及时编制采购计划、物料添加计划，及时汇报与生产、发货有关的材料、成品的库存情况，确保生产、发货的正常执行。

（4）严格执行公司仓库保管制度及先进先出的原则，杜绝少装、混装，防止收发货物差错的出现。入库要及时登账，手续检验不合要求不准入库，出库时手续不全不发货，特殊情况必须有关领导签批。

（5）合理安排物料在仓库内的存放次序，按物料种类、规格、等级分区堆码，卡片内容登记齐全，不得混合乱堆，保持库区的整洁。

（6）重视仓储成本管理，不断降低仓储成本。妥善保管好剩料、废旧包装的收集和处理，做好回收工作。用具、货板等妥善保管，细心使用，延长使用寿命。

（7）各类物资分类账目齐全，进出清楚，做到有据可循，负责定期对仓库物料进行盘点清仓，做到账、卡、物三者相符，对报废产品及时清理，做好盘盈、盘亏的处理及调账工作。

（8）负责仓库管理中的入、出库单和验收单等原始资料，以及账册的收集、整理和建档工作，每月月底及时编制相关的统计报表，报财务部审核。

（9）负责仓库区域内的治安、防盗、消防工作，发现事故隐患及时上报，对意外事件及时处置。

三、不同产品的包装

很多卖家都在谈货源，谈质量，但似乎遗漏了包装这一环节。再好的东西没包装好，到了买家手里也成废品了，所以，一个好的包装在用户心中是能加分的。

一个高质量的包裹应该符合以下特点：①成本低；②结实防水；③重量轻；④美观；⑤包装快捷。产品不同，包装时的注意事项也不同。

1. 易变形、易碎的产品

这一类产品包括瓷器、玻璃饰品、CD、茶具、字画、工艺笔等。

对于这类产品，包装时要多用报纸、泡沫塑料，或者泡绵、泡沫网。这些东西重量轻，而且可以缓和撞击。另外，一般易碎、怕压的东西四周都应用填充物充分地填充。尽量多用聚乙烯的材料而少用纸壳、纸团，因为纸要更重一些，而那些塑料的东西膨胀效果好，自身又轻。

2. 首饰类产品

首饰类产品一般都需要附送首饰袋或首饰盒,通过以下方法可以让你的服务显得更贴心。

(1)一定要用纸箱包装。对于首饰来说,三层的 12 号纸箱就够用了。

(2)一定要以报纸或泡沫等填充物填充,以便让首饰盒或首饰袋在纸盒里不晃动。

(3)纸箱四个角一定要用胶带包好。因为邮寄的时候有很多不确定因素,比如在递送过程中另有一件有液体的货品和你的货品在同一个包装袋里,一旦这个液体货品的包装不严密,出现泄漏,你的货品就会被浸泡。所以,纸箱的四角一定要用宽胶带包好,这样也可以更好地防止撞击。

(4)附送一张产品说明卡,这样显得比较专业。

3. 衣服、皮包、鞋子类产品

这类产品在包装时可以用不同种类的纸张(牛皮纸、白纸等)单独包好,以防止脏污。如果要用报纸的话,里面还应加一层塑料袋。遇到形状不规则的商品,如皮包等,可预先用胶带封好,再用纸包住手提带并贴胶带固定,以减少磨损。邮寄衣服时,要先用塑料袋装好,再装入防水、防染色的包裹袋中;用布袋邮寄服装时,宜用白色棉布或其他干净整洁的布。

4. 液体类产品

邮局对液体类产品有专门的邮寄办法:先用棉花裹好,再用胶带缠好。在包裹时一定要封好割口处,可以用透明胶带使劲绕上几圈,然后再用棉花整个包住,可以包厚一点,最后再包一层塑料袋,这样即使液体漏出来也会被棉花吸收,并有塑料袋做最后的保护,不会流到纸盒外面,污染到别人的包裹。

至于香水,可以到五金行或专门的塑料用品商店买一些透明的气泡纸,在香水盒上多裹几圈,然后用透明胶带紧紧封住。但是,为了确保安全,最后应该把裹好的香水放进小纸箱里,同时塞些泡沫塑料或报纸。

5. 贵重的精密电子产品

贵重的精密电子产品包括电话、手机、电脑显示屏等。

在对这类怕震动的产品进行包装时,可以用泡绵、气泡布、防静电袋等包装材料把物品包装好,再用瓦楞纸在商品边角或者容易磨损的地方加强包装保护,并且要用填充物(如报纸、海绵或者防震气泡布这类有弹力的材料)将纸箱空隙填满。这些填充物可以阻隔及支撑物品,吸收撞击力,避免物品在纸箱中摇晃受损。

6. 书刊类

书刊类产品的具体包装过程可以这样进行：

（1）书拿回来用塑料袋套好，以免理货或包装的时候弄脏，也能起到防潮的作用。

（2）用报纸中夹带的铜版纸做第二层包装，以避免书籍在运输过程中被损坏。

（3）外层用牛皮纸、胶带进行包装。

（4）如打算用印刷品方式邮寄，用胶带封好边角后，要在包装上留出贴邮票、盖章的空间；包裹邮寄方式则要用胶带全部封好，不留一丝缝隙。

四、发货跟单

在所有东西准备好之后，快递员上门取货，进行发货。现在有很多快递（物流）公司可以选择，圆通、申通、顺丰、韵达等，价格合理，但其速度和服务还是参差不齐，有待提高的。

发货后要注意在网络上进行快递单的跟踪，定时查询快递到了哪里，看中间环节是否出现问题，看客户是否签收。

本章讨论与思考

1. 快递包装在哪些地方可以放置营销信息？

2. 在包装商品的时候，有哪些注意事项？

第八章　网络营销方式

学习目标

◎ 了解交互式营销的特点与内容。

◎ 了解搜索引擎营销。

◎ 了解电子邮件营销的方法。

◎ 了解社区营销、口碑营销、事件营销等其他网络营销方式。

▼案例观察

刘强东如何做企业娱乐营销

除了马云、周鸿祎,刘强东是互联网行业少有的善于作秀的大佬,他更是将娱乐营销这一看家本领发挥到了极致,并在科技圈独树一帜。

事实上,让媒体和大众第一次领教了京东掌门的娱乐营销功力的事件是2012年7月份发生的"西红柿门"。而对于这位京东掌门来说,之前的"西红柿门"只是小试牛刀,自从跟奶茶妹妹的恋情曝光之后,强东哥通过奶茶妹妹这一网红品牌成功为京东做企业品牌营销的本领,更是有了极大的发挥空间。我们不妨来简单总结盘点一下:

1. 恋情初曝光,力助京东上市

2014年4月14日,章泽天与京东CEO刘强东的恋情首次被媒体曝光,当时正处于京东上市前的敏感时期。从媒体曝光的数张不同角度的照片来看,这次恋情的曝光并不像保密工作做得不周的意外曝光,而更像是一次故意为之的"摆拍"。

然而,当时电商大佬刘强东与网络红人奶茶妹妹的恋情还是受到了娱乐圈的密集报道,甚至是掀起了科技圈的娱乐八卦热,各类科技媒体也纷纷从娱乐八卦的角度给予这段恋情极大关注。这一事件的边际效应一直持续了一个多月，一直到 2014 年 5 月 22 日，京东成功在美上市。

教会我们的事：

奶茶妹妹与刘强东恋情的出现，为京东赢得了无数关注，助推京东成功上市。这告诉我们，娱乐八卦并不是简单的让人消遣的花边事件或段子，更是企业进行品牌营销时最佳的题材。善用娱乐营销，制造热点事件，不但助推品牌升级，更将成全社会的关注焦点。

2. 恋情升温，开智能奶茶店

2015 年 5 月 8 日，刘强东与奶茶妹妹一起高调出现在京东开在中关村创业大街上的"奶茶店"剪彩仪式上，网友发现奶茶妹妹和刘强东手上都戴着戒指，疑似两人好事已成。

事件轰动一时，很多网友称刘强东一掷千金为博得红颜一笑开了"奶茶店"。事实上，真相却是刘强东充分利用奶茶妹妹这一网红身份为自己的智能家居体验馆站台，成功吸引了媒体的关注。

教会我们的事：

无论从哪个角度看，自从刘强东与奶茶妹妹的恋情曝光，奶茶妹妹已经成为京东的品牌形象代言人。而从刘强东开奶茶店这个案例当中，我们可以注意到，企业要充分挖掘品牌代言人的营销价值，将代言人的名称、形象、气质等元素充分地与企业自身的业务相联系，可以加强网友的记忆，促进企业品牌和产品的传播。

3. 晒结婚照，引起媒体对财报的关注

2015 年 8 月 8 日晚间，微信朋友圈突然被刘强东与奶茶妹妹的结婚照刷爆。刘强东与奶茶妹妹的结婚事件再次成为娱乐圈和科技圈追逐的热点话题，不少媒体头版头条报道了这一事件。

而巧合的是，在结婚照爆出前一天，也就是 2015 年 8 月 7 日，京东刚刚发布 2015 年第二季度财报，同时还宣布，公司董事会 5 月批准了一项针对公司董事长兼 CEO 刘强东的为期 10 年的薪酬计划。根据该方案，刘强东每年只拿 1 元现金形式底薪（cashsalary）和零元现金形式奖金（cashbonus）。而这个事件被媒体联系到了一起，一时间，京东再次登上各大娱乐、科技媒体头条，成为当下的最热点。

教会我们的事：

以往只有像王菲、汪峰、文章等大牌娱乐明星的结婚或离婚事件才会有如

此大的关注度,而刘强东如果结婚对象不是奶茶妹妹,可能关注度也不会如此之高。在刘强东的操盘下,一种新的娱乐营销方式诞生了,那就是商业科技大佬与网红的搭档,将能够同时影响娱乐圈和科技圈,这种跨界娱乐营销方式必将成为企业做品牌营销时的一个重要选择。

以上就是刘强东与奶茶妹妹给我们的娱乐营销启示,花边娱乐新闻的传播度最为广泛,也是网友们最乐于传播的,互联网企业若能通过将领导人的花边恋情成功炒作成为热点娱乐或社会事件,再通过一个载体植入或传播企业的新产品,将是最低成本的营销手法之一。笔者相信,刘强东还会继续打好奶茶妹妹这张牌,而之后奶茶妹妹怀孕、强东出生等等也必将在刘强东的运筹帷幄之中登上各大媒体的头条,继续发挥为企业做品牌营销的价值。

资料来源:李东楼.奶茶刘强东如何做企业娱乐营销[EB/OL].(2015-08-10)[2016-10-05].http://money.163.com/15/0810/15/B0LS07CG00253G87.html.

【启示与思考】

传统营销的方法无非就是做关系,但网络营销的形式根本没有限制,只要能营销成功就行。网络营销,玩的不是产品本身,而是你为产品塑造的价值理念。在互联网上做生意,我们还得重视"用户体验",也就是我们常说的服务。我们把产品质量、价格、用户体验这三要素整理好了,再来学学京东 CEO 的营销理念,那就会如鱼得水。京东 CEO 刘强东玩的不是心跳,而是事件营销,这对想要往网络营销方面发展的传统企业来说,是一件值得学习的事情。

第一节　交互式营销

交互式营销（Interactive Cooperation Marketing，ICM）是一种独创的崭新营销模式，是指雇员在服务客户时的技能。交互式营销是服务业三种营销类型中的一种，其他两种分别为内部营销和外部营销。

交互式营销的核心理念是让消费者参与进来成为经营者，也就是把最好的消费引荐给别人，让别人来成为一个消费者，从而成为经营者，甚至可以推荐诚信经营的企业加盟，成为加盟商，在三种角色下达成一个良性的互动而不断地扩展市场。加入这个交互式营销平台的人越多，就会为商家和企业带来更多的庞大的消费群体，会吸引更多有实力的商家看好这个平台，而经营者成为这个平台的缔造者和最终获益者，经营者也是消费者。这就是消费者参与财富的分配，是为普通人提供的最大的商业机会。

交互式营销不仅仅是一种传播，它是将品牌传播、市场活动、销售渠道都结合在一起，在销售中传播，在传播中销售，每一个消费者从主动兴趣到互动体验，从心生欢喜到口碑相传，消费者也是产品的一部分，形成消费者与产品的完全互动。它们之间不是相向关系，而是一体化的关系。

交互式营销的核心是打破传统营销传播"告知"消费者的模式，转而通过文化娱乐资讯以提供互动体验等方式让消费者彻底参与其中，信息接收与反馈同步双向沟通，并尽量使消费者成为二级传播源的传播模式，从而改变消费者行为。最终将品牌植入消费者心智中。

交互式营销是一场变革，也是一场革命，是对旧观念、旧思想、旧意识、旧思维方式、旧行为方式的挑战，是产品与品牌竞争升级的必然产物，也是竞争的一种高级形态。交互式营销是一种新型的商业模式，对企业的品牌打造具有重要作用。

一、交互式营销的定义

菲利普·科特勒（Philip Kotler）教授在其所著《营销管理》一书中说："关系营销的最终结果是建立起公司的独特资产，即一个营销网。营销网（marketing network）包括公司及所有与它建立互利业务关系的利益关系方（stakeholders）（顾客、员工、供应商、分销商、零售商、广告代理人、大学科学家和其他人）。这样，竞争不是在公司之间进行，而是在整个网络之间进行，一个建立了更好关系网的公司将获胜。"

交互式合作营销，就是"消费者"同"公司"一起建立一个菲利普·科特勒教授所讲的"营销网"的生意。在"网络化"社会当中，建立"营销网"几乎是所有公司一个最基本的营销和竞争手段，所以，未来几乎所有的生意都将是"网络化"的。交互式营销，就是一个"网络化"的生意。"公司"同"消费者"合作（注意不是雇佣），一起共同去构建一个"营销网"。这个"营销网"属于双方共有，这是符合21世纪"合作经营"双方"共赢"原则的。这个"营销网"是消费者的"私人财产"，任何人无权剥夺和非法占有，就好像一个人购买的私人房产一样，他有权利继承、转让和拍卖。

交互式营销的"营销网"，由"五大网络"和"八大系统"组成。

五大网络：①物流配送网络；②消费者（顾客）网络；③零售终端（商场和店铺）网络；④电子商务网络；⑤电脑信息网络。

八大系统：①零售终端系统；②奖金分配（激励机制）系统；③物流配送系统；④顾客数据库管理系统；⑤电脑系统；⑥公司（内部）管理系统；⑦公司（外部）管理系统；⑧培训系统。

二、交互式营销的特点

它是全世界最简单的一种个人生意模式。

它是企业最迅速、最公道、最人性的产品分销模式。

它提供全球高品质的产品和商品。

它是当今各种营销模式（如整合营销、数据库营销、绿色营销、一对一营销、体验营销等）的集合体。

它是未来营销模式至高境界"五网合一"的模式，即消费（含零售）终端网络、顾客消费网络、电子商务网络、物流配送网络、电脑数据库及信息网络这五种网络系统合而为一的网络化模式。

它属于三个经济时代（产品经济时代、服务经济时代、体验经济时代）中第三个经济时代，即体验经济时代的体验营销模式。

三、交互式营销的作用

1. 使企业精准地锁定目标客户群，快速地在消费者心中形成认知

这比硬性的传播作用要大得多。当看一个网络广告或者一个多媒体形式的产品演示时，可以根据自己的兴趣，点击某个部分进行详细的研究，甚至可以改变各种图像的显示方式，还可以选择不同的背景音乐，或者根据自己的指令组合为新的产品模型，形成交互性很强的交流。

消费者可以实时参与，这种参与可以是有意识的询问，在一定程度上对原有顺序和

内容进行改变,也可以是随机的、无意识的点击等。在网上,交互式广告、网络游戏、智能查询、在线实时服务等等都有不同程度的交互性,这些都成为交互式营销的重要特色。

2. 能增强顾客对品牌的忠诚度

与强制性相比,交互式营销的强参与性,使得消费者与产品的距离感大大缩短,同时消费者回应的时间都是实时的,沟通手段也更加多样化,消费者可以随时随地了解交易的信息。消费者与被消费者互传信息是双向的,一方面自己制造信息,一方面自己消费,因此,对品牌的理解也更深刻。

这种自给自足的消费方式,可以完全满足消费者的需求。因为这种方式消弭了生产者与消费者之间的界限,二者合二为一了。还有比这种情况更能满足消费者需求的吗?肯定是没有的。

交互式营销让消费者产生更大的主动性,让产品销售在消费者的主动需求中变得实实在在,更能产生品牌记忆的效果。

3. 形成口碑传播的力量,使客户的黏性大大增强

因为你的产品已经与消费者的需求融为一体了,与其说是更好地吸引,不如说是让消费者参与到产品消费的游戏当中去了,这是传统营销方式不可能做到的。有了这样的互动,客户就是品牌的生产者之一。

4. 是低成本的品牌打造方式

有了交互性,顾客对品牌的认知更容易、更方便。如果客户对品牌认知了,品牌的建立也就非常容易了。

第二节　搜索引擎营销

一、搜索引擎营销的定义及价值

搜索引擎营销（Search Engine Marketing，SEM）的基本思想是让用户发现信息，并通过搜索引擎搜索点击进入网站/网页，进一步了解他所需要的信息。

在介绍搜索引擎策略时，一般认为，搜索引擎优化设计主要目标有2个层次：被搜索引擎收录、在搜索结果中排名靠前。

简单来说，搜索引擎营销所做的就是以最小的投入在搜索引擎中获得最大的访问量并产生商业价值。多数网络营销人员和专业服务商对搜索引擎的目标设定也基本处于这个水平。但从实际情况来看，仅仅做到被搜索引擎收录，并且在搜索结果中排名靠前，还很不够，因为取得这样的效果实际上并不一定能增加用户的点击率，更不能保证将访问者转化为顾客或者潜在顾客，因此，只能说是搜索引擎营销策略中两个最基本的目标。

搜索引擎营销的价值是：①带来更多的点击与关注；②带来更多的商业机会；③树立行业品牌；④扩大网站广度；⑤提升品牌知名度；⑥加大网站曝光度；⑦根据关键词，通过创意和描述提供相关介绍。

二、搜索引擎营销的基本介绍

1. 搜索引擎的工作原理

搜索引擎的工作原理一般是抓取——数据库——分析搜索请求——计算。排列顺序：①用户搜索；②返回结果；③查看结果；④点击内容；⑤浏览网站；⑥咨询搜索。

2. 搜索引擎营销的基本要素

搜索引擎推广之所以能够实现，需要有5个基本要素：①信息源（网页）；②搜索引擎信息索引数据库；③用户的检索行为和检索结果；④用户对检索结果的分析判断；⑤对选中检索结果的点击。

对这些要素及搜索引擎推广信息传递过程的研究和有效实现，就构成了搜索引擎推广的基本任务和内容。其实最主要的还是需要做好用户体验。如百度算法进一步升级,更加重视了用户体验这一块,做好内容,做优质内容,才是王道。

3. 搜索引擎营销的基本过程

(1)企业信息发布在网站上,成为以网页形式存在的信息源(包括企业内部信息源及外部信息源)。

(2)搜索引擎将网站/网页信息收录到索引数据库。

(3)用户利用关键词进行检索(对于分类目录则是逐级目录查询)。

(4)检索结果中罗列相关的索引信息及其链接 URL。

(5)根据用户对检索结果的判断,选择有兴趣的信息,并点击 URL 进入信息源所在网页。

(6)搜索关键词。

(7)看到搜索结果。

(8)点击链接。

(9)浏览企业网站。

(10)实现转化。

4. 搜索引擎营销的特点

(1)使用广泛。

(2)用户主动查询。

(3)获取新客户。

(4)竞争性强。

(5)动态更新,随时调整。

(6)投资回报率高。

5. 搜索引擎营销的标题标签

通过对客户网站进行整站优化,挑选出部分主关键词,配合其他营销方式,使其达到搜索引擎的首页位置,同时提高网站的权重,并带动更多长尾关键词的自然排名的提升。再结合 ppc 竞价,制定出精确的竞价关键词和优秀的创意内容,给公司带来更多的订单。

在网页的优化上,最重要的因素之一,就是网页的标题标签。通常在写标题标签时,应该考虑几个因素。

(1)所有网页都应该有适合自己的独特的 Title 或 Tag。有很多网站都犯了一个很低级的错误,也就是所有网页都用同一个标题。可能设计师在设计网页的时候把整个模板来回复制,所以 HTML 文件里面的标题信息也都被复制过去,没有再被改动。

(2)标题标签应该对用户的需求有足够的吸引力。网页在搜索引擎结果中列出,网页的标题就来自标题标签。

（3）标题标签中应该含有关键词。

三、搜索引擎营销的目标

1.第一层目标

第一层是搜索引擎的存在层，其目标是，在主要的搜索引擎/分类目录中获得被收录的机会，这是搜索引擎营销的基础。在这一层次，搜索引擎营销的其他目标还不可能实现。

搜索引擎登录包括免费登录、付费登录、搜索引擎关键词广告等形式。

存在层的含义就是让网站中尽可能多的网页获得被搜索引擎收录（而不仅仅是网站首页），也就是增加网页的搜索引擎可见性。

2.第二层目标

第二层目标是在被搜索引擎收录的基础上，尽可能获得好的排名，即在搜索结果中有良好的表现，因而可称为表现层。

因为用户关心的只是搜索结果中靠前的少量内容，如果利用主要的关键词检索时，网站在搜索结果中的排名靠后，那么还有必要利用关键词广告、竞价广告等形式作为补充手段，来实现这一目标。同样，如果在分类目录中的位置不理想，则需要同时考虑在分类目录中利用付费等方式获得排名靠前。

3.第三层目标

第三层目标直接表现为网站访问量指标，也就是通过搜索结果点击率的增加来达到提高网站访问量的目的。由于只有受到用户关注，经过用户选择后的信息才可能被点击，因此可称为关注层。

从搜索引擎的实际情况来看，仅仅做到被搜索引擎收录并且在搜索结果中排名靠前，还是不够的，这样并不一定能提高用户的点击率，更不能保证将访问者转化为顾客。要通过搜索引擎营销实现访问量增加的目标，需要从整体上进行网站优化设计，并充分利用关键词广告等有价值的搜索引擎营销专业服务。

4.第四层目标

第四层目标，即通过访问量的增加转化为企业最终实现收益的提高，可称为转化层。

转化层是前面三层目标的进一步提升，是各种搜索引擎方法所实现效果的集中体现，但并不是搜索引擎营销的直接效果。

从各种搜索引擎策略到产生收益，其间的中间效果表现为网站访问量的增加。网站的收益是由访问量转化所形成的，从访问量转化为收益则是由网站的功能、服务、产品等多种因素共同作用而决定的。因此，第四层目标在搜索引擎营销中属于战略层次的目标。其他三层的目标则属于策略范畴，具有可操作性和可控制性，实现这些基本目标是搜索引擎营销的主要任务。

搜索引擎营销追求最高的性价比，以最小的投入，获得最大的来自搜索引擎的访问量，并产生商业价值。用户检索信息所使用的关键词，反映出用户对该问题（产品）的关注，这种关注是搜索引擎之所以被应用于网络营销的根本原因。

四、搜索引擎营销的发展

搜索引擎营销的最主要工作是扩大搜索引擎在营销业务中的比重，通过对网站进行搜索优化，更多地挖掘企业的潜在客户，帮助企业实现更高的转化率。

目前，搜索引擎营销被越来越多的企业所接受并认可，同时品牌企业开始加大对搜索引擎营销的投入。现状表明，投入搜索引擎营销的企业，两极分化越来越严重。

1. 搜索引擎营销方法与企业网站密不可分

一般来说，搜索引擎营销作为网站推广的常用方法，在没有建立网站的情况下很少被采用（有时也可以用来推广网上商店、企业黄页等）。搜索引擎营销需要以企业网站为基础，企业网站设计的专业性，会对网络营销的效果产生直接影响。

2. 搜索引擎传递的信息只发挥向导作用

搜索引擎检索出来的是网页信息的索引，一般只是某个网站/网页的简要介绍，或者是搜索引擎自动抓取的部分内容，而不是网页的全部内容，因此，这些搜索结果只能发挥一个"引子"的作用，如何尽可能好地将有吸引力的索引内容展现给用户，是否能吸引用户根据这些简单的信息进入相应的网页继续获取信息，以及该网站/网页是否可以给用户提供他所期望的信息，这些都是搜索引擎营销所需要研究的主要内容。

3. 搜索引擎营销是用户主导的网络营销方式

没有哪个企业或网站可以强迫或诱导用户的信息检索行为，使用什么搜索引擎，通过搜索引擎检索什么信息，完全是由用户自己决定的，在搜索结果中点击哪些网页，也取决于用户的判断。因此，搜索引擎营销是由用户所主导的，最大限度地减少了营销活动对用户的滋扰，最符合网络营销的基本思想。

4. 搜索引擎营销可以实现较高程度的定位

网络营销的主要特点之一，就是可以对用户行为进行准确分析，并实现高程度定位。搜索引擎营销在用户定位方面具有更好的功能,尤其是在搜索结果页面的关键词广告,完全可以实现与用户检索所使用的关键词高度相关,从而提高营销信息被关注的程度,最终达到增强网络营销效果的目的。

5. 搜索引擎营销的效果表现为网站访问量的增加而不是直接销售

了解这个特点很重要,因为搜索引擎营销的使命就是获得访问量,因此,被作为网站推广的主要手段。至于访问量是否可以最终转化为收益,不是搜索引擎营销可以决定的。这说明,提高网站的访问量是网络营销的主要内容,但不是全部内容。

6. 搜索引擎营销需要适应网络服务环境的发展变化

搜索引擎营销是搜索引擎服务在网络营销中的具体应用,因此,在应用方式上依赖于搜索引擎的工作原理、提供的服务模式等,当搜索引擎检索方式和服务模式发生变化时,搜索引擎营销方法也应随之变化。因此,搜索引擎营销方法具有一定的阶段性,与网络营销服务环境的协调,是搜索引擎营销的基本要求。

五、如何进行搜索引擎营销

1. 竞价排名

竞价排名,顾名思义,就是网站付费后才能被搜索引擎收录并使排名靠前,付费越高者可能排名越靠前。

竞价排名服务,是由客户为自己的网页购买关键词排名,按点击计费的一种服务。客户可以通过调整每次点击付费价格,控制自己在特定关键词搜索结果中的排名,并可以通过设定不同的关键词捕捉不同类型的目标访问者。

国内最流行的点击付费搜索引擎有百度、雅虎和 Google。值得一提的是,即使做了 PPC（Pay Per Click,按照点击收费）付费广告和竞价排名,最好也要对网站进行搜索引擎优化设计,并将网站发布到各大免费的搜索引擎中。

购买关键词广告,即在搜索结果页面显示广告内容,实现高级定位投放,用户可以根据需要更换关键词,相当于在不同页面轮换投放广告。

2. 定价提名

定价提名是基于 DataEX 架构、FIBI 架构和 Paas 架构的云计算等技术,集效果和推广成本,排名和转化率多重优势于一体的互联网搜索引擎营销的全新解决方案。

DataEX 架构能实现多个系统数据的无缝连接和实时交换,FIBI 架构能实现全网搜索引擎的物理算法分析,Paas 架构的云计算则能充分保障海量访问检索的需求。所以,与传统的 SEO 不同,定价提名是互联网 SEM（搜索引擎营销）领域将技术产品化、服务化的全新解决方案。

3. 做好搜索引擎营销的八大环节

（1）选择搜索引擎营销的策略。

（2）确定搜索引擎目标。

（3）确定关键词计划。

（4）管理竞价。

（5）优化网站内容。

（6）确定标准。

（7）搜索引擎营销工具。

（8）报告标准评测的结果。

4. 搜索引擎营销的步骤

第一步：了解产品/服务针对哪些用户群体。例如：25—35岁的男性群体；规模在50—100人的贸易行业企业。

第二步：了解目标群体的搜索习惯，即目标群体习惯使用什么关键词搜索目标产品。

第三步：了解目标群体经常会访问哪些类型的网站。

第四步：分析目标用户最关注产品的哪些特性，即影响用户购买的主要特性，例如品牌、价格、性能、可扩展性、服务优势等等。

第五步：竞价广告账户及广告组规划。创建谷歌及百度的广告系列及广告组；需要考虑管理的便捷，以及广告文案与广告组下关键词的相关性。

第六步：相关关键词的选择。我们可以借助谷歌关键词分析工具，以及百度竞价后台的关键词分析工具，这些工具都是以用户搜索数据为基础的，具有很高的参考价值。

第七步：撰写有吸引力的广告文案。

第八步：内容网络广告投放。

第九步：目标广告页面的设计。

第十步：基于KPI的广告效果转换评估。

5. 如何提高转化率

（1）网站曝光。就运用搜索引擎营销加大网站曝光度而言，不论自然排序的网站优化或竞价排名都各有其优势，企业网站要掌握两者间的不同，对关键词的挖掘、竞价广告的管理、网站优化的技巧等等，都会影响到网站曝光之后带来的目标客户或潜在客户的有效浏览量。

（2）营销动线。企业通过网站曝光做了推广后，不见得就一定会产生购买行为。在网站建设之始是否考虑了网站营销动线的规划方便无障碍，明显有吸引力地引导消费者，让消费者进入网站能够交易，不交易的消费者愿意留下个人信息，不留下信息的消费者还记得下次再回来，就是网站营销动线规划所需要思考的方向。

（3）营销策略。营销策略的制定，会影响到网站曝光的运用与营销动线的规划，例如一个企业进入互联网，到底是要做 B2C 还是 B2B，关键词的选用就有所不同了，网站动线呈现的焦点项目也不同。不少企业网站总想一鱼两吃，反而无论哪一吃都搞得难以下咽，问题常常是企业主本身对网络营销的认识有误区，做了不适当的营销策略。一直以来总强调企业主或是高管一定要花点时间学习并了解一下互联网，这样定出来的营销策略在被有效并正确的执行后，在提高网站的实质效益上，将能看到明显效果。

第三节 电子邮件营销

电子邮件营销（E-mail Direct Marketing，EDM），是在用户事先许可的前提下，通过电子邮件的方式向目标用户传递价值信息的一种网络营销手段。

电子邮件营销有三个基本因素：用户许可、电子邮件传递信息、信息对用户有价值。三个因素缺少一个，都不能称为有效的电子邮件营销。

电子邮件营销是利用电子邮件与受众客户进行商业交流的一种直销方式，同时也广泛地应用于网络营销领域。电子邮件营销是网络营销手法中最古老的一种，可以说，电子邮件营销比绝大部分网站推广和网络营销手法都要老。

电子邮件营销是一个广泛的定义，凡是给潜在客户或客户发送电子邮件，都可以被看作电子邮件营销。然而，电子邮件营销这个术语也通常涉及以下几个方面：

（1）以加强与商人和目标客户的合作关系为目的发送邮件，从而鼓励客户忠实于他或者重复交易。

（2）以获得新客户和使老客户立即重复购买为目的发送邮件。

（3）在发送给自己客户的邮件中添加其他公司或者本公司的广告。

（4）通过互联网发送电子邮件。

电子邮件是在 20 世纪 70 年代发明的，但在 80 年代才得以兴起。在 70 年代沉寂主要是由于当时使用 Arpanet 网络的人太少，网速也仅为 56 KBPS 标准速度的二十分之一。受网速的限制，那时的用户只能发送些简短的信息，根本无法像现在这样发送大量照片；到 80 年代中期，个人电脑兴起，电子邮件开始在电脑迷及大学生中广泛传播开来；到 90 年代中期，互联网浏览器诞生，全球网民人数激增，电子邮件才被广为使用。

一、电子邮件营销的特点

电子邮件营销具有六大特点：

1. 范围广

随着国际互联网的迅猛发展，中国的网民规模至 2015 年底已达 6.88 亿。面对如此巨大的用户群，作为现代广告宣传手段的电子邮件营销，受到人们的广泛重视。只要你拥有足够多的 E-mail 地址，就可以在很短的时间内，向数千万目标用户发布广告信息，营销范围可以是中国全境乃至全球。

2.操作简单,效率高

使用某种专业邮件群发软件,单机可实现每天数百万封的发信速度。操作不需要懂得高深的计算机知识,不需要烦琐的制作及发送过程,发送上亿封的广告邮件一般几个工作日内便可完成。

3.成本低廉

电子邮件营销是一种低成本的营销方式,所有的费用支出就是上网费,成本比传统广告形式要低得多。

4.应用范围广

电子邮件营销中的广告内容不受限制,适合各行各业。因为广告的载体就是电子邮件,所以具有信息量大、保存期长的特点,具有长期的宣传效果,而且收藏和传阅非常简单方便。

5.针对性强,反馈率高

电子邮件本身具有定向性,你可以针对某一特定的人群发送特定的广告邮件,也可以根据需要按行业或地域等进行分类,然后针对目标客户进行广告邮件群发,使宣传一步到位,这样做可使营销目标明确,效果非常好。

6.精准度高

由于电子邮件是点对点传播,所以,通过它,我们可以实现非常有针对性、高精准的传播,比如我们可以针对某一特点的人群发送特定邮件,也可以根据需要按行业、地域等进行分类,然后针对目标客户进行邮件群发,使宣传一步到位。

二、电子邮件营销的分类

1.按照是否经过用户许可分类

按照发送信息是否事先经用户许可划分,可将电子邮件营销分为经许可的电子邮件营销(Permission E-mail Marketing, PEM)和未经许可的电子邮件营销(Unsolicited Commercial E-mail, UCE)。未经许可的电子邮件即通常所说的垃圾邮件(Spam)。

2.按照E-mail地址资源的所有权分类

潜在用户的E-mail地址是企业重要的营销资源,根据用户E-mail地址资源的所有权形式,可将电子邮件营销分为内部电子邮件营销和外部电子邮件营销,或者简称为内部列表和外部列表。

内部列表是一个企业、网站利用一定方式获得用户自愿注册的资料来开展的电子邮件营销;外部列表也被称为 E-mail 广告,是指利用专业服务商或具有与专业服务商一样可以提供专业服务的机构提供的电子邮件营销服务,自己并不拥有用户的 E-mail 地址资料,也无须管理和维护这些用户资料。

3. 按照营销计划分类

根据企业的营销计划,可分为临时性的电子邮件营销和长期的电子邮件营销。

临时性的电子邮件营销,如不定期的产品促销、市场调研、节假日问候、新产品通知等;长期的电子邮件营销,通常以企业内部注册会员资料为基础,主要表现为新闻邮件、电子杂志、顾客服务等各种形式的邮件列表。

4. 按照电子邮件营销的功能分类

根据电子邮件营销的功能,可分为顾客关系电子邮件营销、顾客服务电子邮件营销、在线调查电子邮件营销、产品促销电子邮件营销等。

5. 按照电子邮件营销的应用方式分类

按照是否将电子邮件营销资源用于为其他企业提供服务,电子邮件营销分为经营性和非经营性两类。

三、电子邮件营销的条件与要素

1. 电子邮件营销的条件

以下三个问题构成了电子邮件营销的三大基础条件:

(1) How——邮件列表的技术基础:从技术上保证用户加入、退出邮件列表,并实现对用户资料的管理,以及邮件发送和效果跟踪等功能。

(2) Whom——用户 E-mail 地址资源的获取:在用户自愿加入邮件列表的前提下,获得足够多的用户 E-mail 地址资源,是电子邮件营销发挥作用的必要条件。

(3) What——邮件列表的内容:营销信息是通过电子邮件向用户发送的,邮件的内容对用户有价值才能引起用户的关注,有效的内容设计是电子邮件营销发挥作用的基本前提。

2. 电子邮件营销的要素

电子邮件营销成功有五个要素:①明确电子邮件营销的目标;②使用合适的沟通策

略;③明确目标客户;④设计有吸引力的电子邮件;⑤分析效果,不断尝试和学习。

四、电子邮件营销的技巧

电子邮件营销已经被广泛应用,但并不是每个人都用得那么好。电子邮件营销是有技巧的,想要做好并抓住客户,还应该注意很多的问题和细节,以及知道如何把客户细分,把握黄金客户。

1. 不要不分时间段狂轰滥炸地发送邮件

在正式群发邮件之前,可以先测试一下每隔多长时间发送效果最好。例如,网店站长可以测试在不同的时间段(一周、两周、三周等)给用户发送邮件,试验哪个时间段间隔用户的点击率最高,然后在实际操作时就采用这样的发送频率,效果远好于不经思考乱发一通。

2. 分众发送邮件

通过以往发送邮件的经验,测试哪些用户对哪种促销最感兴趣,再适当地调整电子邮件营销策略。如果面对的是那些喜欢购买物美价廉商品的消费者,那么你一味地给他们发奢侈品的广告无疑是事倍功半的。

可以给阅读邮件的用户群再分类:狂热支持的和一般喜欢的。

对于几乎阅读了大部分邮件的受众,可以给他们发送最有利润的产品广告;对稍感兴趣的用户,可以发送利润稍低一点的产品和服务;对于几乎不感兴趣的受众,也还是要定期发送邮件,争取拉拢一点客户过来。这样做,才能让 E-mail 群发的转化率最大化。

在发送测试邮件时,可以放入不同档次的产品并附上跟踪链接,以追踪点击用户。

3. 抓住 20% 的黄金用户

虽然理论上对用户群分类得越细,电子邮件营销的效果也就越好。但分得越细,付出的精力也就越大,还得为每种用户设计不同的登录页和欢迎邮件,实在是让人崩溃。

其实,经过长时间的分析和实验,电子邮件营销也有二八定律,大部分收件人对不同的广告其实反应都差不多,只有 20% 的用户才会对定制的邮件反应敏感。因此,不用特别花精力在设计独特的邮件上面,监测用户的点击率,抓住 20% 的黄金人群,会对下一步的策略调整起重要的作用。

4. 邮件未经测试不要轻易发出

邮件的设计最好是简洁明了、开门见山,另外得仔细检查邮件内容,如果有图像,要确保打开邮件时图像可以显示,如果有链接,要确保是已经加了超链接的格式。

5. 保证邮件的到达率

鉴于全球严峻的反垃圾邮件趋势,很多正常邮件也会被错杀。要和业界领先的 E-mail 服务商合作,确保绝大多数用户能够收到你的邮件。

6. 设计有价值的邮件内容

发送的邮件应尽量做到有价值,内容对用户有意义,让用户看后不觉得后悔,所以,标题、首段、正文每个地方都要再三斟酌,这样做是会看到效果的。

7. 不要丢弃实践中获得的经验

电子邮件营销只有在不断的优化中才能做好,要不断地积累经验和分析邮件发送的过程,在实践中不断完善、修改,微调邮件营销的策略。

明确营销目的,把握客户动态,精准发送邮件,时间批次适当,页面交互设计,及时交流下单,电子邮件营销才能最有效地达到目的。

五、电子邮件营销的过程

1. 邮件地址的选择

企业要针对其产品来选择 E-mail 的用户,比如一家公司是做儿童用品的,那么选择什么样的 E-mail 用户群合适呢? 根据调查,母亲是最关心自己孩子的,所以,可选择锁定女性用户群,而一般有宝宝的女性年龄在 25—35 岁之间,最终锁定年龄在 25—35 岁之间的女性 E-mail 用户。要根据自己公司的产品来定位 E-mail 用户群,才能使宣传率达到最高。

2. 邮件内容的写作

电子邮件营销最重要的也最关键的因素,是 E-mail 的内容。

首先,我们来看看标题怎么样起能够醒目,让人看到标题后就去点击内容。标题是最重要的。如果主题不够吸引人,那么你的目标客户群可能不会去看你的邮件,甚至直接把你的邮件删除。所以,标题要让你的客户群知道这是他关心的内容,要有引人注目的卖点。比如,目标客户群是一些有上进心的人、有创业精神的人时,我们的主题就可以写"财富之路"。当他们看到这个标题后,会不自觉地点击,因为对于有创业精神的人来说,这是他们的渴望。

其次, E-mail 的内容要写得简洁明了,让目标客户一看就知道是做什么的;字数不要太多,一般 200 字以内,要知道目标客户时间宝贵,是不允许我们长篇大论的。

再次,要有夸大的精神。写内容的时候,要尽量去夸大自己的产品,但是不要过头。要知道网络用户通常是受过高等教育的,若吹得过大,极可能适得其反。

3. 审核邮件的内容

在发送邮件之前一定要把内容审核一下,最好由营销团队的人集体审核,确保准确无误。

4. 邮件的发送

发送电子邮件一定要注意不要将附件作为邮件内容的一部分,而应该使用链接的形式来使客户进入你想让他们看到的网页内容。因为邮件系统会过滤附件,或限制附件大小,以免给客户带去病毒。

另外,还要掌握发信频率。一般情况下,每两周发送一次邮件就是最高频率了。

六、电子邮件营销的注意事项

电子邮件是企业和现有客户沟通的常用渠道之一。

和欧美不同,在国内,电子邮件营销的反应率不一定比直邮好,但是成本低、投递速度快、精准性高、个性化和易操作是许多企业选择使用这个营销渠道的因素。特别是在经济低迷、市场预算紧张的当下,电子邮件营销对许多企业就更加有吸引力了。

但是,做好电子邮件营销也并非那么简单,因为便宜而一网打尽式的邮件投放,不仅不能收到理想的投资回报,甚至可能造成收信人的反感。

1. 不要在未经用户允许的情况下发送电子邮件

不尊重用户权利,强制性地将邮件发送到目标者的邮箱,违背了电子邮件营销的基本理念。这样做,一方面,降低了自己电子商务网站的品牌美誉度;另一方面,有可能被加入黑名单,从而将潜在用户拱手让与他人。

对于如何才能获得用户允许,一般包含线上与线下两种方式。线上的方式一般有注册、订阅、促销活动等等;线下的方式有名片交换、展会等等。

2. 邮件的内容要注意精挑细选

邮件内容的可读性,决定着阅读者是否愿意再花费一部分时间去继续阅读自己感兴趣的东西,可以说,邮件的内容决定着邮件营销的成功与否。

因此,作为邮件发送者,企业应该将大部分心思放在整理邮件内容上。邮件的内容一定要千挑万选,一定要是对目标者来说重要的。内容可以涉及商品打折、免费服务的相关信息。

3. 及时回复邮件的评论

一封营销类型的电子邮件发送过去了，我们最期待的便是获得一定的顾客反应率，在一定程度上表现为，或者是进入网站的点击率，或者是邮件的回复率。

对于邮件接收者的反馈，作为电商网站的管理者，一定要及时地回复发件人的疑问或者难题。一个潜在的客户在给你发送了一封关于产品的咨询邮件后，一定会迫不及待地在等待着回复，如果两三天后仍得不到答复，可能此时他已经成为竞争对手的客户了。

4. 附上邮件退订说明

所有电子邮件必须包含有关收件人如何退订或修改首选项的清晰说明。每封电子邮件必须包含一个链接，让收件人可以选择退出接收来自发件人的电邮。通过点击该链接，收件人将自动从邮件列表中移除其 E-mail 地址，并停止接收来自发件人的邮件。

利用营销邮件中退出链接发起的退订请求应立即获得处理，收件人将自动被隔离。如果使用由发件人处理的外部退订链接，要求所有订阅者在 48 小时内做出选择退出的请求。

第四节　网络视频营销

视频营销指的是企业将各种视频短片以各种形式放到互联网上,达到一定宣传目的的营销手段。

视频营销中的视频包含影视广告、网络视频、宣传片、微电影等各种方式。视频营销归根到底是营销活动,因此,成功的视频营销,不仅仅要有高水准的视频制作,更要发掘营销内容的亮点。

网络视频广告的形式类似于电视视频短片,平台却在互联网上。视频与互联网的结合,让这种创新营销形式同时具备了两者的优点。它有电视短片的种种特征,例如感染力强、形式内容多样、创意肆意等等,又有互联网营销的优势。

很多互联网营销公司纷纷推出及重视视频营销这一服务项目,并以其创新形式受到客户的关注。如优拓视频整合行销,就是用视频来进行媒介传递的营销行为,包括视频策划、视频制作、视频传播整个过程。

网络视频营销是把产品或品牌信息植入视频中,产生一种视觉冲击力和表现张力,通过网民的力量实现自传播,达到营销产品或品牌的目的。正因为网络视频营销具有互动性、主动传播性、传播速度快、成本低廉等优势,所以,网络视频营销,实质上是将电视广告与互联网营销两者集于一身。

一、网络视频营销的策略

1. 病毒营销

视频营销的厉害之处在于传播精准,首先会产生兴趣,关注视频,再由关注者变为传播分享者,而被传播对象势必是有着和他一样特征兴趣的人。这一系列的过程就是在目标消费者中精准筛选传播。

网民看到一些经典、有趣、轻松的视频,总是愿意主动去传播。通过受众主动自发地传播企业品牌信息,视频就会带着企业信息,像病毒一样在网上扩散。病毒营销的关键在于企业需要有好的、有价值的视频内容,然后找到一些易感人群或意见领袖帮助传播。

2. 事件营销

事件营销一直是线下活动的热点,国内很多品牌都依靠事件营销取得了成功。其实,策划有影响力的事件,编制一个有意思的故事,将这个事件拍摄成视频,也是一种非常好的方式,而且有事件内容的视频更容易被网民传播,将事件营销思路放到视频营销上,将会开辟出新的营销价值。

3. 整合传播

每一个用户的媒介和互联网接触行为习惯不同,这使得单一的视频传播很难有好的效果。因此,视频营销首先需要在公司的网站上开辟专区,吸引目标客户的关注;其次,也应该跟主流的门户、视频网站合作,提升视频的影响力;再次,对于互联网用户来说,线下活动和线下参与也是重要的一部分,所以通过互联网上的视频营销,整合线下的活动、线下的媒体等进行品牌传播,将会更加有效。

二、网络视频营销的应用

1. 高

高,指的是用高人进行高超技艺表演。因为是高人,由不得你不信。但如果表演的动作太高难度了,太神了,又不自主地被怀疑它的真假。由高人带来的高特技表演,应该让人高兴地观赏,并且乐意与他人分享和谈论。

例如,小罗连续 4 次击中门柱的神奇视频,就是 2005 年其为赞助商 NIKE 拍摄的一段广告,结果在全世界范围内引发了一场激烈的讨论。尽管耐克事后承认该视频是经过处理的,但是并不妨碍这支广告在互联网上的病毒性传播。

2. 炒

古永锵离开搜狐进军视频领域建立优酷网,靠张钰视频一举成名,还获得了 1200 万美元的融资。其中的关键就是借用张钰对潜规则的炒作。

后来古永锵和他的优酷网又靠张德托夫的《流血的黄色录像》这个很有争议的短篇赚了大把的眼球和人气。仅仅预告片,就有几十万的浏览量,而且片中导演和演员的各种访谈不断出炉,越炒越火。

3. 情

大家熟悉的是恶搞,但还有一种是善搞,以情系人,用情动人。传递一种真情,用祝福游戏的方式快速进行病毒性传播。

例如,有这样的 flash,把一些图片捏合在一起,配上有个性的语言设计,用搞笑另类的祝福方式进行传播。如"新年将至,众男星用尽心思与 XXX 共度新年"等。只要填上名字,一个漂亮、个性化且具新意的网络祝福就轻松搞定。这种方式可穿插某种产品宣传,效果也不错。

4. 笑

搞笑的视频广告带给人很多欢乐,这样的视频人们会更加愿意去传播。

耐克公司的很多广告,也不乏这种搞笑经典之作,有款葡萄牙和巴西两支球队在入场前对决的广告,当初更是风靡一时。因为这两支世界劲旅都是 NIKE 旗下的重要赞助球队,它们进行一场友谊赛,在入场仪式开始之前,两队在通道内等候,菲戈从主裁判手中拿过皮球,将球从罗纳尔多两脚之间运过,挑衅地喊出了"Ole",双方随即开始了一场比赛开始之前的争夺战。随着轻快优美的《Papa Loves Mambo》的歌声,两支球队的巨星开始展现自己出众的个人技术。小罗最后时刻登场,带球进入球场,连续晃过葡萄牙球员,在用最经典的"牛尾巴"过人后,他被主裁判飞铲放倒,比赛才恢复正常秩序。在奏国歌的仪式上,巴西和葡萄牙球员一个个脸上伤痕累累,让人印象深刻。这个广告当时十分流行,NIKE 再次完成了一次成功的广告宣传。

5. 恶

使用最普遍的有两个手法:恶俗、恶搞。

(1)恶俗。因为俗,所以招人鄙视,但因为恶俗,所以让人关注。电视广告中常常会出现经典的俗广告,甚至被众多观众扣上恶俗的标签,以至于各种民间的恶俗广告评比讨论层出不穷。但对于一些产品来说,广告的恶俗会造成销量的增长。例如,脑白金广告谁见谁骂,俗不可耐。但中国就是有送礼这个国情,购买者和使用者分离这个特性,加上这个恶俗的广告,使脑白金销量一直不错。若是没有效果,谁会傻到一播就是这么多年。当完成历史使命时史玉柱急流勇退,可谓大智。

(2)恶搞。这个很典型,已经泛滥了。最经典的例子要数胡戈的《一个馒头引发的血案》。《无极》上亿投资获得的效应,胡戈几乎没花钱就获得了相同的影响力,足以让世人见证恶搞的实力。同样,"大鹏嘚吧嘚"的恶搞歪唱,也是备受网友追捧。现今恶搞视频数不胜数,但视频恶搞,也要看恶搞主题与电影片段是否契合,这点,中麒推广做出的《我知三八心》就很不错,原电影中此片段是要刘德华寻找女人的因素,恶搞的主题也与此相同,而且情节动作合情合理,虽然点击率不高,但不失为经典之作。

三、网络视频营销的技巧

1. 内容为本,最大化传播卖点

视频营销的关键在于内容,内容决定了其传播的广度。好的视频自己会长脚,能够不依赖传统媒介渠道,通过自身魅力俘获无数网友作为传播的中转站。

网民看到一些或经典,或有趣,或惊奇的视频总是愿意主动去传播,自发地帮助推广企业品牌信息,获传播的视频就会带着企业的信息在互联网以病毒扩散的方式蔓延。

因此,如何找到合适的品牌诉求,并且和视频结合,是企业需要重点思考的问题。

2. 发布后力争上频道首页

视频类网站,比如优酷、土豆等,都分了多个频道,企业视频可以根据自己的内容选择频道发布,力争上频道首页,如果能上大首页则更好,可以让更多网民看到。在推广的时候也要注意标签、关键词的运用,这样利于搜索。

3. 增强视频互动性,提升参与度

网民的创造性是无穷的,与其等待网民被动接收视频信息,不如让网民主动参与到传播的过程中。在社会化媒体时代,网友不仅希望能够自创视频内容,同时也喜欢上传并与他人分享。有效整合其他社交媒体平台,提高视频营销的互动性,可以进一步增强营销的效果。比如视频发布之后,留意网友的评论并开展互动等。

第五节 其他网络营销方式

Uber 的娱乐营销

Uber 在全球范围的表现已经足够精彩，无论是一键叫直升机，还是呼叫周公救失眠，都赚足了眼球。

那么，进入中国之后，Uber 又是如何进行娱乐营销的呢？请看下面的案例。

（1）佟大为变身司机。2015 年 4 月 6 日，一个视频在网上疯转——在上海，明星佟大为驾驶着售价近 100 万元的特斯拉电动汽车，作为一名 Uber 司机满市转悠着拉客。

（2）雪糕日。2014 年 7 月，在深圳和广州，多辆 Uber 定制的雪糕车驶向街头。用户只需在 Uber 的 App 里选择"雪糕"按钮，离他们最近的雪糕车就会尽快把雪糕送至指定地点，用户最快可在几分钟内就享用到雪糕。

（3）妈妈专车。2014 年 9 月 1 日，Uber 与妈妈网合作，为妈妈网网友的新入园宝宝们提供专车接送，并用镜头记下宝贝最珍贵的瞬间。该活动获得很多妈妈的好评，她们认为此次活动给了宝贝一个有意义的开学纪念。

（4）公主南瓜车。在六一儿童节前夕，Uber 与 GOELIA 实现"公主梦"的按需服务，只需轻轻一键，就有 Uber 加长林肯白色公主车为你实现小时候的公主梦，并联合定制美丽方案，帮助女孩们实现更多的公主梦。

（5）一键呼叫水陆空。今年愚人节后，Uber 杭州在其官方微博中发布消息称，Uber 杭州可以一键呼叫 Uber 水陆空。在杭州，用 Uber 可以打车、打船，再加上这次的打飞机，Uber 的服务涵盖了水陆空。

（6）激动车副驾驶员。Uber 联合 MINI 在成都推出"激动车副驾驶员"体验，10 辆特别定制的 MINI 一次性满足你视、听、嗅、味、触五感需求。按摩装置、顶级情趣香氛、迷幻慢摇电音、iPad 内置激动视频、功能饮料和食物、《男人装》杂志、免洗洗手液、大胆出位的文字……

通过以上几个案例，你是否已经对 Uber 娱乐营销有点感觉了呢？ Uber

作为娱乐营销的进击者，直接甩出对手 N 条街，快速成长的用户群成了最好的佐证。

为了把握 Uber 娱乐营销的真谛，下面总结了一些规律，手把手教你玩转娱乐营销。

第一招：超乎预期，专注传递生活方式

Uber 的初衷是为人们提供一种"即时叫车＋专属司机"服务，但它不仅仅是提供此项服务，它传递给消费者的是一种时尚的、创新的现代化生活方式。

它符合营销 3.0 时代的核心理念即人文化营销，它与消费者的沟通主要诉诸情感。例如，"妈妈专车"案例中就从妈妈的现实生活入手，从妈妈的角度去打造一个接地气的情感沟通活动，"雪糕日"活动则还原了用户的生活场景，用贴心服务去打动目标消费者。

Uber 专注于传递生活方式的做法，大大超过了我们对一款打车软件的预期。原本冰冷的、陌生的司机与乘客的关系立刻变得温暖而热络起来，Uber 就像大白一样在出行方面为用户提供着无微不至的关怀，那么，我们有什么理由不选择这样的服务呢？

第二招：品牌跨界，产生奇妙的化学效应

相比于滴滴打车、快滴打车直接用红包大战攻城略地不同，Uber 另辟蹊径，通过品牌跨界营销快速占领市场。在中国市场与妈妈网、歌莉娅、宝马 MINI、特斯拉等品牌的合作都是最好的佐证，其实在国外市场，这已经成为 Uber 营销的常用手段。

通过品牌跨界营销，Uber 不断带给用户新的惊喜，借"他山之石"更加迅速地扩大了自身知名度，能够更快攻陷合作品牌原有消费者的心理防线，可以说，这样的强强联合产生了奇妙的化学效应。

第三招：话题制造，借势明星及视频力量

Uber 借助了明星佟大为的影响力，制造了一场别有生趣的事件。这是娱乐营销的常用手段，通过借势名人或明星吸引关注。同时，通过记录的相关视频，将事件在网络环境中发酵，产生更加广泛的关注和话题。

当然这个过程中需要匹配明星或名人形象，传达相适应的品牌主张是非常重要的。

第四招：洞察人性，极致的场景体验

Uber 做娱乐营销给人最大的感觉就是它能够洞察人性，一方面将现实生活中确实所需的场景高度提炼，一方面将内心深处不为人知的小秘密有限放大，然后用富有创意的形式打造极致体验。于是，有了将公主梦、富豪梦、车震幻想等等付诸现实的场景体验，也有了体谅妈妈、白领、学生等不同群体的特殊场景体验。

正是通过这种情感化的影响，用户一旦体验了，就不能忘怀。这些美好的 Uber 体验势必延续到生活中，催发下一次的乘车需求。

第五招：口碑，让传播更有效

Uber 不是通过广告轰炸消费者，而是让消费者参与到传播进程中。通过非凡的乘车体验，用创意、娱乐的元素将整个服务包装成有故事的东西，引发用户自愿充当传播者，帮助 Uber 共同完成宣传。

因此，很多认识 Uber 的人最初都通过微信朋友圈传播那些鲜活的、生动的乘车故事，因为讲述的人与你息息相关，降低了信赖成本。口碑营销绝对是当下最潮流的方式，充分体现了娱乐营销 3.0 时代的精神，也让传播变得更有效！

资料来源：郝晟.Uber，进击的娱乐营销巨人！［EB/OL］.（2015-07-27）［2016-10-08］.http://yutoushe.baijia.baidu.com/article/118541.

一、口碑营销

口碑（Word of Mouth）源于传播学，由于被市场营销广泛应用，所以有了口碑营销。

口碑营销是指企业在品牌建立过程中，通过客户间的相互交流，将自己的产品信息或者品牌传播开来。

口碑营销又称病毒式营销，其核心内容就是能"感染"目标受众的病毒体——事件。病毒体威力的强弱则直接影响营销传播的效果。

在今天这个信息爆炸、媒体泛滥的时代里，消费者对广告甚至新闻，都具有极强的免疫力，只有制造新颖的口碑传播内容，才能吸引大众的关注与议论。

张瑞敏砸冰箱事件在当时是一个引起大众热议的话题，海尔由此获得了广泛的传播与极高的赞誉，可之后又传出其他企业的类似行为，就几乎没人再关注，因为大家只对新奇、偶发、第一次发生的事情感兴趣，所以，口碑营销的内容要新颖奇特。

（一）口碑营销的特征

口碑是目标，营销是手段，产品是基石。但事实上，"口碑营销"一词的走俏来源于网络，其产生背景是博客、论坛这类互动型网络应用的普及，并逐渐成为各大网站流量最大的频道，甚至超过了新闻频道的流量。

1. 产品定位

很多营销人员希望口碑营销能够超越传统营销方法，但如果营销的产品消费者不喜欢，很容易产生负面的口碑效果，结果不但没有起到促进作用，甚至导致产品提前退出市场。

2. 传播因子

传播因子具有很强的持续性、故事性，能够吸引消费者的持续关注，并且容易引申和扩散。

3. 传播渠道

营销模型决定着传播渠道。传播渠道的选择主要由产品目标用户群特征决定，除了传统媒体和网络媒体，最具有影响力和最适合口碑营销的渠道是博客、论坛和人际交互。

口碑传播中一个最重要的特征就是可信度高，因为在一般情况下，口碑传播都发生在朋友、亲戚、同事、同学等关系较为密切的群体之间，在口碑传播过程之前，他们之间已经建立了一种长期稳定的关系。相对于纯粹的广告、促销、公关、商家推荐、家装公司推荐等等而言，口碑自然可信度要更高。

（二）口碑营销的要素

1. 谈论者（Talkers）

谈论者是口碑营销的起点。开展口碑营销，首先需要考虑谁会主动谈论你。是产品的粉丝？用户？媒体？员工？供应商？经销商？这一环节涉及的是人的问题，即角色设置。口碑营销往往都是以产品使用者的角色来发起，以产品试用者为代表。其实，如果将产品放在一个稍微宏观的营销环境中，还有很多角色能成为口碑营销的起点。企业员工口碑和经销商口碑的建立同样不容忽视。

2. 话题（Topics）

话题，就是给人们一个谈论的理由，可以是产品、价格、外观、活动、代言人等等。其实,口碑营销就是一个炒作和寻找话题的过程,总要发现一点合乎情理又出人意料的噱头让人们尤其是潜在的用户来说三道四。对于话题的发现,营销教科书中已经有很多提示,类似 4P、4C、7S 都可以拿来做分析和发现的工具。方法的东西大家能学到,关乎效果的却是编剧的能力,讲故事的水平。

3. 工具 (Tools)

工具,关系到如何帮助信息更快地传播,包括网站广告、病毒邮件、博客、bbs 等等。网络营销给人感觉最具技术含量的环节也是在这一部分,不仅需要对不同渠道的传播特点有全面的把握,而且广告投放的经验对工具的选择和效果的评估起到很大的影响。此外,信息的监测也是一个重要的环节,从最早的网站访问来路分析,到如今兴起的舆情监测,口碑营销的价值越来越需要一些定量数据的支撑。

4. 参与 (Taking Part)

这里的参与是指"参与到人们关心的话题讨论中",也就是鼓动企业主动参与到热点话题的讨论中。其实网络中从来不稀缺话题,关键在于如何寻找到与产品价值和企业理念相契合的接触点,也就是接触点传播。就如汶川赈灾事件中,王石和王老吉都算是口碑事件的参与者,但结果却截然相反。

5. 跟踪 (Tracking)

如何发现评论,寻找客户的声音?这是一个事后监测的环节,很多公司和软件都开始提供这方面的服务。相信借助于这些工具,很容易发现一些反馈和意见。但更为关键的是,知道人们已经在谈论你或者他们马上准备谈论你,你会怎么办?参与他们的话题讨论,还是试图引导讨论?抑或置之不理?

(三)口碑营销的注意事项

1. 注意细节

影响消费者口碑的,有时不是产品的主体,而是一些不太引人注目的"零部件"等,如西服的纽扣、家电的按钮、维修服务的一句话等等,这些"微不足道"的错误,却能够引起消费者的反感。更重要的是这些反感品牌企业却不易听到,难以迅速彻底改进,往往是发现销量大幅减少,却不知道根源究竟在哪里。据专业市场研究公司调查得出的结论,只有 4% 的不满顾客会对厂商提出他们的抱怨,却有 80% 的不满顾客会对自己的朋友和亲属谈起某次不愉快的经历。

在纽约梅瑞公司的购物大厅,设有一个很大的咨询台。这个咨询台的主要职能是为来公司没购到物的顾客服务的。如果哪位顾客到梅瑞公司没有买到自己想要买的商品,咨询台的服务员就会指引你去另一家有这种商品的商店去购买。梅瑞公司的做法，本不足道，却是看得见、摸得着的细节，被人们津津乐道，对它的记忆也极为深刻。不仅赢得竞争对手的信任和敬佩，而且使顾客对梅瑞公司产生了亲近感，每当需要购物时总是往梅瑞公司跑，慕名而来的顾客也不断增多，梅瑞公司因此生意兴隆。

2. 服务周到

（1）提供有价值的产品或服务，制造传播点。企业首先必须能提供一定的产品或服务，这样才能开展口碑营销，要根据所提供的产品或服务，提炼一个传播点。

（2）采用简单快速的传播方法。找到传播点，要巧妙地进行包装并传播，要简单、方便，利于传播。

（3）找到并赢得意见领袖，并重视和引导意见领袖。

（4）搭建用户沟通平台和渠道，比如社会化媒体、评论类媒体、在线客服等等。要建立广泛的、快捷的沟通渠道，方便客户表达意见。

（四）口碑营销的四大误区

1. 只要传播就能获得好口碑

有人以为只要做了口碑营销就能为自己的产品创造出良好的口碑，这实在是太大的误区。口碑形成的最基础要求是必须确保优秀的产品质量，劣质和低劣的产品一定不会有好的消费者体验，当然良好口碑的形成也就无从谈起。

口碑营销能做的，是借助口碑营销这种方式和手段来帮助优秀的产品加速好口碑的传播和形成，而不是捏造口碑，更不是为劣质产品撒谎吹嘘。

产品如果本身质量不过硬，那么它的使用价值也就大打折扣，无论用户怎么用都不会有良好的口碑。如此，无论打出来的广告有多么醒目，无论造势出来的宣传会营造多大的影响，都是经不起考验的。而网络平台提供给消费者的低抱怨门槛，更可能加大、加深产品的缺陷曝光，这样前期所做的宣传工作全部打水漂的同时，更可能是在花钱为自己制造负面效应。

因此，产品自身过硬的品质是形成好口碑的坚实基础。

2. 忽略负面口碑的存在

口碑是一把双刃剑，既可以为企业带来正面的建设力，也会由于负面口碑的自发传播带来极大的破坏力，更有数据统计，负面口碑的传播速度是正面口碑的 10 倍，因此，对负面口碑的处理绝不能放松。

目前国内许多企业在面对危机时经常手足无措、无所适从，或者是由于不知该如何把握其中的度而采取鸵鸟政策，干脆不闻不问。问题是坏影响不会自动消失，企业不去看不等于消费者也不会看。那么是主动站出来打破沉寂，还是守株待兔，等待别人的主动谈论？我们认为，选择后者的企业，必定会被时代所淘汰，不但等不到兔子，还会在大树下浪费美好的光阴。

置身危机旋涡中的企业，必须考虑如何将自身利益、公众利益和传媒的公信力协调一致，并在最短的时间内，以最恰当的渠道，传播给公众真实而客观的情况，以挽回企业品牌的良好口碑，将企业损失降至最低，甚至化被动为主动，就势借势，达到进一步宣传和塑造企业口碑的目的。

沸沸扬扬的"三聚氰胺"事件爆发后，是直面问题还是推卸责任？企业怎么做大家都看得到！诚恳面对问题的态度和大力度的补救措施，都会让大众看到作为一家奶业巨头应有的气魄。于是，我们看到许多声音表示了对这些直面问题并及时解决的企业的肯定。

这是应对负面口碑应有的态度。

3. 口碑营销做的就是"病毒"，一触即百发

太多厂家谈及口碑营销必要求"制造一个大事件"。殊不知，口碑营销其实是企业众多营销环节中的一环，把口碑营销从营销中剥离，仅靠口碑营销来建立企业品牌，是不科学的，也是没有效率的。很多时候，传统营销还是占据着品牌宣传的重要阵地，做好传统营销，用口碑营销去补充、补全传统营销达不到的地方，才是正确的营销技巧。

4. 口碑营销是受限最少的传播方式

很多企业选择口碑营销的初衷，是由于在传播过程中受到越来越多法律法规的限制和制约，而网络上的口碑营销似乎由于网络所提供的"想说就说"的低门槛而不受传播上的限制。

其实，口碑营销也有着自我的道德约束，超过这个范围的炒作必定带来不良影响。

互联网貌似隐匿，实际上人人在里面都被看个通透，企业有了好的产品，通过正当的方法来促进良性口碑的产生和传播，以达成快速地将口碑扩散，这才是正道。妄图用不当做法在互联网上牟取利益最终都会露馅，伤害企业和品牌。

（五）口碑营销的八大要诀

（1）口碑传播要提供能与目标顾客的心理形成共鸣的材料。
（2）使顾客升级为口碑传播大使。
（3）口碑传播需要耐心地长期推进，因此要做好心理准备。
（4）进行口碑传播，要让客户对商品或服务进行亲身体验。
（5）最大限度地运用可以诱发口碑传播的宣传工具。

（6）将产生口碑传播的接触点作为焦点。

（7）理解口碑传播的特征，并将口碑传播与其他的营销活动加以综合运用。

（8）在实行口碑传播的时候，首先要明确"商品力"。

二、事件营销

事件营销在英文里叫作 Event Marketing，国内有人直译为"事件营销"或"活动营销"。它是指企业通过策划、组织和利用具有新闻价值、社会影响及名人效应的人物或事件，吸引媒体、社会团体和消费者的兴趣与关注，以求提高企业或产品的知名度、美誉度，树立良好品牌形象，并最终促成产品或服务的销售的手段和方式。

简单地说，事件营销就是通过把握新闻的规律，制造具有新闻价值的事件，并通过具体的操作，让这一新闻事件得以传播，从而达到广告的效果。

事件营销是国内外十分流行的一种公关传播与市场推广手段，集新闻效应、广告效应、公共关系、形象传播、客户关系于一体，并为新产品推介、品牌展示创造机会，建立品牌识别和品牌定位，形成一种快速提升品牌知名度与美誉度的营销手段。

20 世纪 90 年代后期，互联网的飞速发展给事件营销带来了巨大契机。通过网络，一个事件或者一个话题可以更轻松地进行传播和引起关注，成功的事件营销案例开始大量出现。

（一）事件营销的特点

1. 目的性

事件营销应该有明确的目的，这一点与广告的目的性是完全一致的。事件营销策划的第一步就是要确定自己的目的，然后明确通过什么样的新闻可以让新闻的接受者达到自己的目的。

通常某一领域的新闻只会有特定的媒体感兴趣，并最终进行报道。而这个媒体的读者群也是相对固定的。

2. 风险性

事件营销的风险来自媒体的不可控和新闻接受者对新闻的理解程度。例如，制造虚假事件进行事件营销，虽然企业的知名度扩大了，但一旦市民得知事情的真相，很可能会对该公司产生一定的反感情绪，从而最终伤害到该公司的利益。

3. 成本低

事件营销主要通过软文形式来表现，从而达到传播的目的，所以，事件营销相对于平面媒体广告来说,成本要低得多。

事件营销最重要的特性是利用现有的非常完善的新闻机器,来达到传播的目的。由于所有新闻都是免费的,在其制作过程中也是应该没有利益倾向的,所以,制作新闻不需要花钱。

事件营销应该归为企业的公关行为而非广告行为。虽然绝大多数企业在进行公关活动时会列出媒体预算,但从严格意义上来讲,一件新闻意义足够大的公关事件,应该充分引起新闻媒体的关注和采访的欲望。

4. 多样性

事件营销是国内外十分流行的一种公关传播与市场推广手段,它具有多样性,可以集新闻效应、广告效应、公共关系、形象传播、客户关系于一体来进行营销策划。多样性的事件营销已成为营销传播过程中的一把利器。

5. 新颖性

大多数受众对新奇、反常、变态的事件感兴趣,事件营销往往是通过当下的热点事件来进行营销,就是拿当下最热的事情来展现给客户,因此,它不像许多过剩的宣传垃圾广告一样,让用户觉得很反感,毕竟创意广告不多,而像"恒源祥"那样的烂广告则太多了。事件营销更多地体现它的新颖性,吸引用户点击。

6. 效果明显

一般通过一个事件营销就可以聚集到很多用户一起讨论这个事件,然后很多门户网站都会进行转载,效果显而易见。

7. 求真务实

网络把传播主题与受众之间的信息不平衡彻底打破,所以,事件营销,不是恶意炒作,必须首先做到实事求是,不弄虚作假,这是对企业网络事件营销最基本的要求。这里既包括事件策划本身要"真",还包括由事件衍生的网络传播也要"真"。

8. 以善为本

所谓以善为本,就是要求事件的策划和网络传播都要做到自觉维护公众利益,勇于承担社会责任。

随着市场竞争越来越激烈,企业的营销管理也不断走向成熟,企业在推广品牌时策划事件营销就必须走出以"私利"为中心的误区,不但要强调与公众的"互利",更要维护社会的"公利"。自觉考虑、维护社会公众利益也应该成为现代网络事件营销的一个基本信念。而营销实践也证明,自觉维护社会公众利益,更有利于企业实现目标;反之,如果企业只是一味追求一己私利,反倒要投入更多的精力和财力去应付本来可以避免的麻烦和障碍。

9. 力求完美

所谓完美,就是要求网络事件策划要注重企业、组织行为的自我完善,要注意网络传播沟通的风度,要展现策划创意人员的智慧。

在利用网络进行事件传播时,企业应该安排专门人员把控网络信息的传播,既掌握企业的全面状况,又能巧妙运用网络媒体的特性,还能尊重公众的感情和权利,保护沟通渠道的畅通完整,最终保护企业的自身利益。

新闻的传播是有着非常严格的规律的。当一件事件发生之后,它本身是否具备新闻价值,就决定了它能否以口头形式在一定的人群中进行小范围的传播。只要它具备的新闻价值足够大,那么就一定可以通过适当的途径被新闻媒体发现,然后以成型新闻的形式来向公众发布。新闻媒体有着完整的操作流程,每一个媒体都有专门搜寻新闻的专业人员,所以,只要一件事情真正具备了新闻价值,它就具有了成为新闻的潜在能量。

(二)事件营销的策略

1. 名人策略

名人可以是歌曲界、影视界、体育界和文化界的,这些就看企业的需求、资源和时机了。需求是企业铁定的要求,一般不能轻易更改,资源主要看策划的时候能找到哪些名人,时机就看当时所处的环境和态势,三者合一,筛选出最终方案。

事实上,名人是社会发展的需要与大众主观愿望相交合而产生的客观存在。利用名人的知名度,能加大产品的附加值。如章子怡成为可口可乐的品牌代言人后,为了扩大效果,可口可乐选择北京郊区的一家艺术俱乐部举行了别开生面的新闻发布会,现场被布置成广告片的拍摄现场,邀请60多家内地及港澳台媒体参加,以广告片的模拟拍摄为开场,引起现场记者极大兴趣。

2. 体育策略

体育赛事是品牌最好的新闻载体,体育背后蕴藏着无限商机,已被很多企业意识到并投入其间。比如,世界杯期间炒得沸沸扬扬的"米卢现象"。像可口可乐、三星等国际性企业都是借助体育进行深度新闻传播的。而中小型企业也可以做一些区域性的体育活动,或者国际赛事的区域性活动,例如,"迎奥运 ×× 长跑"等手法,都是常见的。

3. 实事策略

实事策略就是通过一些突然的、特定发生的事件进行一些特定的活动,在活动中达到企业的目的。实事往往需要有前瞻性,可以提前预知的要提早行动,以便抢占先机;对于突发的事件,更要以迅雷不及掩耳的速度反应。实事基本分为政治事件、自然事件和社会事件。

(三)事件营销的切入点

事件营销的切入点归结为三类,即公益、聚焦和危机。这三类事件都是消费者关心的,因而具备较高的新闻价值、传播价值和社会影响力。

1. 支持公益活动

公益切入点是指企业通过对公益活动的支持引起人们的广泛注意,树立良好企业形象,增强消费者对企业品牌的认知度和美誉度。随着社会的进步,人们对公益事件越来越关注,因此,对公益活动的支持,也越来越体现出巨大的广告价值。

2. "搭车"聚焦事件

这里的聚焦事件是指消费者广泛关注的热点事件。企业可以及时抓住聚焦事件,结合企业的传播或销售目的,展开新闻"搭车"、广告投放和主题公关等一系列营销活动。随着硬性广告宣传推广公信力的不断下降,很多企业转向了公信力较强的新闻媒体,开发了包括新闻报道在内的多种形式的软性宣传推广手段。

在聚焦事件里,体育事件是企业进行营销活动的一个很重要的切入点。企业可以通过发布赞助信息、联合运动员举办公益活动、利用比赛结果的未知性举办竞猜活动等各种手段制造新闻事件。

由于公众对体育竞赛和运动员感兴趣,他们通常会关注参与其中的企业品牌。同时,公众对自己支持的体育队和运动员很容易表现出比较一致的情感。企业一旦抓住这种情感,并且参与其中,就很容易争取到这部分公众的支持。

3. 危机公关

企业处于变幻莫测的商业环境中,时刻面临着不可预知的风险。如果能够进行有效的危机公关,那么这些危机事件非但不会危害企业,反而会带来意想不到的广告效果。

一般说来,企业面临的危机主要来自两个方面:社会危机和企业自身的危机。社会危机指危害社会安全和人类生存的重大突发性事件,如自然灾害、疾病等。企业自身的危机是因管理不善、同业竞争或外界特殊事件等因素给企业带来的生存危机。

据此,我们将企业的危机公关分为两种:社会危机公关和自身危机公关。

当社会发生重大危机时,企业可以通过对公益的支持来树立良好的社会形象,这一点前面已讨论过。另一方面,社会危机会给某些特定的企业带来特定的广告宣传机会。

生产家庭卫生用品的威露士在"非典"期间大力宣传良好卫生习惯的重要性,逐渐改变了人们不爱使用洗手液的消费观念,一举打开了洗手液市场。

针对自身的危机,企业必须及时采取一系列自救行动,以消除影响,恢复形象。企业在面对这类危机时,应采取诚实的态度面对媒体和公众,让公众知道真实的情况。这样才能挽回企业的信誉,将企业损失降至最低,甚至化被动为主动,借势造势,进一步宣传和塑造企业形象。

通过危机公关达到广告效果的案例并不鲜见,但是行业特征决定了通信企业很少会面临品牌或信誉方面的危机。尽管如此,通信企业仍应该强化危机防范意识,确保在危机发生的第一时间占据主动地位,将有害的"危"转化为营销的"机"。

(四)事件营销的运用

事件营销的第一招就是分析自己企业和产品的定位,看自己是否具有足够的新闻价值。

假如你的企业可以充分引起公众的好奇,那么你就必须注意了。因为你的所有举动都有可能成为新闻。当然,你运作事件营销并取得成功的机会也会比别人大得多。

如果一个企业想要进行事件营销,它首要的工作就是分析:①你的企业本身足够引起媒介的关注吗?②你的企业是否代表了某个领域,且这个领域与新闻媒介关注的方向保持一致?

如果上述两个问题的答案是肯定的,那么,你的企业进行事件营销绝对是轻而易举。无论你的企业做什么,只要通过合适的媒介把消息发布出去,策划就可以成功了。

(五)事件营销的关键点

1. 事件营销要与企业形象保持一致

对于大企业而言,很容易犯的一个错误就是,因为制造一个事件成为新闻太过简单,所以在进行公关策划时往往会忽略是否符合自己的根本形象,往往会单纯为了造新闻而造新闻。

2. 大企业必须谨小慎微

一个企业或者产品只要出名了,总是容易吸引记者的目光。因为需要通过采写稿件完成自己工作的记者都清楚,大企业或大产品容易出新闻。

但我们必须反过来再思考一次。对一个非常美好的事物而言,发生在它身上的最大的新闻是什么呢? 就是它并不美好。同样,对一个非常有名气的企业或产品而言,最大的新闻是什么呢? 就是这个企业或产品名不副实。

3. 有选择地向媒体透露信息

企业公关事务中很重要的一个工作,就是与媒体保持良好的信息沟通。因为从新闻的角度来讲,一个大的企业,它所掌握的数字或者它所创造的数字,往往就是广大的人群所希望知道的,同时也具有新闻的价值。而如果一个企业能够经常性地出现在媒体上时,人们对它的信任程度也会更高。尤其是在媒体和读者都把你当作某个行业的代表时,更是如此。

三、博客营销

博客营销是通过博客网站或博客论坛接触博客作者和浏览者,利用博客作者个人的知识、兴趣和生活体验等,传播商品信息的营销活动。

要了解什么是博客营销,首先要知道什么是博客。

博客,最初的名称是 Weblog,由 web 和 blog 两个单词组成,英文单词为 BLOG（WEB LOG 的缩写）,按字面意思理解就是网络日记。后来喜欢新名词的人把这个词的发音故意改了一下,读成 we blog。由此, blog 这个词被创造了出来。

博客这种网络日记的内容通常是公开的,自己可以发表自己的网络日记,也可以阅读别人的网络日记,因此,博客可以理解为一种个人思想、观点、知识等在互联网上的共享。

由此可见,博客具有知识性、自主性、共享性等基本特征,正是这些特征决定了博客营销是一种基于包括思想、体验等表现形式的个人知识资源,它通过网络形式传递信息。

博客营销是利用博客这种网络应用形式开展网络营销的工具。公司、企业或者个人利用博客这种网络交互性平台,发布并更新企业、公司或个人的相关概况及信息,并且密切关注并及时回复平台上客户对企业或个人的相关疑问及咨询,同时通过较强的博客平台帮助企业或公司零成本获得搜索引擎的较前排位,以达到宣传目的。

真正的博客营销是靠原创的、专业化的内容吸引读者,培养一批忠实的读者,在读者群中建设信任度、权威度,形成个人品牌,进而影响读者的思维和购买决定。

成功博客的前提条件:博主必须对某个领域知识深入学习、掌握并有效利用。

（一）博客营销的模式

1. 在博客网站上做广告

在博客世界,标准的、口号式的广告,就仿佛是鸡尾酒会上的大声叫唤。广告的设计要把博客考虑进去,要让博客成为广告对话的一部分。

2. 发表专业文章

作为专业文章的主角——产品,一定要有一个知识点,用来和公众沟通,并树立权威感。

3. 打造博客团队

通过公关公司发布博客日记,来影响主流媒体的报道。

4. 监测博客网站

通过监测博客网站,及时发觉当前谈论最多的公司或时下民众最关注的话题,为潜在的危机公关做好准备。

(二)博客的写作技巧

1. 产品功能故事化

博客营销文章要学会写故事,更要学会把自己的产品功能写到故事中去,通过一些生动的故事情节,自然地让产品功能自己说话。

2. 产品形象情节化

当我们宣传自己的产品时,总会喊一些口号,这样做虽然也能达到一定效果,但总不能使其深入人心,打动客户,感动客户。因此,最好的方法就是把你对产品的赞美情节化,让人们通过感人的情节来感知、认知产品。这样客户记住了瞬间的情节,也就记住了产品。

3. 行业问题热点化

在我们的博客文章写作过程中,一定要抓行业的热点。不断地提出热点,才能引起客户的关注,也才能通过行业的比较,显示出自己产品的优势。要做到这些,也就要求博文的作者要和打仗一样,知己知彼,百战不殆。

4. 产品发展演义化

博客营销文章要赋予产品以生命,从不同的角度、不同的层次来展示产品,可以以拟人的形式进行诉说,也可以是童话,可以无厘头,可以幽默,等等。越有创意的写法,越能让读者耳目一新,也就越是记忆深刻。

5. 产品博文系列化

这一点非常重要。

博客营销不是立竿见影的电子商务营销工具,需要长时间的坚持不懈。因此,在产品的博文写作中,一定要坚持系列化,就像电视连续剧一样,不断有故事的发展,还要有高潮,这样产品的博文影响力才会大。

6. 博文字数精短化

博文不同于传统媒体的文章,既要论点明确、论据充分,又要短小耐读;既要情节丰富、感人至深,又要不花太多的时间。所以,一篇博文最好不要超过 1000 字,坚持短小精干是博客营销的重要法则。

7. 博文内容务实化

博文既要体现其新闻价值,更重要的还是要体现实用性,切忌虚假、浮夸。

人们喜欢滑稽的东西,但如果不是专业的,他们不会订阅你的博客。人们订阅或者经常看你博客的主要原因是博文的内容对他们的日常工作生活有实用价值,这样客户才会不断地来访问博客。

8. 博文叙述个性化

在一般的出版物中,惯例是保持作者中立。但博客不同,你就是你,带着千万个偏见,要以第一人称来表达观点,越表达出自己的观点越好。

网上有上百万的博主,很难做到很特别,除非你写出了独一无二的内容,那就是你自己,体现了博客的个性化。这可能是博客写作与其他写作的最大区别。

9. 博文编辑严谨化

满篇错别字,排版不工整,会很令人厌恶。和其他写作不同,写博客需要自己校对,认真地逐字、逐句校对,甚至重写。

(三)博客营销的定位

1. 目标定位

首先需要考虑做博客营销的最终目的。是为了提升品牌形象,还是为了增加产品曝光度?是企业型的博客,还是私人身份的博客?

还要定位博客的目标读者是谁。是潜在客户、目标客户,还是大众读者?

2. 内容定位

在博客内容上,首先应该考虑宽度与深度两个方面。宽度就是指内容的涵盖范围;深度就是指博客的专业程度。这两点既是可区分的又是互相涵盖的。

例如,做皮肤过敏的专业博客,其中又包含有宽度内容:皮肤过敏治疗方法,皮肤过敏日常护理,皮肤过敏原因,皮肤过敏症状。

在做博客之前必须定位好博客的内容,到底是大杂烩类型的,还是在某一领域宽度专业类型的。

如果是大杂烩类型,最大特点就是转化率不高,所以最重要的一点就是要具有相当旺的人气。

而专业类型的博客,特点就是受众人群少,但转化率高,吸引的都是潜在的客户人群,这就需要博主具有专业知识,内容一定要具有可信度,才能吸引潜在的客户人群转化为实际的顾客。

3. 博主定位

这里指的是博主身份的定位。需要根据前两点来确定:你是一个企业的专家身份,还是纯私人的身份,还是介于两者之间?

(四)博客营销的优势

1. 细分程度高,广告定向准确

博客是个人网上出版物,拥有其个性化的分类属性,因而,每个博客都有其不同的受众群体,其读者也往往是一群特定的人。博客的细分程度远远超过了其他形式的媒体。而细分程度越高,广告的定向性就越准。

2. 互动传播性强,信任程度高,口碑效应好

博客在我们的广告营销环节中同时扮演了两个角色,既是媒体(blog),又是人(blogger),既是广播式的传播渠道,又是受众群体,能够很好地把媒体传播和人际传播结合起来,通过博客与博客之间的网状联系扩散开去,放大传播效应。

每个博客都拥有一个相同兴趣爱好的博客圈子,而且在这个圈子内部,博客之间的相互影响力很大,可信程度相对较高,朋友之间互动传播性也非常强,因此,可创造的口碑效应和品牌价值非常大。虽然单个博客的流量绝对值不一定很大,但是受众群明确,针对性非常强,单位受众的广告价值自然就比较高,所能创造的品牌价值远非传统方式的广告所能比拟。

3. 影响力大,引导网络舆论潮流

"芮成钢评论星巴克""DELL 笔记本"等多起博客门的陆续发生,证实了博客作为高端人群所形成的评论意见,影响面和影响力度越来越大,博客渐渐成为网民们的"意见领袖",引导着网民舆论潮流,他们所发表的评价和意见,会在极短时间内,在互

联网上迅速传播开来,对企业品牌造成巨大影响。

4. 大大降低传播成本

博客营销的成本比面对大众人群的其他营销形式要低得多,且结果也往往能事半功倍。

如果企业在营销产品的过程中能巧妙地利用博客的作用,必定会达到很多常规广告所不能达到的效果。例如,博客规模盈利和传统行业营销方式创新,都是现下社会热点议题之一,因而,广告客户通过博客营销,不仅可以获得显著的广告效果,而且会因大胆利用互联网新媒体进行营销创新,而吸引更大范围的社会人群、营销业界的高度关注,引发各大媒体的热点报道,这种广告效果必将远远大于单纯的广告投入。

5. 有利于长远利益和培育忠实用户

在一些拥有大量用户群体的博客托管网站上发布有价值的博文,能吸引大量潜在用户浏览,激励早期用户向他人推荐产品,劝服他人购买产品。最后,随着满意顾客的增多,会出现更多的"信息播种机""意见领袖",企业赢得良好口碑,长远利益也就得到保证。

6. 博客的网络营销价值得到体现

通过博客文章为企业网站做链接,能增加企业网站或产品说明的链接数量。同时,由于博客网站对搜索引擎的友好性好,通过博客内容来新增搜索引擎信息收录量,用户可比较方便地通过搜索引擎发现企业博客内容,从而直接带来潜在用户的可能性迅速增大。博客浏览者可以通过博客直接评论博客文章的内容,从而使博客网站成为互相交流的平台,同时可以通过在线调查等方式对用户进行行为研究,从而降低调查研究成本。博客让营销人员从被动的媒体依赖转向自主发布信息,使传播在相当长的时间里得以继续不间断延展,而不仅仅局限于当期的传播主题活动。

(五)博客营销对企业的帮助

1. 博客可以直接带来潜在用户

博客内容发布在博客托管网站上,这些网站往往拥有大量的用户群体,有价值的博客内容会吸引大量潜在用户浏览,从而达到向潜在用户传递营销信息的目的。用这种方式开展网络营销,是博客营销的基本形式,也是博客营销最直接的价值表现。

2. 博客营销的价值体现在降低网站推广费用方面

网站推广是企业网络营销工作的基本内容,大量的企业网站建成之后都缺乏有效的推广措施,因而网站访问量过低,降低了网站的实际价值。通过博客的方式,在博客内容中适当加入企业网站的信息（如某项热门产品的链接、在线优惠券下载网址链接等）,可达到网站推广的目的。这样的博客推广也是极低成本的网站推广方法,降低了一般付费推广的费用,或者在不增加网站推广费用的情况下,提升了网站的访问量。

3. 博客文章内容为用户通过搜索引擎获取信息提供了机会

多渠道信息传递是网络营销取得成效的保证,通过博客文章,可以增加用户通过搜索引擎发现企业信息的机会。其主要原因在于,一般来说,访问量较大的博客网站比一般企业网站的搜索引擎友好性更好,用户可以比较方便地通过搜索引擎发现这些博客内容。搜索引擎具有可见性,也就是让尽可能多的网页被主要搜索引擎收录,并且当用户利用相关的关键词进行检索时,这些网页出现的位置和摘要信息更容易引起用户的注意,从而达到利用搜索引擎推广网站的目的。

4. 博客文章可以方便地增加企业网站的链接数量

获得其他相关网站的链接是一种常用的网站推广方式,但是当一个企业网站知名度不高且访问量较低时,往往很难找到有价值的网站给自己链接。而在自己的博客文章中为该公司的网站做链接,则是顺理成章的事情。拥有博客文章发布的资格,增加了网站链接的主动性和灵活性,这样不仅可能为网站带来新的访问量,也增加了网站在搜索引擎排名中的优势,因为一些主要搜索引擎如 google 等,把一个网站被其他网站链接的数量和质量。也作为计算其排名的因素之一。

5. 博客能实现以更低的成本对读者行为进行调查

当博客内容比较受欢迎时,博客网站也成为与用户交流的场所,有什么问题可以在博客文章中提出,读者可以发表评论,从而可以了解读者对博客文章内容的看法,作者也可以回复读者的评论。当然,也可以在博客文章中设置在线调查表的链接,便于有兴趣的读者参与调查,这样就扩大了网站上在线调查表的投放范围,同时可以直接就调查中的问题与读者进行交流,使得在线调查更有交互性,其结果是提高了在线调查的效果,也就意味着降低了调查研究费用。

6. 博客是建立权威网站品牌效应的理想途径之一

如果想成为某一领域的专家,最好的方法之一,就是建立自己的博客。如果你坚持不懈地写博客文章,你所营造的信息资源将为你带来可观的访问量。在这些信息资源中,也包括你收集的各种有价值的文章、网站链接、实用工具等。这些资源为自己持续不断地写作更多的文章提供了很好的帮助,由此形成良性循环。这种资源的积累实际上并不需要多少投入,但其回报却是可观的。企业博客也是同样的道理,只要坚持对某一领域的深度研究,并加强与用户的多层面交流。

7.博客降低了被竞争者超越的潜在损失

博客在全球范围内成为热门词汇之后,不仅参与博客写作的用户数量快速增长,浏览博客网站内容的互联网用户数量也在急剧增加。在博客方面所花费的时间成本,实际上已经从其他方面节省的费用中补偿,比如为博客网站所写作的内容,同样可以用于企业网站内容的更新,或者发布在其他具有营销价值的媒体上。反之,如果因为没有博客而被竞争者超越,那种损失将是不可估量的。

8.博客让营销人员从被动的媒体依赖转向自主发布信息

在传统的营销模式下,企业往往需要依赖媒体来发布企业信息,不仅受到较大局限,而且费用相对较高。当营销人员拥有自己的博客园地之后,就可以随时发布所有你希望发布的信息,只要这些信息没有违反国家法律,并且对用户是有价值的。

博客的出现,给市场人员的营销观念和营销方式带来了重大转变,每个企业、每个人都有在博客上自由发布信息的权利。如何有效地利用这一权利为企业营销战略服务,则取决于市场人员的知识背景和对博客营销的应用能力等因素。

四、贴吧营销

贴吧是一种基于关键词的网上主题交流社区。贴吧营销是以贴吧为载体的一种营销方式,它与搜索紧密结合,能准确把握用户需求,具有针对性强、黏性高和互动功能强等特点和优势。通过用户输入的关键词,贴吧会自动生成讨论区,使用户能立即参与交流,发布自己所拥有的感兴趣话题的信息和想法。这就意味着,如果有用户对某个主题感兴趣,那么他立刻可以在贴吧上建立相应的讨论区。

但并不是所有的贴吧都可以作为营销的工具,企业应该注意以下几点:①选择贴吧要有侧重点;②帖子的内容要有讲究;③要学会利用百度热点;④发帖要有技巧。

(一)贴吧营销的关键点

第一,要有个好的流量统计软件,能够统计到一天的流量是从哪些贴吧来的,哪里来的流量比较多,哪里比较少。统计软件是做网站宣传的必需工具。

第二,多找点大贴吧做实验。在中国社区BBS排名前二十的贴吧上都有注册ID,每个贴吧都选择了相关的版区进行发帖宣传。不断观察总结,利用流量统计软件,从中选择出带来流量最大的三个大贴吧,然后可以把宣传力度主要放在这三个贴吧上,在这些贴吧多注册一些账号进行操作。

（二）贴吧营销的技巧

1. 找出当前最流行的元素

首先你要去了解现在的网友们最喜欢看的是什么，现在最流行的是什么。比如，在"超级女声"最红的时候，"芙蓉姐姐"等备受关注的时候，就可以找很多和"超级女声"相关的视频帖子，一些"芙蓉姐姐""菊花妹妹""后舍男孩"的搞笑视频，去各大贴吧宣传。一发出去，很快就吸引众多网民的眼球，自然带来了不错的流量。如果无法判断什么是现在最火的，最简单的办法就是，参照百度、雅虎、搜狗的关键词排行榜。什么最流行，在那上面都能找到答案。

2. 和性感相关的素材

不管在什么时期，都会有不少与性感有关的东西。只是这样的帖子，很容易被贴吧版主认为是病毒，被删帖的概率很大。这个就更讲究发帖的技巧了。版区的选择也很关键，应尽量选择比较综合的版区去宣传，这样被删帖的概率会小很多，也会有不错的效果。

本章讨论与思考

1. 搜索引擎营销的概念和特点是什么？
2. 口碑营销的优势是什么？
3. 视频营销的技巧有哪些？

第二部分

网络营销实训

项目一　网络会员制营销

实训知识目标

◎认识网络会员制营销。

◎掌握网络会员制营销基本原理。

一、网络会员制营销的概况

1. 网络会员制营销的起源

1996年7月,亚马逊发起了一个联合行动,其基本形式是:一个网站注册为亚马逊的会员,然后在自己的网站上放置各类产品或标志广告的链接,以及亚马逊提供的商品搜索功能。当该网站的访问者点击这些链接进入亚马逊并购买某些商品之后,根据销售额的多少,亚马逊会付给这些网站一定比例的佣金,最高的可达15%。从此,这种网络营销方式开始广为流行,并吸引了大量网站参与,后来被称为"网络会员制营销"。

网络会员制营销资源网站AffiliateManager.net的发行人、《成功的网络会员制营销》一书作者肖恩·卡文(Shawn Collins)的研究表明,其实早在亚马逊之前两年,就已经出现了网络会员制营销的雏形,只不过当时没有系统的描述。在亚马逊之前实施会员制计划的公司主要有PC Flowers & Gifts.com(1994年10月),AutoWeb.com(1995年10月),Kbkids.com / BrainPlay.com(1996年1月),Epage(1996年4月),等等。

尽管网络会员制营销的概念不是由亚马逊首创,但是谁也不能否认,是亚马逊将会员制发展得如此完美,并为这种营销方式的普及起到了至关重要的作用。从这种意义上说,将亚马逊视为网络会员制营销的鼻祖并不过分。人们大都是通过亚马逊才真正认识了网络会员制营销,许许多多的小网站也正是通过加入亚马逊的会员计划,赚到了网上的第一张支票。

2. 网络会员制营销的定义

国内的网络会员制营销虽然起步较晚,但2003年之后也进入了一个快速发展时期,比较成功的网上销售网站有当当、亿起发联盟等。在其他网络服务领域,如百度搜索联盟、搜孤竞价广告联盟等,也得到了很好的应用。

那么,什么是网络会员制营销呢?实施网络会员制营销的目的又是什么呢?

网络会员制营销是指通过电脑程序和利益关系,将无数个网站连接起来,将商家的分销渠道扩展到世界的各个角落,同时为会员网站提供一个简易的赚钱途径,最终达到商家和会员网站的利益共赢。

3. 网络会员制营销的选择原则

电子商务顾问 Ralph F.Wilson 博士认为,如果你的网站因为营销活动而带来较多的访问量,那么可以考虑采用会员制营销来争取更多的访问量。

在选择会员制时,有 6 条需要关注的基本原则:

(1)是否与自己网站的核心业务内容有关?

(2)是否可以将会员制程序集成到自己的网站内容中去?

(3)是否与网站访问者的兴趣有关?

(4)是否考虑到会员网站的需要?

(5)是否可以反映出自己网站的价值?

(6)是否可以取得较好的效果?

二、网络会员制营销的基本原理

网络会员制营销的基本原理是:"如果说互联网是通过电缆或电话线将所有的电脑连接起来,因而实现资源共享和物理距离的缩短,那么,网络会员制计划则是通过利益关系和电脑程序将无数个网站连接起来,将商家的分销渠道扩展到地球的各个角落,同时为会员网站提供了一个简易的赚钱途径。"亚马逊 1996 年 7 月的联合行动就已经实践了这一基本原理。

网络会员制营销听起来似乎很简单,但是在实际操作中要复杂得多。因为一个成功的会员制营销计划涉及网站的技术支持,会员招募和资格审查,会员培训,佣金支付,会员服务,发生争议时的解决方法等多项内容。从网络会员制营销的基本思路也可以看出,一个网络会员制营销程序应该包含一个提供这种程序的商业网站和若干个会员网站,商业网站通过各种协议和电脑程序与各会员网站连接起来。因此,在网络会员制营销中,存在一个双向选择的问题,即选择什么样的网站作为会员,以及会员如何选择商业网站。可见,一个网络会员制营销计划并不是轻而易举就可以获得成功的。

实训技能目标

◎熟悉开展网络会员制营销的具体流程。

◎具备开展网络会员制营销的基本能力。

实训内容

登录指定网站,并分析其网络会员制营销的实现形式。

▼案例观察

eBay 的成功之网络会员制营销

现在几乎所有的大型电子商务网站都采取了网络会员制营销模式（合作行销）。

亚马逊早在 1996 年 7 月就成功开始了网络会员制营销,eBay 的网络联盟则开始于 2000 年 4 月,当时是与 Click Trade 网站合作开展的会员制营销与第三方解决方案,后来又与第三方网络会员制营销方案提供商 Commission Junction 进行合作。

现在,eBay 是美国五大广告主之一,他们也非常重视发展自己的网络会员制联盟体系,通过联盟会员网站为自己带来大量访问量和销售量。

eBay 的网络联盟高级经理在接受美国市场调研公司 Marketing Sherpa 独家专访时,对 eBay 成功实施网络会员制的经验进行了一些总结。

其要点包括:

1. 招募、管理最佳网络联盟经理

eBay 拥有 5 个全职的管理网络联盟的经理,负责美国 eBay 的网络会员制联盟。

他们各自的职责是:

（1）与最大的 100 家联盟网站发展个人关系,如 Earthlink 等,包括在工作以外的时间进行私人接触,尤其是在贸易展会等重要场合。

（2）对部分细分行业的联盟会员网站进行不断改进和跟踪,以获得改进会员制体系的新思路,将会员联盟制提升到一个新的水平。

（3）与技术开发团队一起工作,保证系统正常运作,完成系统升级,解决技术 bug,并研究开发会员制系统的新工具、新应用。

（4）面向所有联盟会员每月发送一次会员通信邮件。

（5）鼓励新老会员发掘那些被 eBay 忽略的细分商品类目。为此,如果 eBay 发现哪些特殊细分领域有很成功的联盟网站,他们会积极跟进。

2. 制定合理的广告投放规范

eBay 对于联盟会员如何促销没有任何限制。不过 eBay 对使用 eBay 商标进行搜索引擎营销制定了一些规范。eBay 还积极推行反垃圾邮件法案。eBay 的会员制之所以赢得广大联盟会员的支持,在于它高质量的广告源输出系统。Marketing Sherpa 调查显示,17.78% 提供网络联盟的网站不会经常更新它们的广告输出源。但 eBay 是少数几个经常更新广告数据源,并且广告源可以很容易整合到联盟网站的商家之一。eBay 采取的措施包括:

（1）开放系统 API。eBay 意识到,人们可能首先通过搜索引擎作为购物入口,而不是直接进入 eBay 平台进行购物,因此,对开放数据持一种开放态度。联盟网站可以进入 API,因此,几乎所有的 eBay 信息,包括价格,都能及时发布在联盟网站上。

（2）提供 API 编辑工具包。会员可以将它嵌入自己的网站,以目录的形式体现,也可以定制自己网站的商品目录。

（3）Ad Context 产品可以根据会员网站上的不同内容展示相应的 eBay 广告。

3. 基于最佳转化类型改进佣金制度

eBay 团队开发了一套等级佣金制度。一般会员制等级佣金基于总收入进行提成,而 eBay 是基于最佳转化类型。这就鼓励联盟网站针对最佳转化类型来优化它们提供的商品和内容,以吸引更多高质量转化类型用户。

这种特殊的佣金等级层次包括:①最新注册用户;②某段时间内实施了购买或销售的最新注册用户;③基于交易量的等级。

4. 针对全球各地的不同情况制定相应的市场拓展措施

eBay 在全球都拥有网站联盟会员。其全球化市场拓展措施包括:

（1）从不使用翻译软件来翻译广告或站点内容,而是寻找本地专业人士进行本地化翻译。

（2）在每个国家都鼓励当地的顶级会员网站将业务拓展到其他国家。比如,德国的联盟网站可能将业务拓展到美国,而很多美国的联盟站点则在向全世界拓展。

（3）灵活的佣金政策。在一些新开发的市场上,eBay 为了发展更多注册用户,采取注册获取佣金的政策,而在一些更加成熟的市场上,则采用交易后提取佣金的政策。

（4）管理的集中与放权。eBay授权每个国家的本地化团队管理当地的会员联盟。eBay总部每个月召开远程电话会议，半年进行一次小组见面会议。

资料来源：eBay的网络会员制营销［EB/OL］.（2010-06-20）［2016-10-08］.http://www.51callcenter.com/newsinfo/156/63470/.

实训总结

学生操作后总结自身的经验，以实训报告的形式呈现。

项目二　微博营销

◎ 了解微博营销的特点。

◎ 掌握微博营销的操作模式。

◎ 熟悉微博营销的技巧。

每个人都可以在新浪、腾讯等网站注册微博，然后不断更新；每天更新的内容可以跟大家交流，或者有大家感兴趣的话题，这样就可以达到营销的目的。这样的方式，就是微博营销。

微博的本质就是营销。很多情况下，"营销"一词往往被看作是企业的专利，但是从广义上来讲，数量最大、范围最广的不是企业"产品"的营销，反倒是个人"人品"的营销。这个"人品"，其实就是个人的品质，包括但不限于对他人的吸引力、影响力等。每个人其实都在有意识无意识地经营着自己，而微博恰恰就成为个人营销的利器。当一个人不论是开会还是出游，吃饭还是看戏，都要频频发出微博，并时刻关注着自己微博粉丝的增加，为此感到兴奋不已时，其背后实质就是个人营销所带来的成就感。其实，草根的心中有着更强的明星梦，被人关注，被人议论，被人传播，不仅是心理的满足，也是人名变名人的重要基础和标志。

一、微博营销的特点

1. 立体化

微博营销可以借助先进的多媒体技术手段，以文字、图片、视频等展现形式对产品进行描述，从而使潜在消费者更形象、直接地接收信息。

2. 高速度

微博最显著特征之一就是其传播迅速。一条关注度较高的微博在互联网及与之关联的手机平台上发出后，短时间内互动性转发就可以抵达微博世界的每一个角落，达到短时间内最多的目击人数。

3. 便捷性

微博营销优于传统的广告行业。发布信息的主体无须经过繁复的行政审批，从而节约了大量的时间和成本。

4. 广泛性

微博通过粉丝关注的形式进行病毒式的传播，影响面非常广泛，同时，名人效应能够使事件的传播量呈几何级放大。

5. 互动性

微博能与粉丝进行即时的沟通。

6. 双刃剑

每条信息引起的反应可能千差万别，难以通过经验来预期，容易受到攻击或由于操作失误而产生负面影响。

7. 低成本

微博的口碑式传播，是信任度较高、成本较低的传播方式。

8. 企业形象拟人化

企业在微博中赋予了人格化的特征，用户也认为自己面对的不是一个静态的账号，而是能带来良好感觉的沟通对象，因此，其中蕴含的营销价值也会慢慢展现。

二、微博营销的优势

微博是手机短信、社交网站、博客和 IM 等四大产品优点的集成者。

（1）微博上有许多信息是在传统媒体上看不到的，而公众对公共话题天生有一种关注心态，在微博上更容易形成互动。

（2）微博可以通过手机随时随地发布信息，与短信相近，但短信传播方式是"one to one"，而微博则是"one to n to n"。同时微博资费比短信低廉。

（3）国内微博网站的主要优势在于支持中文，并与国内移动通信服务商绑定，用户可通过无线和有线渠道更新个人微博。

（4）微博的传播速度更快，关注的人更多，时效性更强。微博的实时搜索结果融入搜索引擎，从而增强用户的实时体验。

微博预示着个体力量不再微弱,它在影响和改变世界方面正发挥越来越大的作用。

三、微博营销的价值

(1)微博给网民尤其是手机网民,提供了一个信息快速发布、传递的渠道。

(2)建立一个微博平台上的事件营销环境,能够快速吸引关注。这对于企业的公共关系维护、话题营销开展,能起到如虎添翼的作用。如2015年7月的北京三里屯优衣库更衣室事件。

(3)微博是品牌营销的有力武器。每一个微博账号,都是一个消费者、一个用户,越是只言片语,越是最真实的用户体验。

四、微博营销与博客营销的区别

微博营销与博客营销的本质区别,可以从下列三个方面进行简单的比较。

1. 信息源的表现形式差异

博客营销以博客文章(信息源)的价值为基础,并且以个人观点表述为主要模式,每篇博客文章表现为独立的一个网页,因此,对内容的数量和质量有一定要求,这也是博客营销的瓶颈之一。

微博内容则短小精练,重点在于表达现在发生了什么有趣(有价值)的事情,不是系统的、严谨的企业新闻或产品介绍。

2. 信息传播模式的差异

微博注重时效性,三天前发布的信息可能很少会有人再去问津。同时,微博的传播渠道除了相互关注的好友(粉丝)能直接浏览之外,还可以通过好友的转发向更多的人群传播,因此是一个快速传播简短信息的方式。

博客营销除了用户直接进入网站或者RSS订阅浏览之外,往往还可以通过搜索引擎搜索获得持续的浏览。博客对时效性要求不高的特点,决定了博客可以获得多个渠道用户的长期关注。

因此,建立多渠道的传播,对博客营销是非常有价值的;而对未知群体进行没有目的的微博营销,通常是没有任何意义的。

3. 用户获取信息及行为的差异

用户可以利用电脑、手机等多种终端方便地获取微博信息,发挥了"碎片时间资源集合"的价值,也正因为信息碎片化及时间碎片化,用户通常不会立即做出某种购买决策或其他转化行为,因此,作为硬性推广手段只能适得其反。

将以上差异归纳起来可以看出:博客营销以信息源的价值为核心,主要体现信息本身的价值;微博营销以信息源的发布者为核心,体现了人的核心地位。但某个具体的人在社会网络中的地位,又取决于他的朋友圈子对他的言论的关注程度,以及朋友圈子的影响力(即群体网络资源)。因此,可以这么简单地认为,微博营销与博客营销的区别在于:博客营销可以依靠个人的力量,而微博营销要依赖博主的社会网络资源。

五、微博与手机的结合

微博的主要发展运用平台应该是以手机为主。微博以电脑为服务器,以手机为平台,把每个手机用户用无线的手机连在一起,让每个手机用户无须使用电脑就可以发表自己的最新信息,并和好友分享自己的快乐。

微博之所以要限定140字符,就是源于从手机发短信最多的字符就是140个(微博进入中国后普遍默认为140个汉字,随心微博333字)。可见,微博从诞生之初就同手机应用密不可分,更是其在互联网形态中最大的亮点。

微博对互联网的重大意义,就在于建立手机和互联网应用的无缝连接,培养手机用户使用手机上网的习惯,增强手机端同互联网端的互动,从而使手机用户顺利过渡到无线互联网用户。

六、微博营销的操作模式

1. 品牌及产品曝光

一些比较大的企业,如星巴克,经营微博的目标是希望通过微博来做品牌。它通过微博发布一些品牌信息,通过与客户建立关系为品牌服务。目前,星巴克中国的粉丝数已超100万,几乎每一条微博都有几十条评论。

2. 互动营销活动

互动是互联网的精髓。在微博上,人情味、趣味性、利益性、个性化是引发网友互动的要点。如进入星巴克的新浪微博,我们看到博主是一个非常有创意的咖啡人,博文都是和咖啡生活相关,图文形式的温情慰问就像是自己身边朋友的慰问一样。大家的评论、转发热情也是非常的高。

在广告和传播学中,人情味分数 = 3.365 × 每百字中的人称词数目 +0.314 × 每百句中的人称词数目。人情味分数越高,广告或者新闻传播就越广泛迅速。所以,在微博上,公司一定要像个人,公司或机构与用户进行"朋友式的交流"最重要。

2010年9月28日,国内知名装饰公司元洲装饰在新浪微博上发表了一条名为"国庆找元洲,网友抢沙发,盖微博第一高楼"的微博。截至 10 月 7 日,该微博被转发 10119次,共有 10211 人对此发表了评论,从而创造了中国家装微博史上第一高楼的神话。

3. 微柜台,电子商务及售后管理

微博的出现给企业产品销售带来了一种全新的渠道。在微博上,传统的价值链被大幅缩短或替代。公司发出的内容有时候同时就是广告,甚至信息本身可以直接引导消费。在 Twitter 上,戴尔公司的 @Delloutlet 这个专门以优惠价出清存货的账号已经有了超 150 万名追随者,通过这一渠道宣传促销而卖出的个人电脑、计算机配件和软件,已经让戴尔进账超 650 万美元。

4. 在线客户服务

微博具备全天候 24 小时、面对面、即时性、一对多等服务特性,所以,微博为企业客服打开了一个新鲜的窗口。服务型企业在进入微博的第一时间就需要建立一个"客服账号"。这个层面的服务是企业存在的一个证明。利用"客服账号"企业可以做:①售前咨询;②在线问答;③产品调查。"客服账号"是快速响应的账号,企业的 400 电话出现在哪里,这个账号就应该出现在哪里。

2009 年 12 月 30 日,中国电信客服微博在新浪微博上开通,提供电话、宽带、小灵通、e6 套餐、e8 套餐、增值业务、综合信息应用等业务的咨询、受理、费用查询、障碍申告、投诉及建议服务。微博客服是一个有血有肉的人,他会根据用户需求寻找一些相关的信息。中国电信的客服会组织一些中国电信的活动,反馈客户意见,征求大家对新品、积分换购的礼品以及活动的看法等。比如,"想要什么样的春节礼物?""送礼物迎春节"等活动都吸引了不少网友参与互动。

5. CRM 客户关系管理

相比于传统 SNS、BBS 和博客,微博的传播速度、范围和影响力都要大得多。Twitter 上最成功的营销莫过于奥巴马竞选。而 B2C 方面,Zappos 较先把微博作为 web 2.0 时代的 CRM(客户关系管理系统),从 CEO 谢家华到每个客服都有属于自己的微博。Zappos 规定所有员工都要参与 Twitter,不是停留在简单的口号上,公司提供专门的培训课程,教员工如何使用 Twitter。这样做的好处是多方面的,培训的课程和内容包括和客户建立联系、加强沟通、提高关注度、服务客户、提升用户体验等。客服每天都会把自己的心情和客户分享,客户会 follow 自己喜爱的客服,通过微博,企业和客户(或者说是活生生的人而不再是机器)保持了更亲密的关系。

6. 推广形式

Twitter 允许个人用户通过在个人页面中插入广告获利,用户可以自主邀请广告主

加入 Adwords（关键词竞价广告）。为了保证广告主的利益，广告播出期间的每一小时，用户都可按比例获得由 Twitter 广告部门设定的虚拟账户中的金额。广告完成后，钱才能转入用户真实账户中。如果用户在广告期满前清除了广告，就只能得到部分费用。这种开放的心态，愿意将所得营销费用的绝大部分让利给用户，的确能让用户欢呼雀跃，更大地激发了用户的参与热情。同时，以许可式、自主式进行广告，营销效果更好。购买个人网页的广告位，双方协商投放时间和收取费用，Twitter 仅仅收取 5% 作为服务费。

7. 搜索引擎优化

百度把新浪微博的内容放到了搜索结果页，说明微博的影响力在持续扩大。对于日访问量 10000 以下的小型网站来说，吸引相同数量陌生访客的成本，微博营销比搜索引擎优化和搜索引擎广告投放都要低很多。

利用微博进行搜索引擎优化的方法是：把客户行业的某篇值得关注的新闻，转载到客户需要营销的网站，提炼新闻点，做成微博。在微博里附带该篇新闻在目标营销网站上的链接，使用热门微博 ID 发出。在有经验的流量优化人员的操作下，一篇这样的微博可以为客户网站带去之后一周内每天两三千累计过万的陌生访客访问量。对一个日访问量通常在 10000 以内的小型站点来说，这是一个很可观的数字。

营销微博如何在短短 140 个字内有重点地突出微博站内搜索、文章阅读性、站外搜索引擎搜索各项因素？企业微博在搜索引擎优化方面，一定要注意取企业名称或拳头产品的名称当微博名，这样微博链接、微博标题都会对排名有加分。在内容优化方面，基本上和普通网页优化方法一样。

8. 植入式营销

先看一个宝马的植入式广告："我终究没能飘得过那辆宝马，只能眼看着它在夕阳中绝尘而去，不是我的引擎不好，而是我的车链子掉了。"

微博是植入式广告的最好载体之一。LV 的一款时尚新包，兰蔻的一款新化妆品，宝马的一款新车，通过一幅照片、一个话题、一个故事，加上代言人的人气，可以立即引起成千上万个粉丝的关注和讨论。

还有一种植入式广告的做法就是做些搞笑有创意的图片，打上自己公司的 Logo，比如蔡文胜投资的公司——美图秀秀。美图秀秀的营销方式很简单，专门在网上找那些经典有趣且受众面广的图片进行美化 PS，然后打上美图秀秀的 Logo，只要有传播就有影响力。

9. 舆情监测

网络营销专家刘东明认为，社会化媒体的到来，使传播由"教堂式"演变为了"集市式"，每个草根用户都拥有了自己的"嘴巴"，Twitter 自然是品牌舆情的重要阵地。

微博最可能成为舆情引发的信息源,为报道提供全新的及时互动模式。微博提供了官方和民众沟通的另一渠道,是政府舆情监测的重要平台;微博在企业的口碑监测和危机公关方面都具备极大的利用价值。2010年以来,全国各地公安相继开通公安微博,微博成为政府上网一个全新的重要途径。同样,企业需要实时监测受众对品牌或产品的评论及疑问,如遇到企业危机事件,可通过微博对负面口碑进行及时的正面引导,使搜索引擎中有关负面的消息尽快被淹没,使企业的损失降至最低。

10.危机公关

微博相当于一个小小的自有媒体,可以拥有自己的听众和话语权。粉丝超过100,就好像是本内刊;超过10万,就是一份都市报;超过100万,就是一份全国性报纸;超过1000万,就是电视台;超过1亿,就是CCTV。

微博已经成为一个重要的公关渠道,它就像是一把双刃剑,用得好皆大欢喜,用得不当则是丑事传千里。

GE公司的研究表明:对于好消息,一个人知道后平均会告诉他身边的6个人;而坏消息,平均来说,会被传播给身边的23个人。在微博上的荒唐事不仅转发容易,它的评论功能更是能激发用户们的想象力和幽默感。肯德基"秒杀门"中途戛然而止就是一个典型案例,网友质疑"肯德基玩不起就别玩""不再去KFC""肯德基还我全家桶"等说法充斥论坛和微博。对于大部分企业来说,"秒杀门"足以引以为戒,这样的事件既考验一个企业对信誉危机的承受能力,也告诫企业对任何促销、优惠活动都要严谨负责,否则伤害的不只是消费者,更多的会是企业本身。

七、微博营销的技巧

(1)合理设置标签。新浪微博会推荐有共同标签或共同兴趣的人加关注。

(2)使用微博检索工具,对与品牌、产品相关的话题进行监控,直接找到针对性用户群体,对其进行互动并开展营销活动。

(3)保证日常的微博对话,并形成制度化、正常化。

(4)善于从你的粉丝处获得建议,并及时反馈。

(5)引导粉丝参与到公司的活动甚至新产品的开发中去。

(6)尊重每一个用户,切勿引发争辩,遭遇负面消息时,不可贸然发表回复或者声明,应该先检索相关留言,了解情况后再联系相关客户。

(7)信息一定要透明、真实,包括优惠信息或危机信息。

(8)微博语言要拟人化,具有情感。

(9)不要仅仅使用微博来推广产品。

(10)不要使用微博来记录日常的流水账,确保你的信息有分享价值,有娱乐性。

（11）名人还是首选的微博营销方式。通过名人进行产品软推广,或者通过企业和广告公司对名人进行微博广告策划,能实现更好的产品推广效果。

（12）微博也成为直接插入广告的一种方式,比如在图片、视频和比较趣味的短语中直接植入广告。

（13）让微博成为重要事件的最好的新闻发布现场。娱乐圈一些明星通过微博爆料就是一个例子。

（14）通过争议话题的挑起成为公众焦点。

（15）通过微博进行流量导入。

八、我国的主流微博网站

1. 新浪微博

新浪微博是由新浪网推出的微博服务。在全球,使用最多的两家微博提供商分别为美国的 Twitter 和中国的新浪微博。新浪推出的微博成了诸多用户口中的"新浪围脖"。

2. 网易微博

界面简洁干净是网易微博的一大特点,其优势是有超过 3 亿的邮箱用户和 1 亿左右的博客用户。网易希望打造一个更开放的微博平台。网易微博目前还没有"明星效应"出现。网易微博的字数最大限度为 163 个,网易方面表示,这是为了突出"网易163"的品牌特点。

3. 搜狐微博

搜狐微博在其"使用帮助"中显示,没有设置字数限制,只是强调"一句话博客"。其另一个特点是与博客、视频、相册、圈子等整合,用户在微博页面可以直达这些产品。此外,搜狐微博强调"围观"的概念,即用户在微博的点击操作次数。

4. 腾讯微博

腾讯微博是腾讯推出的提供微型博客服务的类 Twitter 网站,限制字数为 140 字,有"私信"功能。腾讯将滔滔作为增强 QQ 用户黏性的一个产品,将其功能整合到 QQ空间等产品中。

实训技能目标

◎熟悉开通个人微博的流程。

◎掌握微博推广的基本方法。

◎具备微博运作和管理的基本能力。

实训内容

1. 注册微博账号。
2. 撰写微博，并进行发布。

实训步骤

1. 注册微博账号

以搜狐微博平台（http://t.sohu.com）为例。
（1）注册微博账号。
（2）开通激活微博。

2. 撰写博文并发布

撰写一条以阿里巴巴为主题的微博并发布在自己的微博上。

明确微博要做的就是把你的客户和潜在客户所有想知道的问题、所有想了解的情况，还有你想让客户知道的事情都写成文章，并且让客户在读你的微博时，就对你的产品有很深的了解。

实训总结

如何让微博为企业所用，为企业营销活动助一臂之力，是每个商人或企业所要考虑的问题。请结合自身操作经验，给出如何使用微博开展网络营销、增加点击率的一些做法和想法。

项目三　即时通信营销

实训知识目标

◎认识即时通信营销。

◎掌握即时通信营销策略。

一、即时通信营销概述

1.即时通信营销的含义

即时通信（Instant Messenger，IM）是指能够即时发送和接收互联网消息等的业务．自1998年面世以来，功能日益丰富，逐渐集成了数据交换、语音聊天、网络会议、电子邮件，还具有文本信息交流、多媒体方式交流、音频、视频、传送文件等功能。即时通信不再是一个单纯的聊天工具，它已经发展成集交流、资讯、娱乐、搜索、电子商务、办公协作和企业客户服务等于一体的综合化信息平台。

即时通信允许两人或多人使用网络即时地传递文字讯息、档案、语音与视频，能迅速地在网上找到朋友或工作伙伴，可以实时交谈和互传信息。

即时通信可分为电话即时通信、手机即时通信和网站即时通信。其中，手机即时通信的代表是短信、微信，网站即时通信的代表是QQ、MSN、中国移动飞信、陌陌等不同形式。

即时通信的特点是多任务作业、异步性、长短沟通、媒介转换迅速、交互性、不受时空限制，比传送电子邮件所需时间更短，而且比拨打电话更方便，无疑是网络时代最方便的通信方式之一，其强大的功能给网友们带来了很大的便利。

即时通信营销是通过即时通信工具帮助企业推广产品和品牌的一种手段。常用的主要有两种：

第一种，网络在线交流。中小企业建立网店或企业网站时一般会有即时通信在线，这样潜在的客户如果对产品或服务感兴趣，会主动和在线的商家联系。

第二种，广告。中小企业可以通过即时通信工具，发布一些产品信息、促销信息，或者可以通过图片发布一些网友喜闻乐见的表情，同时加上企业要宣传的标志。

2. 即时通信营销的功能和作用

即时通信作为互联网的一大应用,其重要性显得日益突出。

有数据表明,即时通信工具的使用已经超过了电子邮件的使用,成为仅次于网站浏览器的第二大互联网应用工具。

调查显示,即时通信已经成为人们工作上沟通业务的主要方式,有50%的受调查者认为每天使用即时通信工具,目的是方便工作交流,49%的受调查者在业务往来中经常使用即时通信工具,可以更便捷地交换文件和沟通信息。

即时通信工具最基本的特征就是即时信息传递。对于被动展示信息、模式的网站营销而言,即时通信营销能够弥补其不足,可以同潜在访客进行即时互动,并能够主动发起沟通,有效扩大营销途径。由此可见,即时通信营销不是简单的营销,而是以即时通信工具为载体获取商机的高级营销活动。

首先,一个企业的品牌和产品锁定的目标群体,一定是某个圈子的人群。因此,企业不仅要研究客户群,还需要关注客户的圈子。找到目标客户群体生存的各类圈子,就可以找到信息传播和营销的渠道。

其次,一个圈子由于在偏好、兴趣追求等方面的共同性,也同样影响到他们在品牌选择、消费行为上的某种同质性。挖掘和了解圈子里面这些人的喜好能够更好地对产品和品牌的诉求点进行定位。

再次,圈子意见对圈子内外的消费者的影响力都是巨大的。现在很多人要购买一个产品,都会先上网对信息进行收集,会到各类论坛上去寻找其他人的使用感受等,因此,各种由网友自行组建的BBS,就成了这些信息的聚合点,而这些信息不仅对圈子内的人影响力巨大,对圈子外的目标客户影响力也是巨大的。而由此发展出来的各种社区网站、专题论坛就成了圈子生态的重要组成部分。

3. 即时通信的应用

即时通信平台真正在全球范围内拉近了人与人的距离,无论对于个人用户还是企业用户,都成为一种不可或缺的交流工具。

即时通信基本的九大应用操作如下:①文字聊天;②语音聊天;③传送文件;④拨打电话;⑤远程协助;⑥视频聊天;⑦邮件辅助;⑧发送短信;⑨浏览咨询。

4. 即时通信的软件

即时通信软件是通过即时通信技术实现在线聊天、交流的软件。目前国内面向个人的即时通信产品主要为腾讯QQ、微信、阿里旺旺、优步、滴滴快车、微软MSN、网易泡泡、搜Q、新浪UC、ICQ、雅虎通及电信的VIM等,另外还有面向企业的,或者是企业自有的即时通信软件。

二、即时通信营销的策略

对营销人来说,即时通信是一种很有潜力的、开拓性的营销机会。因为它提供了由消费者控制、互动、最小链接的多媒体营销形式。这种营销形式由消费者鼓动和控制,因而不会被认为是侵入式的营销行为。

即时通信营销有以下几种常见策略:①客户服务;②开拓新消费者;③广告宣传。

实训技能目标

◎熟悉 QQ 营销的具体流程。
◎具备 MSN 营销的基本能力。

实训内容

1. 安装使用腾讯 QQ,掌握其基本营销功能

(1)登录腾讯网站。
(2)运用 QQ 营销功能。

2. 安装使用 MSN,初步掌握其营销方法

(1)登录 MSN。
(2)运用 MSN 营销功能。

实训总结

学生操作后总结自身的经验,以实训报告的形式呈现。

项目四　BBS 论坛营销

◎了解论坛营销概况。

◎掌握论坛营销的优缺点。

◎熟悉马甲的常用战术。

▼案例观察

"吃垮必胜客"

一个叫作"吃垮必胜客"的帖子在网上走红。该帖子主要是对必胜客水果蔬菜沙拉的高价表示"不满",并提供了多盛食物的"秘籍"。

帖子部分内容如下:

如果你去过必胜客,那就一定会对必胜客的沙拉有很深的印象,小小的一碗就要收几十元! 对此,我们 family 有针对性地、科学地研究了沙拉的堆砌技巧,现不吝为大家奉上。

(1)首先准备一个碟子,里面放准备堆上去的材料和用于粘贴的沙拉酱。

(2)在碗里面结实地填上许多材料,碗沿合理地贴上整齐结实的胡萝卜条。重点是从侧面看只能有一点点内凹,不能太多也不能太少。

(3)在已经填整齐的碗的内圈整齐地放上形状合适(能摆一个圆)的大菠萝块。

(4)再在菠萝圈中间填上你喜欢的小东西(黄桃是上选),再弄点可填缝隙的小豌豆。

(5)内圈抹平摆整齐后,再在外圈(胡萝卜条上)整齐地摆上一圈菠萝。这步是第一层地基,一定要保证整齐,侧面看要正!!

(6)因为我喜吃黄桃——多放黄桃。

(7)在黄桃的外面,外层菠萝的上面,堆上黄瓜,为堆下一层菠萝做准备。

（8）黄瓜放好后在表层撒点玉米粒、火腿肠之类的小东西以使表面平一些。

（9）再在黄瓜上堆一层菠萝。

（10）继续在里面堆黄桃。

（11）就这样一层一层向上堆，越到后面越要注意是否有垮台的危险，千万不要因为贪心而丢了脸呀。可以在砌平的时候加上一些提子干、沙拉酱。

（12）初步的成果。

（13）传说中的六层沙拉（图2-4-1）!!! 碗已经看不见了……

最终结果：图中的那一份沙拉，我们拿碟子分了7份，再加2个比萨饼，用网上下载打印的优惠券换的4对鸡翅和11杯可乐，我们10个人吃得很开心，最后算下来，每个人不过26元！

资料来源：教你如何吃垮必胜客，超级沙拉堆砌法～【实用】[EB/OL].（2011-12-19）[2016-10-10]. http://www.19lou.com/forum-11-thread-15167670-1-1.html.

图2-4-1 六层沙拉效果

【启示与思考】

无数论坛转载了该帖子，网友对这个帖子热烈评论，褒贬不一。此外，网友还转发该帖子给自己的好友，让好友帮忙加入帖子评论。片刻间，这个内容的帖子，红遍大江南北。网民津津乐道的一个话题是："我们什么时候也去必胜客吃一顿，试试这样的水果沙拉摆法。"也有人说，人家要是都这样吃，必胜客要倒闭了。殊不知，这个帖子的真正幕后推手，据说就是必胜客公司，利用这样低成本、高传播速度、高曝光率、高参与度的方式，打造了网络营销的一个奇迹。

一、BBS论坛营销的概况

BBS论坛营销就是企业利用论坛这种网络交流的平台，通过文字、图片、视频等方式发布企业的产品和服务的信息,从而让目标客户更加深刻地了解企业的产品和服务,最终达到宣传企业的品牌、加深市场认知度的目的的网络营销活动。

BBS论坛营销的核心在于互动。通过互动,带动网友相互自发宣传,从而实现口口相传的口碑推广。

BBS论坛营销分为论坛官方参与、草根推广两种方式。论坛官方参与就是营销推广方给予论坛网站一定的推广费用,利用论坛官方的手段进行推广。例如,广告位强调对应的帖子,对一些违规手段放宽政策,甚至帮助删除一些不利的帖子等。草根推广属于纯个人或者团队行为,与论坛本身无关,适合低成本运作。

二、BBS论坛营销的优缺点

1. BBS论坛营销的优点

(1)费用低廉。利用互联网便利的互动传播特性,制定一套合理的营销方案与传播亮点(能吸引大众进行口碑传播的亮点),并借用论坛等形式,让信息广泛传播开来。如果运作恰当,甚至是不花一分钱宣传费,就能传播数百万人。那个"吃垮必胜客"的帖子,在国内著名的互动网络论坛天涯BBS上,短短数小时内点击量就飙升到数百万,回帖以十万计,转帖无数,遍及互联网各个角落,影响空前。而其成本转嫁到消费者的身上,使其自身的营销几乎无成本。

(2)传播高效。许多论坛再加上用户自发的E-mail、QQ等互联网传播工具,"一点对多点"地辐射,能迅速让信息广泛传播开来,网络的转帖量因此一路攀升。

(3)自愿传播。在论坛营销中,信息传播者往往是信息受益者。当一个消费者感受到该帖子带给自己和朋友的好处或者开心时,他将会向周围的人进行传播。这种自主的宣传,远好于硬性广告投放。

(4)互动明显。互联网的显著特点就是互动。这个特性在论坛里发挥得淋漓尽致。对于企业来说,最希望看到的就是用户对自己产品或者服务的反馈,通过BBS论坛营销,可以有效地分析网民的评论,从而改进企业产品或服务的不足。

2. BBS论坛营销的缺点

(1)负面效应不可控。互联网的开放性,使得有些网络营销变得不可控。BBS论坛营销,就是很典型的一种,尤其是以炒作为目的的BBS论坛营销,未来的发展将面临矛盾点:如果可控性太强,传播就不快,传播就不广;如果传播太快太广,事态的发展,可能营销公司就无法控制,不但会对企业造成不良影响,甚至还会带来法律问题。

(2)好创意很难。如今的网民,已经越来越成熟,没有良好的创意,光靠一些低劣的噱头,是引不起网民的注意的。例如,某营销公司为某红枣浓浆品牌做的"血淋门",利用美女、洗澡、血等噱头,分别推出视频第一季《看我洗澡!显摆我小资的洗澡水!》、第二季《再多露一点,加点情节》、第三季《不怕流言蜚语勇敢露脸》、第四季《大胆上传完整版澡浆浴全过程》来增加点击量,从而带动品牌影响力。这或许带来了一些品牌曝光率,但是一分为二地看,绝大多数网民,关注的是洗澡的美女,又有谁真正关注过该品牌?就算对该品牌产生印象,如此低劣的噱头,给品牌带来的是正面的影响吗?有待商议。

三、BBS 论坛营销的独特之处——马甲

为了让认识你的人猜不到,在常用的用户名外再注册别的名字,这种现象叫"穿马甲"。一般论坛明令禁止使用马甲闹事,管理员等特权阶级可以查到你的 IP 并查封。一个现实中的人在同一论坛注册多于两个(含两个)ID 并同时使用时,常用的或知名度较高的那个 ID 一般称为主 ID,其他 ID 称为马甲 ID,简称马甲。

基于网络的虚拟性和人性格的多面性,马甲是网络虚拟社会普遍存在、不可消除的一种现象。马甲的存在,使网络比现实社会更接近人性,也更具吸引力。

(一)马甲的分类

1. 按状态分类

马甲按其状态分为以下四类:

(1)曝光马甲。指大多数普通网友知道其主 ID 是谁的马甲。曝光马甲又分为主动曝光马甲和被动曝光马甲。前者是由主 ID 主动声明的,比如,因主 ID 被盗、被封、忘记密码或纯为娱乐,于是注册新马甲;后者多属使用不当,把马甲穿破,被网友发现,不得不承认或默认。

(2)限制级曝光马甲。指在特定的圈子里曝光但并不为广大普通网友所知的马甲。此类马甲较适合发展帮派队伍,团结自己人,打击异己。

(3)疑似马甲。指被大多数普通网友怀疑为某主 ID 的马甲却不能证实的 ID。此类 ID 以科学谨慎的态度来说,还不能称为马甲,但在无风不起浪的捣乱分子看来,仍可称为马甲。

(4)私密马甲。指除了使用者本人暂时无人知晓主 ID 的马甲。

2. 按功能分类

马甲按其功能又分为以下五类:

(1)造势型马甲。这种马甲,或是用于顶自己和朋友的帖,以造成形势一片大好的假象;或是用于掐敌人的帖,给对手造成百万雄兵过大江和草木皆兵的心理压力。

(2)造反型马甲。一种是当自己的主 ID 已在网友中形成固定的完整形象时,用这

类马甲发表另类见解,此为造自己反型;一种是当自己的主 ID 已形成固定的朋友圈时,用这类马甲发表反对甚至诋毁主 ID 朋友的观点,此为造朋友反型。

（3）条理型马甲。这类马甲很可能分不出哪个是主 ID,哪个是马甲。该类马甲的主人一般条理过于清晰,一个 ID 用来谈经济,另一个 ID 用来谈文艺,再一个 ID 用来谈生活感悟,等等,每件马甲各司其职。

（4）起死回生型马甲。就是主 ID 已死,用马甲上阵。

（5）娱乐型马甲。就是纯粹娱人娱己、捣乱搞笑的马甲。

（二）马甲的常用战术

马甲的战术很多,常用的主要有以下几种:

（1）瞒天过海。这是马甲的最常用战术,好比蒙面大盗身穿夜行衣来无影去无踪。

（2）围魏救赵。当主 ID 被围攻时,可用马甲直攻匪首,使其疲于应战,以解主 ID 之围。

（3）趁火打劫。看哪个帖子够热,用一堆马甲进去混分,赚一点儿是一点儿。

（4）无中生有。用马甲造个谣是多么轻松愉快的事啊。

（5）笑里藏刀。最适用于造朋友反,主 ID 一副拳拳赤子之心,等把你幼儿园抢糖豆等等糗事都交代清楚了,再用马甲杀你个回马枪,不死也让你掉层皮。

（6）李代桃僵。主 ID 被围攻时,可用马甲上蹿下跳吸引敌人的注意力,马甲被骂死无所谓,主 ID 安全最重要。

（7）借尸还魂。这个往往是砖手常用。没办法,砖手难免阵前亡,死则死矣,没啥大不了,再注册一件新衣还是一名砖手。

（8）抛砖引玉。用马甲惹恼对手,使其出言不逊,即可投诉致其死亡或暂死。嗯,这个叫"抛砖引口水"更合适。

（9）暗度陈仓。实在打不过,让主 ID 留给大家一个远去的背影,穿上马甲咱又回来了。

（10）指桑骂槐。这种尤其适用于己方为私密马甲,而对方是限制级曝光马甲之时,骂起来肯定过瘾,让对方哑巴吃黄连,有苦说不出。

（11）反客为主。马甲玩得太好太投入太出名了,主 ID 被人忘了。

（12）美人计。注册一个性别女的马甲,往往能达到意想不到的境界。

（13）反间计。死乞白赖地说对方是谁的马甲,要言之凿凿,就算逼不反他 / 她的盟友们,也能消耗其一大半的体力。

（三）如何识别马甲

识别一个 ID 是否马甲,可看以下几个特征:

（1）注册时间不长。

（2）帖子数较少，或几乎没有主题，或全部是转帖。

（3）每逢吵架帖都及时现身，每逢敲边帖都会出现。

（4）没有朋友或从不和论坛的老前辈相识。

四、BBS 论坛营销的流程

（1）企业要有在全国各大知名专业性网站的注册账号即马甲。根据企业不同产品注册相关论坛账号，更加有利于产品的推广营销。

（2）商业马甲每个论坛要不低于 10 个，这是保证前期炒作的条件。不同产品、不同营销事件，需求的马甲数量不定。如知名品牌进行 BBS 论坛营销不需过多马甲，即可产生效应；而普通企业在论坛推广产品时，则需要多一些马甲配合。

（3）企业要在各大论坛有专门的人员管理账号、发布帖子、回帖等。很多企业都有专人负责论坛推广，经常发帖，回帖是为了融入论坛核心，而积累更多的威望。在进行 BBS 论坛营销时，会有很多资源辅助开展。

（4）企业策划的题目要新颖，也就是有创意性，要有一定的创意性才会吸引读者。营销主题比较重要，也是开展论坛营销的关键；策划主题如果比较好，不需费力即可达到预期的效果。

（5）企业策划的题目要有一定的吸引眼球性，即标题要有一定的号召性、吸引读者。标题是敲门砖，要有一定的含义或歧义，让读者产生疑惑而进一步想得到答案。

（6）企业策划的内容一定要具有一定的水准，让网友看了之后觉得有话要说才行。BBS 论坛营销现阶段已经很热，网友也深知其目的。

（7）企业人员要积极参加回复，并鼓励其他网友回复，也可以使用自己的马甲回复。网友的参与是 BBS 论坛营销的关键环节，如果策划得成功，网友的参与度会大大提升。通常，企业在论坛做活动营销居多，可准备一些公司产品或礼品来激励网友参与。

（8）企业人员要正确地引导网友的回帖，不要让事件朝相反方向发展。具体情况具

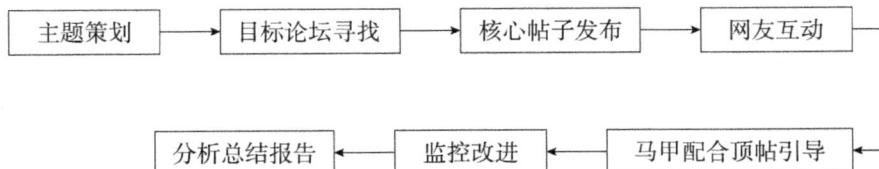

图 2-4-2　BBS 论坛营销流程示意图

体分析,有时在论坛产生争论也未必是件坏事,特别是不知名企业,通过论坛途径演变成大范围病毒式营销,知名度会有很大提升。

(9)企业要仔细监测其带来的效果,同时注意改进。这点相当于一个细致的数据分析和用户群体分析;通过一次营销,会总结出很多问题,下次策划时可以借鉴。不同领域用户群体习惯不同,方式方法并不通用。

(10)企业要及时和论坛管理员沟通交流,熟悉各大论坛的管理员和版主,有助于论坛营销的开展。经常发帖、回帖,会与这个圈子近距离接触,和管理员、版主有很好的沟通机会,有资源辅助,BBS 论坛营销会开展得更顺利。

五、BBS 论坛营销的技巧

1. BBS 论坛营销的基本要点及操作能力

(1)明确产品定位。我们拿到项目以后,首先要做的就是市场定位,我们的产品(服务)针对的是哪一类人群,这部分客户在哪些论坛聚集得比较集中。比如,若现在做的项目是数码产品,那么发布的论坛就该选择数码产品论坛。

(2)制订工作计划。要先把需要做的网络推广方案做好,也就是将要通过哪些方式进行营销,这样就有了一个基本的目标和工作步骤。

(3)注册登录账号。每个论坛要注册 5 个左右的不同 ID,如果有以前的 ID 也可以用以前的。注册 ID 的时候,最好不要用那些没有任何意义的数字或者英文字母,因为一些老坛友看见这样的 ID 就大概知道你是来浑水摸鱼的。每个 ID 都要上传不一样的头像和签名,其中主 ID 最好能特殊设计一下。其他 ID 如果没有什么比较好的头像,可以在百度里找一张美女图片,毕竟现在是"眼球经济"时代,网友看着会比较顺眼。

(4)创作发帖内容。根据制订的计划,开始制作发帖需要的内容。如果要迎合网友的需求,可以先进行实地考察、拍照和摄像,再进行最后的文字整合工作。

2. 帖子创作的一些小建议

(1)暧昧的标题很容易吸引别人的注意力,激起网友的好奇之心,提高帖子的浏览量,把那些路过的坛友也拉进来看帖子。

(2)在图片帖和视频帖上加上相关宣传文字。因为图片和视频比较直观,能吸引读者。

(3)最好是文章内容不要有硬广告,广告最好能本着以网友为本的原则。因为如果广告内容非常明显,帖子被删除的可能性非常大,而且帖子的内容也不吸引人,发得再多,总体的浏览量也不高。

(4)帖子的内容有争议性。如果没有争议性,大部分的网友都是一看而过,很少会在你的帖子留言或者评论。

实训技能目标

◎熟悉 BBS 论坛营销的流程。

◎熟悉 BBS 论坛营销的基本要点及操作能力。

◎熟悉帖子创作的技巧。

实训内容

以 3—5 人为一个团队完成以下任务。

（1）选择一个品牌或者一个商品，写一篇帖子，可以纯文字，可以图片，可以视频，但要求原创。

（2）选择与品牌人群对应的论坛，注册多个账号，例如，杭州著名的论坛 19 楼（www.19lou.com），熟悉发帖规则。

（3）发布原创内容，观察一天的自然回复情况。

（4）根据实际情况做调整，可以用自己的多个马甲回复，也可以邀请朋友回复。

（5）询问朋友是否对帖子内容感兴趣，分析原因，加以改进。

（6）以一周为周期，分析整体结果，得出分析报告。

（7）多个小组进行评比。评比范围（如表 2-4-1 所示）为帖子的点击率、回复率、转载率等。如有可能，分析对目标品牌或目标网站产生的影响。

表 2-4-1 评比范围示例

论坛	主题	版面	点击	回复	备注
19lou.com	××××	口水	10000	1000	热帖

实训总结

学生操作后总结自身的经验，以实训报告的形式呈现。

项目五　搜索引擎营销

◎认识搜索引擎营销。
◎了解搜索引擎营销的主要模式。
◎认识基于搜索引擎自然检索的搜索引擎优化方法。
◎了解搜索引擎广告策略。

一、搜索引擎营销概述

搜索引擎营销（Search Engine Marketing，SEM）就是根据用户使用搜索引擎的方式，利用用户检索信息的机会，尽可能将营销信息传递给目标用户。

在网络营销方法体系中，搜索引擎营销一直是重要内容之一，对网络营销具有极其重要的价值。近年来，搜索引擎营销的应用更为普及，其效果也获得广泛认可，已成为企业开展网络营销的首要方法。

（一）搜索引擎在网络营销中的作用

搜索引擎是互联网用户获取信息的主要方式之一，常被用作网站推广的工具.为网站带来潜在用户，是搜索引擎营销的主要目的之一。不过，搜索引擎对网络营销的价值远不止网站推广这一个方面。现在大多数中小企业的网络推广，主要依赖于搜索引擎营销方式，这是对搜索引擎作用的充分肯定。另一方面也说明企业对搜索引擎营销价值的认识还不够全面，搜索引擎更多的网络营销价值还有待进一步挖掘。

搜索引擎在网络营销中的作用，主要表现在六个方面。

1.搜索引擎对网站推广的价值

所谓网站推广，也就是为用户发现网站信息并来到网站创造机会。在用户获取信息的所有方式中，搜索引擎是最重要的信息获取渠道。这就意味着，搜索引擎是网站推广最有效的工具。一个设计专业的网站,通过搜索引擎自然检索获得的访问占网站总访问量的 60% 是很正常的现象,有些网站甚至 80% 以上的访问者来自搜索引擎。一些网站采用自然检索与付费搜索引擎关键词广告相结合的方式,获得了更好的效果。当然并不是每个网站设计对搜索引擎都足够友好,因此搜索引擎对网站的推广价值与网站建设的专业性有很大关系。有些网站虽已发布多年,但以公司名称为关键词都无法通过搜索引擎检索到网站信息,这样当然就不可能通过搜索引擎实现网站推广的目的。

2. 搜索引擎对产品促销的作用

除了在企业网站上充分体现出产品推广意识之外,合理利用搜索引擎,可以更好地实现产品推广目的。一般来说,用户以"产品名称"或"品牌名 + 产品名称""品牌名 + 产品名称 + 购买方式"等关键词进行检索时,往往表明用户已经产生了对该产品的购买意向,也就意味着通过搜索引擎检索结果页面针对产品进行的宣传会发挥很好的推广效果。

用户购买产品,尤其是汽车、住房、电器、数码产品等高价值产品之前,通过互联网获取初步的产品信息已经成为普遍现象。在这个过程中,搜索引擎发挥了至关重要的作用。搜索引擎已经成为有效的产品促销工具,这种促销的效果对于网上销售及网下销售同样具有积极的意义。

3. 搜索引擎对网络品牌的价值

网络品牌是企业网络营销活动的综合体现,如企业域名选择的合理性、企业网站建设的专业性、网站的各种网络推广活动等。在网络品牌建设过程中,搜索引擎的作用是不可忽视的。企业的网站信息应该被主要搜索引擎收录(即增加网站的搜索引擎可见度),从而获得被用户发现的机会,否则再精美的网站也体现不了企业的品牌形象。可见,与企业网站设计及网络广告、网络公关等活动产生的品牌效应不同,搜索引擎对网络品牌的价值体现不仅仅取决于营销人员的策划,也取决于搜索引擎的信息处理方式,以及用户信息检索行为等,因此,实现搜索引擎营销的品牌价值是个综合活动。

4. 搜索引擎对网上市场调研的价值

无论是获取行业资讯、了解国际市场动态,还是进行竞争者分析,搜索引擎都是非常有价值的市场调研工具。通过搜索引擎,可以方便地了解竞争者的市场动向,对于竞争者的产品信息、用户反馈、市场网络等公开信息均可方便地获得。通过搜索引擎获得的初步信息,加之专业的网站分析和跟踪,还可以对行业竞争状况做出理性的判断。

5. 搜索引擎营销的抵御性策略

搜索引擎可为用户带来丰富的信息,但是用户对检索结果信息的关注度是有限的,通常在检索结果前三页的信息才有被用户发现的可能。这就意味着,同样一个关键词在检索结果中被用户发现的机会是有限的,即搜索引擎推广资源的相对稀缺性。利用这一特点,可以设计合理的抵御性策略,避免让竞争者获得更多的推广机会,例如,搜索引擎检索页面固定位置的广告、同一企业的多产品广告,以及同一公司的多网站策略等。

6. 搜索引擎作为网站优化的检测工具

网站优化分析往往要用到一些搜索引擎优化检测工具,以获得网站在搜索引擎检索结果中的表现。例如,检查网站链接数量、网站被搜索引擎收录网页数量、网站的PR值等。但实际上,任何一种搜索引擎优化工具都不能完全反映所有的搜索引擎优化问题,只能在一定范围内反映出某些指标的状况。这是因为每个搜索引擎对网页的索引和排名算法不同,而且算法也在不断变化之中。其实,搜索引擎才是最直接、最全面的网站优化工具。因为任何一种搜索引擎优化工具都不能像搜索引擎本身一样,提供更加详细和更加直接的信息。对搜索引擎检索结果的分析,是研究网站搜索引擎优化状况的有效方法之一。

(二)搜索引擎营销在网络营销中的地位

尽管搜索引擎营销很重要,但搜索引擎营销并非网络营销的全部,它仅仅是网络营销体系中的一部分。

第一,从搜索引擎营销对网络营销职能体系的作用来看,搜索引擎营销贯穿于网络营销的各个领域。就目前网络营销的实际应用来看,网络营销要解决的最核心问题是企业如何有效地向潜在客户传递营销信息的问题。在信息传递方面,搜索引擎的重要性更为明显。由此可见,搜索引擎营销在网络营销中居于非常重要的地位。可以说,如果没有搜索引擎,网络营销将黯然失色。

第二,从网络营销服务市场的构成来看,搜索引擎营销是网络营销市场增长最快的领域之一,是网络营销的主流模式。网络营销服务市场的主要业务领域,包括以域名注册、网站建设和企业邮局为主要内容的基础网络营销服务,以及以搜索引擎广告投放、分类目录注册、网络实名/通用网址为代表的网站推广服务。在这些网站建设和网站推广相关的网络营销服务中,基础网络营销服务市场增长比较平稳,搜索引擎广告代理是最为规范、市场增长最快的服务模式之一,也是营销效果最受企业肯定的网络营销服务之一。

第三,从搜索引擎营销的实际效果来看,搜索引擎是引导用户获取网站信息的第一渠道。只要网站设计基本合理,同时辅以搜索引擎关键词广告,通常可以获得显著的效果。许多网站甚至仅仅凭着来自搜索引擎的自然检索进行推广,足以表明搜索引擎对网站推广的显著效果。从一般企业网站到大型电子商务网站,普遍开始重视包括搜索引擎优化在内的网站整体优化,则是对搜索引擎效果的又一例证。

（三）搜索引擎营销过程的五要素

1. 构造适合搜索引擎检索的信息源

信息源被搜索引擎收录是搜索引擎营销的基础,这也是网站建设之所以成为互联网营销基础的原因。企业网站中的各种信息是搜索引擎检索的基础。由于用户通过检索之后还要来到信息源获取更多的信息,因此,这个信息源的构建不能只是站在搜索引擎友好的角度,应该包含用户友好,这就是在建立互联网营销导向的企业网站中所强调的,网站优化不仅仅是搜索引擎优化,而是包含三个方面,即对用户、对搜索引擎、对网站管理维护的优化。

2. 创造网站/网页被搜索引擎收录的机会

网站建设完成并发布到互联网上,并不意味着自然可以达到搜索引擎营销的目的,无论网站设计多么精美,如果不能被搜索引擎收录,用户便无法通过搜索引擎发现这些网站中的信息,当然也就不能实现网络营销信息传递的目的。

3. 让网站信息出现在搜索结果的靠前位置

网站仅仅被搜索引擎收录还不够,还需要让企业信息出现在搜索结果的靠前位置,这就是搜索引擎优化所期望的结果。因为搜索引擎收录的信息通常都很多,当用户输入某个关键词进行检索时会反馈大量的结果,如果企业信息出现的位置靠后,被用户发现的机会就大为减少,搜索引擎营销的效果也就无法保证。

4. 以搜索结果中有限的信息获得用户关注

通过对搜索引擎检索结果的观察可以发现,并非所有的检索结果都含有丰富的信息,用户通常并不能点击浏览检索结果中的所有信息,需要对搜索结果进行判断,从中筛选一些相关性最强、最能引起用户关注的信息进行点击,进入相应网页获得更为完整的信息。要做到这一点,需要针对每个搜索引擎收集信息的方式进行有针对性的研究。

5. 为用户获取信息提供方便

用户通过点击搜索结果而进入网站/网页,是搜索引擎营销产生效果的基本表现形式,用户的进一步行为决定了搜索引擎营销是否可以最终获得收益。在网站上,用户可能是为了了解某个产品的详细信息或者成为注册用户。在此阶段,搜索引擎营销将与网站信息发布、顾客服务、网站流量统计分析、在线销售等其他互联网营销工作密切相关,在为用户获取信息提供方便的同时,与用户建立密切的关系,使其成为潜在顾客,或者直接购买产品。

二、搜索引擎营销的主要模式

利用搜索引擎营销的常见方式有下面几种：

1. 免费登录分类目录

这是最传统的网站推广手段。目前多数重要的搜索引擎都已开始收费，只有少数可以免费登录。但网站访问量主要来源于少数几个重要的搜索引擎，即使大量登录低质量的搜索引擎，对网络营销的效果来说也没有太大意义。搜索引擎的发展趋势表明，免费搜索引擎登录的方式已经逐步退出网络营销舞台。

2. 搜索引擎优化

搜索引擎优化即通过对网站栏目结构和网站内容等基本要素的优化设计，提高网站对搜索引擎的友好性，使得网站中尽可能多的网页被搜索引擎收录，并且在搜索结果中获得好的排名效果，从而通过搜索引擎的自然检索获得尽可能多的潜在用户。利用百度等技术型搜索引擎进行推广，当新网站建成发布后，通常不需要自己登录搜索引擎，而是通过其他已经被搜索引擎登录的网站的链接，让搜索引擎自动发现自己的网站（当然这些搜索引擎也提供用户自定提交网址的入口，不过这种主动提交可能比通过其他网站链接被搜索引擎收录的速度更慢）。

3. 付费登录分类目录

类似于原有的免费登录，仅仅是当网站缴纳费用之后才可以获得被收录的资格。一些搜索引擎提供的固定排名服务，一般也是在收费登录的基础上开展的。此类搜索引擎营销与网站设计本身没有太大关系，主要取决于费用，只要缴费，一般情况下就可以被登录，但正如一般分类目录下的网站一样，这种付费登录搜索引擎的效果也存在日益降低的问题。

4. 付费关键词广告

关键词广告是付费搜索引擎营销的主要模式之一，也是目前搜索引擎营销方法中发展最快的模式。不同的搜索引擎有不同的关键词广告显示位置，有的出现在搜索结果列表最前面，也有的出现在搜索结果页面的专用位置。

5. 关键词竞价排名

竞价排名也是搜索引擎关键词广告的一种形式，即按照付费高者排名靠前的原则，对购买同关键词的网站进行排名的几种方式。竞价排名一般采取按点击收费的方式。与关键词广告类似，竞价排名方式也可以方便地对用户的点击情况进行统计分析，可以随时更换关键词以增强营销效果。

6. 网页内容定位广告

基于网页内容定位的网络广告是关键词广告搜索引擎营销模式的进一步延伸，广告载体不仅仅是搜索引擎的搜索结果网页，也延伸到这种服务的合作伙伴的网页。

此外，现在出现了更多搜索引擎模式，比如本地搜索、博客搜索、购物搜索等，这些都是搜索引擎在某些领域的具体细分模式，在搜索引擎营销的基本方式上，与常规搜索引擎具有一定的相似性，并且这些细分搜索引擎的影响力还比较小。

三、基于搜索引擎自然检索的搜索引擎优化方法

1. 什么是规范的搜索引擎优化

搜索引擎优化，从表面看，就是让网站更容易被搜索引擎收录，并且当用户通过搜索引擎进行检索时，在检索结果中获得好的排名位置，从而达到网站推广的目的。因此，与搜索引擎优化相关的另一个术语是搜索引擎排名。这是对搜索引擎优化的早期认识。

不过，这样的理解不仅不够全面，而且很容易引起争议，尤其是被搜索引擎视为敌人——因为许多从事搜索引擎优化的人员，专门针对搜索引擎的规则，对某些关键词进行排名，不仅干扰搜索引擎检索排名的公正性，对用户通过搜索引擎获取信息形成误导，也损害了搜索引擎服务商的利益。

真正意义上的搜索引擎优化，应该是按照规范的方式，不仅将网站设计得符合搜索引擎索引信息的一般规律，更重要的是，为用户通过搜索引擎获取信息提供方便，让用户最终可以通过网站获取有价值的信息。通过以用户为核心的网站优化指导思想进行网站基本要素的优化设计，最终实现基于搜索引擎自然检索方式的网络营销目的，达到提升网站访问量、推广产品、获得潜在客户的效果。

作为网络营销的一种手段，搜索引擎优化的根本目的是让用户利用搜索引擎这种互联网工具获取有效信息。对这一核心问题没有足够的认识，是对搜索引擎理解产生偏差的根本原因。

搜索引擎优化是网站优化的组成部分，是通过对网站栏目结构、网站内容、网站功能和服务、网页布局等网站基本要素的合理设计，使得用户更加方便地通过搜索引擎获取有效的信息。也就是说，搜索引擎优化的最高目标是为了用户，而不是为了搜索引擎。

2. 搜索引擎优化中的作弊问题

（1）博客作弊。有时候博客几乎就像是某人的私人日记，但是其他的更像是杂志专

栏,紧密地围绕在一个兴趣主题上。很多博客非常受欢迎并且文笔优美,搜索引擎将其重要性与制作精良的网页同样看待,因此,从这些博客来的链接,对于搜索引擎营销人员来说,非常重要。读者可以订阅博客以读到最新发表的内容,并且通常发表他们自己的评论,这就是出现问题的地方。博客作弊的人通常是发表不相关的信息,只含有一些URL 的链接,以便使作弊者达到推动搜索排名的目的。现在很多博客作者都不让读者发表评论了。

（2）留言板作弊。留言板作弊和博客作弊有些相似。

（3）链接工厂。链接工厂是指一个全无有价值信息的网页,除了人为罗列的一个个指向其他网站的链接外,没有其他内容或者内容极少。狡猾的搜索营销人员建立几十个或上百个站点来被搜索引擎索引,这样就可以为想要推动排名的那个站点加入几千个链接。

（4）隐藏链接。隐藏链接使得网站的链接可以被蜘蛛程序看到而人看不到,因此,可以在高排名的网页上堆积很多链接,指向想要推动排名的其他页面。

（5）伪造的双向链接。很多站点会链接到你的站点,前提是链接它们的站点作为回报,但是有些人会试图使用搜索引擎看不到的链接来欺骗你。通过那种方式,你以为得到了链接,但搜索引擎并不给你相应的认可,而使你的"合作伙伴"从你的站点得到了更有价值的单向链接。

四、搜索引擎广告策略

搜索引擎优化是基于搜索引擎自然检索的推广方法,但并不是每个网站都可以通过搜索引擎优化获得足够的访问量。尤其是在竞争激烈的行业中,大量的企业网站都在争夺搜索引擎检索结果中有限的用户注意力资源,很多企业会受到搜索引擎自然检索推广效果的制约,因此,企业的搜索引擎营销策略,往往是各种搜索引擎营销方法的组合。付费搜索引擎广告,因其更加灵活、可控性高等特点,受到企业的认可,2001 年之后获得高速发展,成为网络广告领域增长最快的一种广告形式。

1. 付费搜索引擎广告概述

付费搜索引擎广告的常见形式包括百度竞价排名广告、Google Adwords（关键词广告),以及部分搜索引擎在搜索结果页面的定位广告等。在中文搜索引擎服务市场,百度竞价排名和 Google 关键词广告是主流。两者仅仅在表现形式上有一定差异,实质上都是基于关键词检索相关内容的搜索引擎广告形式,有时也笼统地通称为关键词广告。

2. 百度竞价排名及其表现形式

根据百度网站的介绍,"百度竞价排名是百度国内首创的一种按效果付费的网络推广方式,用少量的投入就可以给企业带来大量潜在客户,有效提升企业销售额"。

竞价排名最初的含义,就是指在搜索引擎检索结果中,依据付费的多少来决定广告的排名位置。付费高的网站信息,将出现在搜索结果最靠前的位置。这里的付费,是指用户每点击一次检索结果的费用。搜索引擎竞价排名推广模式是一种按照点击付费的营销模式,这是有别于其他网络推广方式的最主要特点之一。

五、网站优化

1.网站优化的基本原则

(1)页面是为用户存在而不是为网站,不要欺骗用户,或者向用户与搜索引擎分别提供不同的页面内容。

(2)避免通过欺骗的行为获得一时的高排名。

(3)不要到专为链接而设计的网站中提交网站的链接,特别要避免与那些作弊网站建立链接,或者与那些链接到作弊网站的网站做链接。

(4)不要使用软件去提交页面或查看排名等。这类软件会消耗服务器大部分的资源。

2.网站内容的优化

(1)使一个网站层次分明及文本链接清晰,页面之间通过至少一个文本与其他页面相互链接,为访问者提供一个通向所有重要页面的网站地图。如果网站地图页的链接数超过100,那么应该把它分成多个页面(即每页最多只能有100个链接)。

(2)建立一个有用、内容丰富的能清楚、准确描述网站主题的页面。

(3)收集那些搜索者将使用到的关键词,确保页面里适当地包含这些关键词。

(4)使用文本而不是图片去表达那些较为重要的名字、内容或链接。

(5)确保网页的标题及图片的 alt 属性能正确地表达所描述的内容。

(6)检查死链接及 html 代码错误。

(7)如果决定使用动态调用来架设网站的话,请注意,并不是所有的搜索引擎对动态页面的收录与静态页面的收录都一样好。最重要的是使用到的参数尽量少,URL 尽量短。

(8)保证每个页面有适当的链接数(少于100)。

实训技能目标

◎具备使用搜索引擎工具进行网络商务信息查询及处理的基本能力。
◎具备使用搜索引擎营销工具开展网络营销的能力。

实训内容

1. 建立个人网上品牌。
2. 搜索引擎优化。
3. 百度竞价排名。

实训步骤

1. 检索

用自己的名字在百度等常用搜索引擎中进行检索,结合检索结果思考以下问题:

（1）如何让自己的信息出现在搜索结果的前列,并且出现的摘要信息正好是自己希望别人看到的。

（2）如果你的名字比较"热门"。比如,叫"李晨"等等,网上会出现大量的信息,如何让你自己的个人品牌更有特点并且在茫茫人海中脱颖而出?

（3）你的个人信息暴露在互联网上,会不会引起不必要的麻烦? 哪些信息是不希望被人了解的? 如何保护个人的隐私?

2. 分析网站存在的问题并提出优化方案

基于搜索引擎优化技术对网站进行分析,分析该网站存在哪些问题,并提出解决方案。针对该网站存在的问题写一篇优化报告。具体步骤如下:

（1）从备选网站中选定一个企业网站。

（2）浏览该网站,并确认与网站最相关的 2—3 个核心关键词（如主要产品名称、所在行业等）。

（3）用每个关键词在百度中进行检索,了解该网站在搜索结果中的表现,如排名、网页标题和摘要信息内容等,同时记录同一关键词检索结果中,与被选企业同行的其他竞争者的排名和摘要信息情况。

（4）根据有关信息分析被调查网站的搜索引擎友好性。

实训总结

学生操作后总结自身的经验,以实训报告的形式呈现。

项目六 网络广告

◎认识网络广告。

◎了解网络广告的计费方式。

◎熟悉网络广告的评估方法。

◎了解网络广告的分类。

◎熟悉网络广告的策划。

▼案例观察

福特（Ford）网络广告挑战

福特汽车公司生产的F-150敞篷小型载货卡车,20多年来一直是全美机动车销售冠军。2003年末,福特公司采取新的广告策略,对它提出了一个新的概念。如在同伴案例研究中所描述的,"新的2004年F-150网络广告拉动销售"商业活动在重大的广告活动中是史无前例的,这一关键事件被福特公司CEO威廉姆·福特誉为"福特历史上最重要的广告运作"。

在早期的商业活动中,福特就确信互联网能够成为一个重要的广告运作部分。借助这次商业活动,福特想将互联网度量尺度与整个商业活动尺度进行整合,以更好地了解互联网在支持品牌影响力和新产品销售上是多么有效。

这个广告运作用英语和西班牙语通过电视、广播、平面、户外广告及电子邮件进行广泛的宣传。标准单元网络广告（平面、长方形、摩天楼）在与汽车相关的主要网站上出现。此次网络广告活动侧重于在主要门户网站的高到达率及访问率的页面,包括主页和邮件部分。"数字障碍"宣传是福特公司在底特律的代理商J.Walter Thomopon先生的创意。这些数字化障碍在一个月内的两个重要日子分开出现。

这次商业活动是福特50年来最大的一次,也是2003—2004年度最大的一次广告活动。Marketing Evolution 公司对看到广告的电视观众和杂志读者，以及在网上看到广告的受众做了调研。通过在商业活动运行前、进行中和完成后对电视观众和杂志读者的调查（所谓的前后连续性跟踪研究），来衡量看到广告的受众对其认知度的增长情况。

网络受众方面，通过名为"体验设计"的一流调查方法来进行调查，向约5%浏览过福特广告的受众展示美国红十字会控制广告。网络受众也接受了商业活动中电视和杂志广告效果的测试。Marketing Evolution 将 Insight Express 作为数据收集合作伙伴，智威汤逊公司启用了 DoubleClick 公司管理互动广告活动并实现体验设计的露出、区隔与控制。

电视产生了完全达到受众和购买欲冲击的最伟大层次，但是在成本效果上不如其他媒体。出现在与汽车有关的网页上的网络广告，证实在提升购买欲方面是最有效的。在提升购买欲方面，入口处立放的广告和杂志上的广告比互动广告要贵，与电视广告相比，它们在有效印象成本上有很大价值。

网上商业活动的到达率是惊人的。ComScore 的数据显示：在广告商业活动中，49.6%的因特网用户看到了广告，39%的人看到了门户网站的数字路障广告，8.5%的人看到了汽车网站的广告，1.9%的用户看到了两种广告。

网络广告对销售量的提升有重大意义。整体而言，在调查的时限内，6%的车辆销售可以直接归功于网络广告（不包括点选广告）。

汽车网站上的标准单元广告比路障广告的转变率略高，但路障广告的到达率更高，对销售量的增加有重大贡献。网络广告和数字路障广告的组合是增加销售量的最佳方式。比发现互动广告对实质销售量（甚至不包括点选广告）的增加有重大意义，更重要的是，网络广告的投资收益率是其他非网络媒体的2倍以上。

这个调查跟踪了访问 MSN 网站上汽车与卡车网页的用户，将他们的购买习惯与没有浏览过这些网页的人们做了比较（显示出浏览与购买行为之间的相关性，但不是直接原因），浏览过网页的人购买 F-150 的可能性，大概是没有浏览过网页的人的2倍。

调研人员同样跟踪了数十个搜索网站上的许多相关搜索词的运用。在研究时期，这个搜索术语在所有互联网用户上的到达率是0.6%，但那些输入跟踪搜索词的人占所有购买汽车用户的3%。其购买 F-150 的可能性，是不使用搜索功能的因特网用户的4倍还多。

电子路障广告既相对合算，又产生重要的每天到达率。这些在汽车相关的网站上出现的高成本效益广告，将目标具体集中在市场内部有购车需求的受众上。

　　对于在网上进行调查的汽车购买者,调研者发现,访问汽车和卡车网页与购买 F-150 间的一个逻辑关系:访问汽车网站的人更有可能购买。总体说,约 10% 的卡车购买者访问了 MSN 的汽车频道。

　　同时,线上搜索似乎是最后的选择,并与任何分析的网络元素的销售都有很强的关联性。它的到达率很低,然而被认为是对网络广告和非网络广告的重要补充,但其自身并不是基于到达率的广告的代替品。

　　资料来源:bqq2010.美国最成功的六大品牌网络营销经典案例 [EB/OL].(2010-09-28)[2016-10-10].https://club.1688.com/article/19629193.htm.

一、网络广告概述

　　网络广告(Web Advertising / Internet Advertising,Web AD / Net AD)就是在网络上做的广告,是利用网站上的广告横幅、文本链接、多媒体的方法,在互联网刊登或发布广告,通过网络传递到互联网用户的一种高科技广告运作方式。

　　与传统的四大传播媒体(报纸、杂志、电视、广播)广告及曾经备受垂青的户外广告相比,网络广告具有得天独厚的优势,是实施现代营销媒体战略的重要部分。Internet 是一个全新的广告媒体,速度最快,效果理想,是中小企业扩展壮大的很好途径,对于广泛开展国际业务的公司更是如此。

1. 网络广告的概念

　　简单地说,网络广告就是在网络上做的广告。然而,网络媒介最大的特性,就在于它的互动性,信息的传播方式不是单向传递而是双向沟通。中国广告商情网就把网络广告定义为:在互联网上传播、发布的广告。它在广告形式、收费模式、广告特点等方面与传统广告形式(主要指报纸、杂志、电视和广播广告)有很大的差异。

　　网络广告的含义,有广义和狭义之分。

　　广义的网络广告,是指企业在网络上发布的一切信息,包括公益性信息、商品信息,以及企业自身的网络域名、网站、网页等。

　　狭义的网络广告,是指可确认的广告主,通过付费在网络上发布的,异步传播的,具有声音、文字、图像、影像和动画等多媒体元素,可供网民观看(收听),并能进行交互式操作的商业信息传播形式。

　　综合来看,网络广告是新媒体广告的一种,是确定的广告主,以付费的方式,运用网络媒体对网民进行劝说的一种信息传播活动。

2. 网络广告的起源

追根溯源,网络广告发源于美国。1994 年 10 月 27 日是网络广告史上的里程碑,美国著名的 Hotwired 杂志推出了网络版的 Hotwired,并首次在网站上推出了网络广告。这立即吸引了 AT & T 等 14 个客户在其主页上发布广告 Banner,标志着网络广告的正式诞生。

中国的第一个商业性的网络广告出现在 1997 年 3 月,传播网站是 Chinabyte,广告表现形式为 468×60 像素的动画旗帜广告。Intel 和 IBM 是国内最早在互联网上投放广告的广告主。我国网络广告一直到 1999 年初才稍有规模。历经多年的发展,网络广告行业经过数次洗礼已经慢慢走向成熟。

网络广告的市场正以惊人的速度增长,其发挥的效用越来越重要,以致广告界甚至认为互联网络将超越路牌,成为传统四大媒体(电视、广播、报纸、杂志)之后的第五大媒体。因而,众多国际级的广告公司都成立了专门的"网络媒体分部",以开拓网络广告的巨大市场。

3. 网络广告的要素

(1)网络广告主体。广告主体是指从事广告传播活动的企业、单位或个人。网络广告主体主要有三类:网络广告主、网络广告代理商和网络广告发布商。在网络广告活动过程中,这三者形成网络广告的价值链。网络广告主可以通过自己的网站直接发布网络广告,直接面对网络受众。

(2)网络广告受众。网络媒体的受众往往称为网民(每周上网一小时以上的网络受众)。网络广告受众指的是浏览或接受网络广告的网民。网民的特性构成是网络广告媒体特性的一个重要方面。网民的价值观念与生活方式决定着他们对网络广告的接受行为。

(3)网络广告信息。网络广告信息是指网络广告的具体内容,即网络广告所传达的多媒体信息。网络广告信息包含视觉、听觉、符号、语义和行为五部分内容。以图、文、声、像的多媒体传播形式,传送作用于网民多种感官的信息,大大增强了网络广告的诉求效果。超文本的链接方式使传送超大负载的网络广告信息成为可能。网络广告信息可适时更新、长久保存,供网民超越时空、随心所欲地浏览。

(4)网络广告费用。网络广告费用是在网络上发布广告的资金投入。网络广告有两种基本的计价模式:一种是基于广告显示次数的千人印象成本计价法;另一种是基于广告效果的点击成本计价法。

(5)网络广告媒体。网络广告传播的载体是网络,网络的存在是开展网络广告活动的前提。网络的命运与前途,决定着网络广告的命运与前途;反过来,网络广告的发展水平,也可以深刻影响网络的发展。网络使"地球村"成为现实,广告覆盖的范围越广,接触的人越多,广告效应就越大。网络广告一旦发布,就可以被全世界的人看到,在全球范围内吸引受众注意力,而网络广告主即便是一家不起眼的地方公司,借助网络的传播管道,也能一夜闻名于全球。

4. 网络广告的特征

与电视、广播、报纸、杂志四大传统媒体或各类户外媒体、直邮、黄页相比,网络媒体集以上各种媒体之大成,具有得天独厚的优势。随着网络的高速发展及完善,它日渐融入现代工作和生活,对于现代营销来说,网络媒体是重要的媒体战略组成部分。

网络广告的主要特征有:

(1)受众范围广。网络广告不受时空限制,传播范围极其广泛。

(2)交互性强。交互性是网络媒体的最大优势。其他媒体的信息是单向传播,而网络媒体的信息是互动传播。

(3)针对性明确。网络广告目标群确定,由于点阅讯息者即为感兴趣者,所以,可以直接命中目标受众,并可以为不同的受众推出不同的广告内容。

(4)受众数量统计精确。利用传统媒体投放广告,很难精确地知道有多少受众,而在 Internet 上,权威、公正的访客流量统计系统,可精确统计出每个广告的受众数,以及这些受众查阅的时间和地域分布。

(5)实时、灵活、成本低。在传统媒体上投放广告,发布后很难更改,即使可改动,也往往要付出很大的经济代价,而在 Internet 上投放广告,能按照需要及时变更广告内容,当然包括改正错误。

(6)感官性强。网络广告的载体基本上是多媒体、超文本格式文件,可以使消费者亲身体验产品、服务与品牌。以图、文、声、像的形式,传递多感官信息,能让顾客身临其境般感受商品或服务。

(7)网络广告是多维广告。传统媒体是二维的,而网络广告是多维的,它能将文字、图像和声音有机地组合在一起,传递多感官的信息。

(8)网络广告拥有最有活力的消费群体。网络广告的目标群体是社会上层次最高、收入最高、消费能力最高、最具活力的消费群体。这一群体的消费总额往往大于其他消费层次之和。

(9)网络广告制作成本低,速度快,更加灵活。网络广告制作周期短,即使在较短的周期进行投放,也可以根据客户的需求很快完成制作;而传统广告制作成本高,投放周期固定。

(10)网络广告可以跟踪和衡量广告的效果。网络广告的广告主能通过互联网即时衡量广告的效果。通过监视广告的浏览量、点击率等指标,广告主可以统计出多少人看到了广告,其中有多少人对广告感兴趣,进而进一步了解广告的详细信息。

(11)网络广告的受众关注度高。据资料显示,电视并不能集中人的注意力,电视观众中 40% 的人同时在阅读，21% 的人同时在做家务，13% 的人在吃喝，12% 的人在玩赏它物，10% 的人在烹饪。

（12）网络广告缩短了媒体投放的进程。广告主在传统媒体上进行市场推广，一般要经过三个阶段：市场开发期、市场巩固期和市场维持期。在这三个阶段中，厂商要首先获取注意力，创立品牌知名度；在消费者获得品牌的初步信息后，再推广更为详细的产品信息；然后是建立和消费者之间较为牢固的联系，以建立品牌忠诚。而互联网将这三个阶段合并在一次广告投放中实现：消费者看到网络广告，点击后获得详细信息，并填写用户资料或直接参与广告主的市场活动，甚至直接在网上实施购买行为。

（13）网络广告具有可重复性和可检索性。网络广告可以将文字、声音、画面完美地结合之后供用户主动检索，重复观看。而与之相比，电视广告却是让受众被动地接受广告内容。如果错过广告时间，就不能再得到广告信息。

5. 网络广告的缺点

（1）有一些普遍性的问题。例如，网络带宽、网络终端、安全、结算等。

（2）监管滞后。我国还没有专门的政府相关机构或专业的管理监督手段，来对网络广告进行从制作到发布的全程透彻的跟踪和监控。

（3）无序竞争。网络广告价格的透明化势在必行。

（4）强迫性广告过多。现在网民想躲开强迫性网络广告，浏览一个干净的网页，越来越难了。

（5）网络广告专业人员缺失。目前的网络广告大多是由网络技术人员来完成。受本身专业的限制，网络广告缺乏与行销、传播、美术设计等专业广告要素的契合，从而让网络广告的效果大打折扣。

（6）网络广告的真实性容易受到质疑。由于网络上传的方便灵活，网上会出现很多虚假、夸大广告，误导顾客。

二、网络广告的计费方式

网络广告的计费方式主要有以下 3 种。

1. 按展示计费

CPM（Cost Per Mille 或 Cost Per Thousand Impressions）指每千次印象费用，即广告条每显示 1000 次（印象）的费用。比如，一个广告的单价是 1/CPM，那么 100 万人次访问页面上投放广告的费用为 1000 元。CPM 是最常用的网络广告定价模式之一。

CPTM（Cost Per Targeted Mille 或 Cost Per Targeted Thousand Imprssions）指经过定位的用户的千次印象费用（如根据人口统计信息定位）。

CPM 与 CPTM 的区别在于，CPM 是所有用户的印象数，而 CPTM 只是经过定位的用户的印象数。

2. 按行动计费

CPC（Cost Per Click）指每次点击的费用，即根据广告被点击的次数收费。如关键词广告一般采用这种定价模式。这种模式对广告公司不利，所以很少采用。

PPC（Pay Per Click）是根据点击广告或电子邮件信息的用户数量来付费的一种网络广告定价模式。

CPA（Cost Per Action）指每次行动的费用，即根据每个访问者对网络广告所采取的行动收费的定价模式。对于用户行动有特别的定义，包括形成一次交易、获得一个注册用户、点击一次网络广告、完成一次有效调查问卷等。

CPL（Cost For Per Lead）指按注册成功支付佣金。

PP（Pay Per Lead）指根据每次通过网络广告产生的引导付费的定价模式。例如，广告客户为访问者点击广告完成了在线表单而向广告服务商付费。这种模式常用于网络会员制营销模式中为联盟网站制定的佣金模式。

3. 按销售计费

CPO（Cost Per Order 或 Cost Per Transaction）即根据每个订单 / 每次交易来收费的方式。

CPS（Cost For Per Sale）指以实际销售产品数量来换算广告刊登费用。

PPS（Pay Per Sale）指根据网络广告所产生的直接销售数量付费的一种定价模式。

三、网络广告的评估方法

1. 点选

这是指网络使用者进入网站后，点选过某特定广告的总次数。点选次数愈多，就表示广告愈受欢迎，广告的效果也就愈佳，而广告主可以依点选的次数多少，评估广告成功与否。

2. 点选率

这是指访问网站人数与点选某个特定广告次数的比率，比率愈高，表示广告的效果愈好。

3. 上站人数

这是指就某特定广告可能达到的上网人数，如一个网站有 3000 人浏览过，那么这个广告就有 3000 个上站人数。

4. 流量

这是指网络上有多少资料正在被传递,但同时也可用来表示某个网站受欢迎的程度。

5. 浏览

使用者所用浏览器向伺服器要求下载某一资讯时,每按下一次鼠标就算自浏览一次。

四、网络广告的分类

网络广告基本上可以按照三种方法分类。

(一) 按网络广告的形式分类

1. 传统形式的网络广告

(1)静态的或动画式的旗帜广告。
(2)漂移广告。此类广告不停地在网页上漂浮,以引起网页浏览者的注意。
(3)画中画广告。此类广告又叫跳出广告。它出现在原有的网页上,形成画中画。
(4)全屏广告。此类广告将全屏覆盖,具有强烈的感召力。
(5)按钮广告。按钮广告类似旗帜广告,但经常表现为不同的图形。

2. 富媒体广告

富媒体广告是指具有动画、声音、视频或交互性的广告信息传播方法,包含下列常见的形式之一或者其中几种的组合:流媒体、声音、Flash、3D、Java、JavaScript、DHTML 等。富媒体可应用于各种网络服务中,如网站设计、电子邮件、旗帜广告、按钮广告、弹出式广告。

(1)游戏广告。游戏广告是利用互动游戏技术将嵌入其中的广告信息传达给受众的广告形式。相比许多网站提供免费游戏,或将横幅广告张贴在游戏四周来吸引人的做法,游戏广告直接把品牌信息融合在游戏环境当中,产生了更强的广告效果。
(2)声音广告。2001 年 7 月 1 日下午 4 点,因特网上第一个自动声音正式亮相。只要登上新浪、搜狐、网易、人民网、中华网、光明网、千龙网,网民就会听到"热烈庆祝中国共产党成立 80 周年"的声音。这是上述网站联合推出的"热烈庆祝中国共产党成立 80 周年"公益广告。与传统的网络广告形式不同,这一公益广告首次采用网络自动声音广告的全新方式播出,只要打开网页,就会自动播放。

（3）三维广告。这种广告是 2001 年网易与 ViewPoint 公司合作,利用 ViewPoint 的全媒体技术推出的具有 3D 效果的互动广告。

（4）Flash 广告。Flash 动画为网站的产品展示搭建了一个新的平台,这个平台相对于平面产品展示来说,更加吸引消费者的注意力。但是,这种产品展示的方法对网站建设者的技术水平要求比较高,需要有专门的动画制作部门或请其他公司制作。

3. 电子邮件广告

电子邮件广告产生比较早,在电子邮件普及到个人用户时,电子邮件广告应运而生,而随着科技的发展,电子邮件广告融入了以上各类广告形式。电子邮件广告与传统媒体广告相比,具有传播范围广的优势。任何传统媒体都做不到 100% 的阅读率,而任何一封电子邮件都必须打开后才知道其内容,所以,电子邮件广告被阅读的概率非常高。

电子邮件广告一般可以分为:

（1）广告赞助 E-mail。当用户收发 E-mail 时,广告就会在设定好时间的基础上轮流播放,一般会有时间间隔,不管用户正在做什么。

（2）E-mail 简讯广告。一份 E-mail 简讯包含由组织或个人创造的内容,并通过 E-mail 发送给订阅者。

（3）E-mail 游戏赞助广告。通过赞助 E-mail 树立游戏品牌。

（4）直接发送 E-mail 广告。直接将广告信息发给用户,这是比较常见的一种形式。

4. 手机广告

将因特网平台与移动通信平台有机结合,充分利用因特网信息资源丰富的优势,在计算机终端与移动通信终端之间,移动通信终端与移动通信终端之间,有效地实施网络营销。

企业可通过手机网络平台进行网络营销,实施发布无线广告和商品促销信息等营销活动;顾客则利用手机网络平台,收发 E-mail,上网浏览图像、动画、商品信息和购买商品等。一般可通过短信、WAP 上网、PDA 上网等技术手段进行广告营销。

5. 网络视频广告

网络视频广告是采用先进数码技术（如网络视频流媒体技术、网络视频压缩技术、多媒体通信网络技术等）将传统的视频广告融入网络中,构建企业可用于在线直播实景的网上视频展台。

这种广告可应用于企业专题、人物访谈、重大活动、新产品上市、新闻发布会、产品展销会、展会、重大公告等。

（二）按网站的功能分类

从目前网站的功能区别来看,网络广告有三种类型:

1.网络服务门户站点的广告

这类广告是指在 ISP（网络服务提供者）、ICP（网络内容提供者）的门户网站上做的广告。

由于网络门户站点的访问者较多,所以有较高的广告价值,但门户网站所能提供的广告空间有限。随着网络广告被越来越多的企业所接受,门户站点的广告位显得比较匮乏。

2.企业自己网站上的广告

这类广告主要是企业自身产品的宣传,也广泛用作与其他网站的广告链接。

3.专业网络广告站点的广告

专业网络广告站点如网络广告联盟。许多企业,特别是中小企业,愿意在这些网站上发布广告。这类广告的专业化程度较高,而且广告信息量可以有相当的扩充优势。

（三）按网络广告的受众分类

一般性网络广告没有固定的受众,而窄告广告、定向广告、分类广告却有其特定的受众。

这些广告可以根据广告客商的不同目标用户和投放需求,根据用户的基本信息、上网习惯和兴趣取向等因素,选择最符合客户需求的网络用户进行广告的投放。

1.窄告广告

窄告广告就是通过运用高端因特网应用技术和特有的窄告发布系统,使广告客户的广告内容,与网络媒体上的文章内容、浏览者偏好、使用习性、浏览者地理位置、访问历史等信息自动进行匹配,并最终发布到与之相匹配的文章周围的广告发布模式。

窄告广告使得网络广告能够直接"命中"目标客户群体,极大地提高网络广告的有效性,网络媒体的盈利能力也成倍地提高,而中小企业也有机会用很小的投入,全面利用因特网资源,将自己的商业推广信息送到目标用户的面前。

通过相关分析技术,窄告广告发布系统将窄告发布在各大媒体与之相匹配的文章周围,使得用户在阅读网络文章的同时,可以浏览到与正文相关的重要资讯。

目前,窄告广告的表现形式主要是文字链接与文字描述相结合的方式,用户可以通过简洁的文字描述对窄告广告发布者产生整体认识,也可以点击文字链接,进入相应网站或页面进一步了解。窄告广告可以发布在正文两侧、上下方,也可以在正文中间。

2.定向广告

定向广告发布技术可以将广告传送给最有可能购买相应产品的网民。网站通过用户注册表和 cookie 等途径,收集网民的一些个人资料,再根据这些信息将他们分门别类,然后根据各自的情况向他们发送不同的广告。

假设关键词是"显示器",网站在告诉你一串包含"显示器"的网页地址的同时,还会向你传送一条某品牌显示器的广告。这就是按搜索关键词定向。

定向广告还可以使广告主即时了解广告的运作细节信息。某个时间段在某个页面出现谁的广告,以及单位时间内出现的频率,有多少人点击过,这样的数据是实时的。

虽然定向广告使单位成本提高了 20% 左右,但命中率却提高了不止 20%,因此,还是降低了成本。在做定向广告时,新浪网有个基价,这个基价一般包括年龄、地域、职业等条件;在基价基础上,广告主想增加一个条件,就要附加一项收费,附加到一定程度,广告主再提出条件,收费就不再上涨了。

3.分类广告

所谓分类广告,是指版面位置相对固定的一组小广告的集合。它把广告按性质分门别类地进行有规则的排列,以便读者查找。分类广告内容多为租让、出售、招商、家政、搬迁、招聘等,与老百姓日常生活紧密相关的小规模商业信息。

五、网络广告的策划

(一)网络广告策划的概念

广告策划的概念是在 20 世纪 60 年代,由英国伦敦波利特广告公司的创始人、著名广告专家斯坦利·波利坦首次提出的。

广告策划是对广告运动的整体计划,是为突出广告决策、实施广告决策、测定广告决策而进行的预先的研讨和规划,其核心是确定广告目标,制定和发展广告策略。

为有效进行广告活动,必须加强广告策划,这是广告界的共识。网络广告与传统广告相比,具有许多传播优势,加强网络广告策划,对于网络广告而言,具有特殊的意义。

网络广告策划,是指在充分的市场调查和研究基础上,以企业广告的总体战略为出发点,对网络广告活动进行运筹和规划。网络广告是企业整体广告的一个有机组成部分。

（二）网络广告策划的原则

1. 整合性原则

整合性指网络广告策划必须考虑各种广告媒体之间的相互搭配，即整合多种媒体进行全方位广告宣传。

网络媒体虽然属于新型媒体，但它不可能取代传统媒体，况且网络媒体目前还在不断成熟发展中，还必须通过与传统媒体的整合来弥补网络媒体自身的不足。

某品牌洗发水刚面世时，其广告宣传就整合了多种媒体进行全方位、立体化宣传。在电视广告的画面里，观众可以发现该洗发水的网站地址。它还在全国各地开展了各种促销活动，通过赠送小袋装的洗发水，进一步扩大其知名度和美誉度，同时在包装上也印有网址。当网民登录到该品牌网址时，可以看到网页上有各种促销活动，并开展有奖注册。当注册后，公司会定期向网民的邮箱传递有关洗发水的各种信息。此外，在各大知名网站上也可以看到其广告，各大地方性报纸也对其做了相应的广告宣传。

2. 创新性原则

只有创新，网络广告才能够受到目标网民的注意，才能实现广告本身的价值。网络广告必须出奇制胜，寻求独特的广告定位、广告语言、广告表现等，从而实现网络广告活动的创新。

3. 系统性原则

网络广告策划是对网络广告活动的系统规划。有效的网络广告策划，要求各种形式广告效果在一个维度上不断强化。

网络广告策划的系统原则包括两个方面的含义：

一是采用多种形式宣传同一商品或服务的网络广告，在广告目标、广告策略、广告表现等方面，必须协调一致。

二是网络广告与线下广告相协调。大多数广告主，特别是消费品的广告，并不是单独使用网络广告，而是把网络广告与传统广告配合起来使用，也就是，网络广告策划要站在企业全局的立场上，从系统化角度考虑问题。

4. 亲近性原则

网络广告的亲近性原则，是指网络广告策划要力求贴近网民，将亲善、坦诚、友好、轻松的态度，贯彻到全部广告思想及广告活动中，加强对消费者的感染力和亲和力，在亲密无间的情感氛围中，将广告目的融化到消费者心中。

（三）网络广告策划的内容

1. 网络广告目标策划

所谓广告目标,简单地说,就是广告所要达到的目的。具体地说,就是指企业通过广告活动所要达到的效果。这种效果可以表现为知名度、美誉度的提升,也可以表现为销售额、市场占有率等的提高。

确定网络广告目标,指根据企业的经济状况、营销策略及企业总体广告策略,制定出一个合理的、通过网络广告所能够达到的广告目标。

网络广告目标制定的影响因素有:广告经费、实践性、差异性、服从性等。

雅芳美容化妆品针对 15—25 岁少女推出的彩妆 UP2U,以"美由你做主"作为诉求点,配合孙燕姿代言的电视广告和 UP2U 少女组在北京、上海等城市的现场推介活动,也在网上进行广告宣传。网络广告宣传的目标是配合全新彩妆产品上市,推进产品传播,采取的推广策略是通过线上推出与线下活动相呼应的主题活动,营造一种彩妆新品上市的缤纷气氛。

2. 网络广告对象策划

找准网络广告对象,首先要确定目标消费群体,再从网民们中遴选出目标消费者。

通过市场调查和研究,在充分细分市场基础上,初步确定产品的目标市场。然后针对目标市场做进一步的调查,包括年龄构成、性别构成、文化构成、收入构成、消费习惯、上网时间与长短、喜爱网站和频道等。确定广告对象是网络广告的首要工作。

3. 网络广告地区策划

网络广告地区策划主要是分析确定企业需要在哪些地区实施有针对性的广告活动,广告要覆盖多大的范围。

由于网络媒体具有开放性,网民可以在网上随意访问任何一个开放式网站,因此,网络广告发布的区域性,主要是指某些网站在某些地区的知名度比较高,从而成为一个地区的优势媒体,在这个网站上发布广告的效果会比较好。当然,与传统媒体相比,网络媒体的开放性同时又有它的缺点,即缺乏较强的地区针对性。而传统媒体的地区性传播优势比较明显,如有线电视、城市报纸、地方电台的地区受众群体比较固定,比较有利于配合地区性销售活动的开展。与传统的地方性媒体的有效整合,可以弥补网络广告在地区性覆盖上的不足。

4. 网络广告时间策划

网络广告的时间策略主要是:

（1）广告时限。是指网络广告整体活动在各个网站及频道发布的开始时间和结束时间。

（2）广告时序。是指网络广告产品入市时间的组合问题，即网络广告是与产品推出同步进行，还是在产品推出之前就发布，或者是等到产品有一定的知名度后再推出。这一点与传统广告的时序策划较为相似。

5. 网络广告策略策划

网络广告策略包括定位策略、广告主题策略、表现策略、与传统广告媒介的组合策略、与网上促销的整合策略等。

6. 网络广告媒体策划

（1）网络媒体本身各种广告方式的选择与组合。选择网站主要考虑的因素有：点击率、覆盖面、信誉度等。同时还要考虑到广告目的、广告成本、发布时间、发布范围、网民特点、竞争对手、潜在市场等与企业相关的市场环境因素。

（2）网络媒体与传统媒体的组合。主要包括三种：①网络媒体与电视媒体的组合；②网络媒体与广播媒体的组合；③网络媒体与报刊媒体的组合。网络广告必须与传统媒体进行组合，才能达到最佳效果。

7. 网络广告预算策划

广告预算是对广告主为广告活动应支付的费用而做的预算。这是广告策划的重要组成部分之一，其重要性不言而喻。

实际操作中有两种情况：一种是根据广告预算来制订广告计划；另一种是根据广告计划来制订广告预算。从广告效果方面来说，应该以后一种情况为好，但从企业实际情况看，特别是在资金有限的情况下，前一种方法更为常见。

8. 网络广告效果测评策划

广告做得好不好，就是广告效果问题，这是广告主最为关心的事情。因此，广告效果测评显得非常重要。

在网络广告策划阶段，即应该预先就广告效果如何测评的问题，向广告主做出交代。这就是广告效果测评策划。

网络广告效果测评，是指对广告能否达到预期的广告效果进行评估的过程。

网络广告成功与否，关键要看其是否扩大产品的销售量，是否提升了产品的知名度或美誉度。评价其效果的指标是多方面的，如市场占有率、公众认知度、公众信任度、品牌忠诚度、年季度销售量等。广告反馈系统的功能之一，就是科学地获取这些评价指标，以便对广告效果进行客观的评价。

实训技能目标

◎了解网络广告的分类。

◎熟悉网络广告分类的基本方法。

◎熟悉网络广告发布的流程。

◎掌握在不同平台进行网络广告发布的能力。

◎具备网络媒体沟通能力,能对不同的产品设计网络广告的策划方案。

实训内容

1.网络广告的分类。

2.网络广告的发布。

3.网络广告的策划及投放。

实训总结

学生操作后总结自身的经验,以实训报告的形式呈现。

项目七 炒作营销

◎认识炒作营销。

◎掌握炒作营销的原则。

◎了解网络炒作效应和优势。

◎了解概念炒作营销的方法。

▼案例观察

网络炒作"凤姐"案例分析

牛年岁末,网络再次打造出一个红人,其"染红"速度不逊于牛年伊始的小沈阳和刘谦。既然能瞬间走红,定有红的道理。她曾散发千余份传单征男友,要求只征清华、北大的经济学硕士。她曾说:"我9岁博览群书,20岁达到顶峰。我现在都是看社会人文类的书籍,例如《知音》《故事会》……"这个人叫罗玉凤,被网友戏称为"凤姐"。传播学专家分析:"凤姐很好地抓住了网络传播的规律,这让她瞬间蹿红。"

"凤姐"为什么要以散发传单的方式征婚?频爆雷言囧语是否还有其他目的?火速蹿红后的生活和心理经受了哪些变化?幕后是否还有推手?这是所有关注的人都想探究的问题。

一、"凤姐"横空出世

凤姐征婚在网络中流传已久,2010年11月20日,一篇《我想找个北大清华男结婚》的帖子出现,她列了七个征婚条件:北大清华硕士、经济学专业、有国际视野、身高1.76米至1.83米、无生育历史、东部沿海户籍、年龄25—28岁。自从罗玉凤传单发出去之后,应征电话不断。"每天都有人打电话、发短信求证,或者是应征。给我打电话的人很多,手机都被打停机了,还有个大银行驻中国区首席执行官表示愿与我结婚。"罗玉凤说,她觉得满意的却寥寥无几。

罗玉凤坦白地说,她的身高只有1.46米,平时穿高跟鞋1.53米,大专文凭,目前是上海家乐福的一名收银员,工资每月1500元。传单的散发让罗玉凤小红于网络,然而网友开始熟知罗玉凤,是因为几天前她在接受某卫视采访时说出了"我9岁博览群书,20岁达到顶峰……向前推三百年,向后推三百年,也就是六百年里不会有人超过我的智慧"这样雷倒众生的话。

我想对于凤姐的语录,我们都不会陌生,并且会雷倒一大批人。如:

"我喜欢蓝莓的味道。蓝莓是一种优雅的水果,即使我毫无姿态地坐在路边的水泥地,捡起没有洗过的蓝莓塞进嘴里,我依然认为我是优雅的,因为优雅的蓝莓。"

"奥巴马是非常符合我心目中择偶标准的。"

"于读书之外,本人于甚一向糊涂,像极藤野先生。"

"然而,我不但会教书、会写诗,我还懂服务营销、懂管理,拥有常人不及的语言表达能力和社会交际能力。"

"两个人走在马路上,一遇到有男孩,我马上就故作惊奇地喊一声,帅哥来了。"

"很多人都说我漂亮,我也知道我漂亮。"

二、"凤姐"是怎样看待自己的这种行为的

记者:为什么选择散发传单的方式找男朋友?

罗玉凤:网络上的帖子是由收到我传单的人发上去的,不是我本人发的。采用这种方式,是因为在现实中遇到的人100%不适合我,只有在数量有保证的情况下,质量才能有保证,最终选择采用这种海选的方式。

记者:大家都觉得你征婚的标准太苛刻?

罗玉凤:普通人看到我的标准是北大、清华或是海归的硕士觉着要求很高,但对于我而言这个要求很低了。我的真实情况就是,9岁博览群书,20岁达到顶峰。在我20岁的时候,周围确实没有人在知识面和阅读面上超过我。世界上没有值得我研究的知识性书籍,自然科学的书籍基本上没有我没看过的。

记者:看了这么多的书,自己有哪些提升呢?

罗玉凤:人的想法倒是有提升,但是对我的整体生活质量没有任何的好处。现在找工作需要经验、学历,我的经验不足,学历不够,用他们的话说就是资历不够,即使我具备很强的管理能力和营销方面的能力,但是我没法让招聘方认可,而得到一个符合我能力的工作。

记者：散发传单是否有想借此找到好工作的目的呢？

罗玉凤：我确实有这方面的目的，如果我想从政或是经商，不通过这种方式把自己推销出去的话，我根本没有可能得到一份适合自己的工作，也没有可能慢慢地生活下去。

记者：就是说这个事情是经过你策划的，在做之前你已经想好了过程和结果？

罗玉凤：我肯定已经规划好了，不然我也不会发传单。如果没有规划好的话，传单发出来后，社会影响力出现，如果一般人没有心理准备的话，一定是惊慌失措。但是，我各方面都能从容面对。我有各方面的心理准备，我个人也有规划。我所要达到的目的就是，全国上下，尽人皆知。

我在家乐福做收银员，可以安安稳稳地做下去，他们永远不会辞退我，但是作为一个有知识、有能力的人，不能做一辈子的收银员。但是，不做收银员很难找到好工作，只有通过散发传单我才能把自己推销出去。这个想法我只想了几天，就把传单印好，开始散发了。我只想营销自己不想炒作。

记者：征婚和找工作哪个是你主要想达到的目标？

罗玉凤：用发传单的方式征婚，只是我想找到好工作的一个手段。现在面对媒体所说的话，都是我的真实想法。我想通过各种方式营销自己，但是我没有炒作的意愿。

记者：走红网络以后，生活是否有所改变？

罗玉凤：现在不管在哪里，都会有人把我认出来，在收银的时候，经常有七八个人在我身边拍照。我去小公司应聘，他们不开掉我，我都算幸运了，更别说提拔了。我选择工作就要选择一万人以上的公司，因为小公司的人很难认同我的能力，我在小公司随时做好第二天离开的准备。我的经验是小公司不能去，这就是庙小容不下大菩萨。我已经习惯不好的评价。

记者：现在有人给你提供其他的工作机会吗？

罗玉凤：工作倒是没有，但是有一家广告公司找我代言。不巧的是，我那天休息，他们没有找到我。

记者：具体的代言品牌和价钱都没有谈？

罗玉凤：现在还没有具体与我商谈代言的公司，但是我的代言费用是10万元，净收入是10万元。

记者：是税后10万元吗？

罗玉凤：税后？这个我不太清楚。

记者：你关注网络的留言吗？

罗玉凤：网络上的东西我会关注，虽然会影响我。我是边投简历，边看那些言论，挺影响心情的。但是，我是一个很宽容的人。如果我把自己看作是一个管理者，把那些写出"凤姐""征婚女"信息的人当作被管理对象的话，我对他们是非常宽容的，不论他们怎么想，怎么议论，我都是非常欢迎的。

记者：对于不好的评价你怎么看待？

罗玉凤：不好的评价我从小听到大，已经习惯了。就是从小到大，很多人都夸我很漂亮。但是征婚之后，很多人都说我丑，这让我大吃一惊，我觉着很不可思议。现在我在和一个澳大利亚的留学生接触，他是一个跨国公司的财务总监。我看过他的照片，是我喜欢的类型，过段时间等他回国后，我们可能要见一面。

三、网络炒作分析

1. 精心策划炒作

罗玉凤征婚事件为网络营销策划机构策划的炒作，目的就是让罗玉凤出名。

罗玉凤对记者说："在某卫视台做节目，那两个男人和我的好朋友都是群众演员，并不是我的男朋友，我之前不认识他们。这样的故事可能会发生在我今后的生活中，因为我是一个比较多情的人。但是，目前在我的生活中从来没有遇到过那样纠缠不休的男朋友。"

而就在昨天，某网络营销策划机构主要策划人之一王先生向《广州日报》记者坦言，罗玉凤事件确实是该公司一手策划的。王先生介绍，2009年下半年，罗玉凤自己找到他们，说她想出书，改变生活现状。他们从"史上最牛求爱男"事件中得到了灵感，建议了那七个择偶条件，还在某卫视节目中策划了小志和雪莲这两个人物来推波助澜。王先生表示，他们推人的起步价是50万元，公司曾拒绝很多条件好的女孩，之所以推罗玉凤，并且这次基本没收罗玉凤钱的原因，就是想利用她做文章把她炒红，也利于公司进一步开拓业务。

中国传媒大学广告学院院长黄升民认为："凤姐是继芙蓉姐姐后又一个成功突围的网络红人。凤姐事件中不乏网络推手的策划，更重要的是他们对网络信息传播规律的把握。目前中国网民基数很大，并以年轻人为主，网络中出现的另类言行都会很快被网友发现，进而在论坛或博客中转载，得到很高的关注度和点击率。媒体也会随之进入，对事件做相关报道。不论正面还是负面，最终都会形成较为广泛的社会影响。对于一个网络红人来说，广泛性、感官性及点击率,是他们走红的关键。"

2.可能有精神分裂

有人认为:"符合她征婚条件的男人,全中国不到 100 个。""她是这个时代的引领者。"除了恶搞之外,有网友认为,精神分裂的患者一般意识清楚,智能基本正常。早期症状有:脱离现实,沉湎于幻想之中做"白日梦",情感变化、行为异常,语言表达异常……"她已经因自身的敏感和自卑造成轻微的精神不正常,她需要的是心理辅导。"

资料来源:赵喜斌.网络红人"凤姐"染红记 [EB/OL].(2010-02-10)[2016-10-10].
http://news.163.com/10/0210/15/5V61DISO000120GR.html.

一、炒作营销概述

"炒作"一词来源于娱乐圈,最初是为了包装娱乐产品而进行吸引眼球的夸大宣传或疑似绯闻宣传。炒作让大众熟识是在保健品界,如史玉柱的脑白金。脑白金市场火热之后,其势能被无数的保健品营销企业无限放大,并且产生了巨大的能量。炒作就是有意通过透露某种似是而非的绯闻或异常现象来吸引媒体报道,以使自身达到某种得名或获利的目的。炒作也是媒体用捏造、夸大、推测等非正常报道手段对某人或某事进行报道。炒作的目的是制造噱头,吸引读者的关注,最终提高报纸的发行量或网站的点击率。炒作的窍门是充分利用人们的窥私欲、揭秘欲,发挥作者的制造力和想象力,忽视客观真实性。炒作的特征是错误地把握新闻报道的度。

炒作实质上可以分为两类:自我炒作和他人炒作。炒作不仅仅限于明星和娱乐圈,更常见于产品和企业。

网络炒作不是一个贬义词。在很多的时候,炒作是一门艺术,学会炒作要考虑到:

(1)目的。策划人员应该明确是为什么炒作,通过该次炒作能实现什么目标,达到什么效果。设定目标是第一步。

(2)热点。执行炒作的人员应该是明了市场热点的人,最起码知道哪些事情发生后会引来公众关注,比如上海发生的住宅楼倒塌事件,比如北京三里屯优衣库事件。执行炒作人员应有这样的市场敏感度,能够预测出事件未来被放大的可能性。

(3)关联。炒作不能无的放矢。一个好的事件应该有果有因,适当地把炒作的元素糅进事件中引起公众的关注是整合营销的高招。比如,上海住宅楼倒塌事件,除了房地产行业可以看图说话外,还可以关联到对玻璃行业的关注,也可以关联到钢铁行业。关联度不能太勉强,比如上海住宅楼的倒塌不能关联到服装行业。

（4）引导。即把公众的关注引导到所希望实现的炒作目标上。整个炒作过程最难的就是引导。

（5）平台。把想法落实成事件引起公众关注是引导，而把事件传播出去就要看平台了。媒体就是平台。媒体有多种，采用平面、网络、视频还是广播，就要看最终的受众。一般来说，能够引起足够的互动性交流的平台才是最佳的炒作平台。从各种炒作案例来看，便捷性较高、影响面较广、互动交流比较频繁的最佳平台是网络。

（6）互动。炒作的高潮在于互动，这是炒作的核心所在。就像一个歌手唱歌，如果这名歌手走下舞台和观众互动，效果肯定不一样。炒作只是表达一个观点，公众不可能只接受一个观点，所以需要不同的甚至完全相反的观点来对立，这就是自我炒作。观点越对立，用词越尖锐，炒的火苗就越旺，引起的公众话题就越多，公众的参与兴致就越高昂，最终实现的炒作目的就越完美。

（7）心态。炒作要适可而止，绝对不能又长又臭。好的炒作既能实现炒作的目的，又能给观众无限的想象空间，不显山不露水，暗度陈仓才是最高境界。所以，炒作也要求有一颗平和的心态。

二、炒作营销的原则

1. 知名度与美誉度并重

所谓知名度，是指被人们知悉的程度。追求知名度是商家进行炒作的首要目标。因为只有首先唤起受众注意，让他们记住企业和产品的名号，才谈得上实现其他目标的可能。

美誉度是指社会、媒体、公众的肯定性和赞誉性的评价程度。对企业和产品而言，美誉度往往是公众对其质量可信度、社会公信力、市场竞争力、服务诚意、致力公益和回报社会等方面的综合评价。相对于知名度目标来说，美誉度是更高层次的目标要求。

一般来说，初入市场的产品往往将更多的注意力放在知名度目标上，它必须借助一定的炒作性营销，给大众留下不可磨灭的品牌印象。因为知名度是消费的重要前提，人们在超市购物时，总是习惯性地挑选那些被大家所知晓的品牌。

但知名度不是一切。如果伴随高知名度的是不美好的印象，那么这种知名度就成了致命的因素。就像一个普通人犯错和一个名人犯错，所受到的关注和谴责会相去甚远一样，对于知名企业和知名品牌的苛责是不可避免的，与此同时，其负面消息的传播也会更快、更深远。

获取美誉度的关键是产品质量、管理水平和服务质量。此外，借助炒作营销来表明企业勇于承担社会责任、对消费者负责、积极回报社会的立场与诚意也是必要的。有很多知名企业都十分注重非营利性的投入，如捐资办学、兴办福利事业、救助社会弱势群体、投资兴建公共设施、设立见义勇为基金等。

2. 炒作理念适度领先

炒作营销往往要传递某种生活理念或消费理念,这时就需要准确判断什么样的理念才是前卫的、新潮的、受欢迎的、代表着进步方向的,什么样的理念已经显得保守、落伍、郁闷无趣甚至妨碍社会进步,而什么样的理念又因为过分超前将会引来社会主体否定性的评价。

人人都知道过分保守和过分超前都会妨碍媒体和大众的认可,炒作营销需要争议性效果,但很难确定黄金分割点到底在哪儿。一般来说,比较理想的是选择适度领先的理念。

所谓适度领先,就是具备一般智力、判断力和社会信息获取力的公众已经感知和产生兴趣,但还没有被普遍认可。适度领先的生活理念和消费态度,总是可以激发人们进一步关注和了解的愿望,而且由于其所代表的新生意义,媒体也有更多的报道热情。一些企业甚至可以借此一举奠定市场领袖地位。

3. 要与内在品质相关联

成功的炒作营销必须是品牌、活动、目标消费者相互关联。一个品牌是不会自动地将自己与其活动联系起来的,必须在品牌与活动两者之间建立并支持某种联系,让消费者能在活动中认知品牌,产生品牌联想,使品牌能潜移默化地与消费者进行情感的沟通。当品牌成为活动本身一个不可分割的部分,或者品牌赞助活动与消费者本人的身份、个性或生活方式有关联时,这一炒作营销的目的就实现了。

炒作营销一定要找到品牌与热点资讯的关联点,不能脱离品牌的核心价值,这是炒作营销成功的关键。应该把品牌的诉求点、炒作资讯的核心点、公众的关注点重合在一起,形成三点一线,贯穿一致。品牌内涵与炒作资讯关联度越高,就越能让消费者把对炒作营销的热情转移给品牌。不考虑品牌内涵与炒作的相关性,生拉硬拽,什么炒作资讯都想利用,什么资讯主题都想炒作,最终只会导致品牌形象模糊。

2001 年初,"喝农夫山泉,为申奥捐一分钱"活动,巧妙地把营销与公益融为一体。"再小的力量也是一种支持",伴随着刘璇、孔令辉亲切的笑脸,在申奥的日子里,农夫山泉渗透在消费者的心中。

2001 年,中国申奥成功,白沙第一时间在全国各地候车亭发布广告:"这一刻,我们的心飞了起来。"这一广告巧妙地展示了白沙"飞翔"的品牌内涵,给消费者留下深刻的印象。

2003 年,"蒙牛——中国航天员专用牛奶"炒作营销成功的关键,也在于找准了蒙牛品牌内涵与"神五"的关联性。航天员过硬的身体素质会令人自然地联想到健康、营养的牛奶,而蒙牛正是中国航天员专用牛奶。蒙牛该次炒作营销也被评为当年"中国广告业十大新闻"之一。试想如果用洗发水来做这个炒作营销,效果就会令人担忧。

4. 规模要与目标相吻合

炒作规模与目标相吻合原则，是指炒作营销的预期目标和炒作尺度的大小之间要比例得当。既不要浪费资讯炒作所包含的品牌信息，也不能给人留下小题大做甚至无事生非的印象。

一个成功的、合理的炒作营销方案，其目标大小必须和炒作资讯本身的意义大小相吻合，一旦受众并不能感觉到被当事人视为"十分严重"的情节，其注意力也就无法向当事人所期待的目标上转移，甚至还可能因为"小题大做"而导致自己的美誉度、社会认可度受到不良影响。

在炒作营销中，往往为了追求一时的轰动效应，而疏忽了品牌传播中的价值对等，造成炒作营销与品牌属性之间的价值不对等，从而诉求一个没有任何亲和力的品牌，或者损伤原有的品牌价值。

温州某鞋业为了追求知名度，聘请因"西安宝马案"而一夜成名的放羊娃刘亮担任代言人，结果反响寥寥，更多娱乐记者只把镜头对准一直试图自圆其说尴尬不讨好的刘亮，疏忽或根本对鞋业品牌不屑一顾。况且，以放羊娃出身的刘亮代言自认中高端品牌的鞋，本来就是个不伦不类的错误搭配。

奥克斯之所以在炒作营销运用中占尽风头，是因为先前传播的"爹娘革命"和"技术白皮书"，都与其一贯倡导的"优质平价"的品牌价值对等，如果其推出的是高档产品，那肯定是问者寥寥了。

所以，在炒作营销中，要从全局上把握住宣传的关键点，要把炒作特性与品牌属性有机结合起来，抓住传播的重点，抢占主流媒体的视线，达到炒作同步传播的程度。发动了媒体的传播势能，最终也就抓住了目标受众的眼球。

5. 要合乎情理的逻辑

高明的炒作营销，看上去就是具有聚焦价值的资讯新闻。事实上，它本身就是在提供新闻。炒作者通过强化聚焦资讯要素，使炒作资讯成为适合媒体运用的具有聚焦价值的材料，从而不知不觉中影响着受众，让受众在获取聚焦资讯的同时接受某种商业信息。也就是说，炒作营销的前提，是制造真正的具有聚焦价值的资讯，提供真正的具有聚焦价值的资讯信息，而其中包括的营销信息只是顺带附加其上的延伸物。

置身事外的首要条件，是将所要炒作的聚焦资讯设计得合乎事情发展的内在逻辑，看上去是一个自然而然的演进过程，而不是一个透着强烈人为色彩的"表演"。表演性资讯炒作营销往往在美誉度上要大打折扣，从而影响到目标的达成效果。

炒作营销操作者必须事先准备合乎情理的解释。如果只是牵强附会地随便找一个理由，立马就会让人察觉出你的商业用意。炒作营销主要存在两种形态，一种是借势，一种是造势，充分利用这两种形态能为企业节省更多的广告费用，而达到广告所不及的品牌传播效果。借势和造势都可以利用炒作营销来实现，进而充分传播品牌属性，所以炒作营销方案必须符合品牌所指向的特定群体的文化特性。

乐百氏在桶装水的上市、推广、促销、销售过程中，就充分利用了炒作营销这一利器，通过让消费者到工厂参观、挺身抵制水票"逃单"、向"黑桶"宣战等一系列炒作营销活动，充分利用炒作营销组合拳，周密部署、巧妙安排、有张有弛地打击当时出现的不利于健康主题的观念，一举成为该市场的高端品牌。

济南大明湖为了开拓市场，也欲采用炒作营销模式，将以往的传统景观"明湖捕捞"予以恢复，以期达到市场竞争目的，但其结果，却因疏忽了环境保护的文化特性，灰头土脸地收场。

白沙文化聘请刘翔为其演绎"鹤舞白沙，我心飞翔"。本来作为"东方飞人"，以其名字中的"翔"字演绎白沙一贯的广告语"鹤舞白沙，我心飞翔"，简直是天作之合。奈何刘翔作为中国体育界的明星，应弘扬健康向上的体育精神，代言众所周知的违禁烟草广告只能落个被叫停的结果，完全是白沙文化疏忽了其主导产品的社会文化特性。

6. 要坚持渗透性和持续性

炒作营销首要的问题是制造话题，找到热点，发现商机。炒作营销的企划与创意是极其重要的，它必须新颖独特、有吸引力、能够成为媒体的追逐热点，应避免盲目与混乱。必须考虑此活动能在多大限度内为品牌提供展示的机会。炒作的主题应是鲜明、简洁的。话题不是随意就能制造的，制造的话题对品牌的认知必须是正确而有益的，必须是对企业营销能产生正面效应的，有助企业的长远利益和目标的，否则将是炒作营销的一大败笔。

如果公众喜欢这一活动，并能从活动中得到乐趣，那么公众的这种肯定态度很可能转移到品牌上来。所以，成功的炒作营销，必须在企划与创意中充分地体现公众的参与度和娱乐性，要能够将品牌信息渗透进消费者心中，为消费者指引消费方向。

炒作营销能迅速提升知名度，扩大影响。但一个品牌价值的累积，需要不断出击，需要持续不断地制造炒作话题，抓住机会，全方位地、不失时机地整合各种促销手段宣扬品牌，提升品牌价值，持续不断地培养忠诚消费群。

7. 要炒别人没有炒作过的

First 是炒作营销的关键因素，因为是第一，所以才有聚焦价值，才能吸引眼球产生轰动效应。这就要求进行炒作营销时要巧思创意，做别人没有做过的，说别人没有说过的。创意指数越高，公众关注度越高，效果就越好。柯受良再一次冒险驾驶吉利汽车飞越布达拉宫时，就没有引来很多人关注。那些炒作营销的经典案例无一不是令人耳目一新的。

富亚公司老板喝涂料曾引来满堂喝彩，轰动了整个北京城。富亚公司给小猫小狗喝涂料本想宣传自己产品的健康、环保,却遭到动物保护组织的反对,老板情急之下就自己把涂料喝了。这一炒作事件被国内媒体争相转载,满足了人们对资讯新奇性的追求,也使富亚公司产品销量大增。

本田公司社长青木勤看着路上穿梭行驶的车流,心生感叹:车卖得越多,尾气对城市的污染就越严重,所以不能只顾卖车,而应当通过卖车来促进城市绿化。于是,一个"你买我的车,我为你植树"的绝妙创意在青木勤社长的脑中产生,今后本田公司每卖一部车,便在路边种一棵树。这一举措在消费者中引起很大反响:同样是买汽车,为何不买绿化街道的本田车呢?令人耳目一新的炒作营销,使本田公司的汽车销售量猛增。

同样是借势我国载人航天飞船的炒作营销,"神六""神五"的营销效果却迥然不同。2003年,蒙牛借势"神五"一飞冲天,全面提升了品牌价值,成为炒作营销的经典。两年后的几乎同一时间,中国企业界又掀起了借势"神六"的营销高潮,然而,除蒙牛乳业继承了"神五"炒作营销的精髓外,其他众多赞助企业大都表现平平,还没有一个企业一鸣惊人,脱颖而出。为何效果迥然不同呢?"神五"作为中国载人飞船第一次升空,在我国航天大事业的历史上具有里程碑的意义,自然是万众瞩目的焦点。"神六"虽然比"神五"在技术上有重大突破,但毕竟是第二次,炒作悬念少了,炒作的轰动效应也减弱了,自然无法同"神五"等量齐观。

可见,做别人没有做过的,说别人没有说过的,以奇制胜,才是炒作营销成功的关键所在。

8. 炒作后整合传播要到位

炒作营销的最终目的是提升品牌价值,但是一个炒作营销产生的轰动效应,毕竟是短暂的,想要保持炒作营销对品牌的长期影响,还需在炒作营销后将炒作及品牌的相关信息不断灌输给消费者,并把公众的注意力潜移默化地转化为实际购买力及对品牌的忠诚,不至于炒作降温后就很快被人们淡忘。这就需要企业在炒作营销中和炒作营销后做好品牌整合营销传播工作。

当年蒙牛借"神五"一飞冲天,除了找准了关联性之外,其到位的整合营销传播也是成功的关键。早在"神五"成功发射前,蒙牛便花了两个月的时间策划这次活动,调动了上千人参与,确立了"蒙牛,强壮中国人"的传播主题,并与广告公司、电视台签订了"军令状"。2003年10月16日6时23分,"神五"安全着陆。就在举国同庆之时,蒙牛关于此次飞行炒作的电视广告、户外广告、网络广告第一时间在各大城市实现"成功对接","蒙牛——中国航天员专用牛奶"在极短时间内传遍全国,同时蒙牛的销售渠道也积极跟进,一系列整合营销传播行动有条不紊地展开。

然而,同样是"神五"的赞助商,飞亚达的表现却差强人意。"神五"安全着陆后,飞亚达没有抓住契机,积极跟进展开有效的整合营销传播行动,除了央视《新闻联播》前的倒计时广告外,鲜有其他精彩之笔,中国第一块航天表的身份没有得到人们的关注。直到 2003 年底，飞亚达才推出一款圣诞手表，显示了自己赞助"神五"的身份。飞亚达虽然也曾推出一款 1980 元的仿制航天表——"航星"民用手表，然而蜻蜓点水，没有进一步向高端手表市场挺进，错失了借势"神五"进军高端市场的良机。另外，据悉，欧米茄也曾希望高价成为"神五"的赞助商，甚至动用外交途径希望促成此事，但国家出于对民族品牌的支持，最终还是选择了飞亚达。其实，"飞亚达胜出欧米茄"也是一个可以借势的亮点，可惜对此飞亚达未有精彩之笔。

作为一个企业，品牌传播不仅要懂得策略，还必须具备一种特殊潜质——复原力。复原力是指企业在市场中受到某种危机后，能够发挥潜质，迅速恢复原有生气的能力。炒作营销中，品牌传播的复原力是至关重要的，否则很难形成炒作营销的涟漪效应。

冠生园炒作、重庆的火锅底料炒作、金华的"毒火腿"炒作和温州的"乡巴佬染色素"炒作，都有着大同小异之处，但在危机炒作的处理上却不尽相同。冠生园自被中央电视台曝光后一蹶不振，月饼市场再也难觅其踪迹。同样被曝光的还有金华的"毒火腿"和温州的"乡巴佬"，但金华和温州在处理上就及时和得当，从而使得金华火腿和"乡巴佬"食品很快恢复生气，重新成为消费者的钟爱食品。冠生园和重庆火锅协会却缺乏公关能力，品牌传播复原能力差。

9. 要保证公众参与度

人们往往对远离自己生活的炒作淡然处之，也许炒作本身具有很高聚焦价值，但因为和自己实际生活关系不大，所以有可能很快就被淡忘了，比如伊拉克战争、外国的自然灾害等，仅仅谈资而已。然而如果炒作的资源就发生在我们身边，或我们身临其境，亲身参与，则会难以忘却，甚至刻骨铭心。

炒作营销要想深入人心，影响久远，炒作资讯的公众参与度不可忽视。公众参与度高的炒作营销，往往能在不经意间悄然入心，巧妙地拉近品牌与大众的距离，树立良好的品牌形象。

"超级女声""梦想中国"为什么能吸引人气，就是因为它给平民提供了一个展示自我的舞台，登台表演不再是专业人员的专利，普通百姓也可以积极参与。直播期间，观众还可以发短信投票，为自己的平民偶像摇旗呐喊。这种互动参与性使节目很快成为大众关注的热点。

炒作营销要在充分市场调研的基础上把握住大众的心理，进而创意性地打造具有聚焦价值的资讯，而只有参与度高才能拉近大众与产品或服务的距离。蒙牛在"神五"的营销运作中，以"举起你的手，为中国航天喝彩"这一情感诉求紧紧抓住了中国民众的心理，虽然"中国航天员专用牛奶"之类的口号和广告语没有什么创意，但蒙牛凭其雄厚财力和营销策划能力让这些口号同时在各种媒体和广告载体上上演，这种高密集的轰炸让受众无处躲藏。

不过，蒙牛有一点做得不到位的是，没有让受众充分参与到炒作中来。即便是在中国的几大门户网站上举办互动交流的"神五"专题讨论,参与的网民与数量巨大的民众相比,也只是微乎其微。蒙牛完全可以做更多具有更高大众参与度的活动,如制造用"神五"纪念装的牛奶,限量销售;喝蒙牛牛奶与杨立伟面对面,或者参观中国航天博物馆等。这些活动与广告的配合将会极大地促进销售。

10. 必须控制舆论导向

炒作营销本来就是借力打力或是用力打力,终究离不开媒体,因此,在炒作营销中,要有绝对的媒体舆论导向控制力。在炒作营销的大潮中,诸多企业"八仙过海,各显神通",但即使是同样的契机、同样的炒作,由于不同的运用,取得的效果也就不尽相同。这在很大程度上取决于企业与策划人对炒作营销传播规律的把握眼光,对舆论导向的控制力,以及炒作营销策略的执行能力。

在"微波炉有害"的黑色谣言中,作为全球最大的微波炉生产企业,格兰仕首当其冲。粉碎这一谣言并化不利为有利,是格兰仕的首要责任。格兰仕借着这次危机,正本清源,从侧面喊出"正确引导消费,规范竞争环境"的口号,通过国家工商行政管理总局、中国消费者协会等权威部门和专家的研讨会,借力反击,通过多种媒体多方交叉拨乱反正,不仅有效化解了危机,同时也为自己争取到了更多的忠实客户。

海尔在财务报表诚信危机中,则通过合作与发展的关系,迅速扫清了媒体的负面影响。

三、网络炒作效应和优势

1. 广告效应——有效降低企业宣传成本

网络炒作的重要特征之一是创造话题,借助话题吸引公众议论,形成口碑营销,起到口耳相传的广告效应,达到营销传播的目的。

现代企业在广告上的投入越来越大,一个新产品投放市场往往需要巨额广告费用开路。这一笔高昂费用成了一道巨大的门槛,使得不少品优价廉的同类产品根本无法被市场所认识。与此同时,靠广告铺路的产品将大量广告费用转嫁到消费者头上,直接导致了竞争的无序和混乱,最终侵害的不仅是消费者的利益,更是整个市场秩序。正像《大败局》一书所指出的那样:"这种轰炸式的广告投放在进入市场之初,往往能取得出奇制胜的效果,可是在随后的市场拓展中,它必然会面对两个挑战:一是持续的轰炸必然会引发消费者的关注度衰退,轻者造成阅读疲劳和麻木,重则可能带来反感和厌恶。二是仿效者的蜂拥而入,必然造成新鲜度的下降,使广告效应互相抵消,最终造成一种没有广告就销不动的依赖性症状。"

如何做到出奇制胜、以巧取胜,完成四两拨千斤的市场启动,成了摆在商家面前的重要课题。而其中最可能也最必需的手段就是网络炒作。

网络炒作的成本相对于整合营销传播、广告设计、电视广告片拍摄、媒介广告投放等传统、正规营销武器而言，代价显然要小得多。传统、正规广告活动一般都承受了极大的市场压力，如广告没有效果，或者没有达到预期的营销效果，企业可能从此一蹶不振。很多企业在创业初期，资金极为紧张，投放广告都是拿全部家当来赌，压力已经绷紧到最高点，不容许有丝毫闪失。而网络炒作可以加大保险系数，让营销活动不再那么孤注一掷，即使失利，也不至于失去东山再起的机会和本钱，而一旦成功，省下的钱就是自己口袋里的利润。

此外，网络炒作还可以弥补传统、正规营销武器的不足，让广大消费者看到，除了该企业投放的广告之外，其公众形象、媒介形象、社会舆论形象也都很好，这就从侧面减轻了正规广告活动所承受的营销压力，从而起到了有效降低企业成本的作用。

1998年在IT界横空杀出的网络新贵张朝阳，就是一个吃免费餐的高手，作为麻省理工学院毕业的物理博士，在开办搜狐网站之初，他就特别懂得炒作自己，让各大媒体为他提供免费的午餐。他首先充分利用自己的留美背景，大肆炒作"网络启蒙之父"尼葛洛庞帝，再抛出自己与尼葛洛庞帝的合影，宣称自己是尼葛洛庞帝"唯一的中国嫡传学生"。他还率先在中国提出"注意力经济"的概念，同时制造一个颇为煽情的问题："张朝阳会在两三年内成为中国首富吗？"引领传媒的系列炒作很快为他带来知名度、利润和新的炒作点——当年10月，美国的《时代周刊》将他与比尔·盖茨、史蒂夫·乔布斯、杨致远等声名显赫的IT巨头一并列为"全球计算机数字化领域50位风云人物"。张朝阳就这样凭借网络炒作完成了一个创业者必需的传奇版本，同时将搜狐网一举推上一流网站的位置。

2. 宣传效应——提高企业影响力并促进可持续发展

网络炒作能够吸引媒体的关注，引发竞相报道，是其另一特征。

"棋行大地，天下凤凰"算得上是2003年度最有影响的炒作营销案例之一。凤凰作为偏居湖南一隅的小县城，虽然风景秀美、古风流传，而且有着浓厚的人文资源（是沈从文、熊希龄、黄永玉等名人的出生地），但由于地理位置等方面的原因，并没有在旅游上取得重大突破，特别是该县发掘的南长城还没有吸引来足够的关注。如何让更多的人认识、了解凤凰，并进一步产生想来旅游的欲望呢？最终他们借助"湖南旅游节"的机会进行了一场大型网络炒作：邀请围棋界名流常昊和曹薰铉在南长城进行"中韩围棋对抗赛"，同时以大地为棋盘（棋盘总面积达1005平方米，号称"世界第一棋盘"），以261名少林、武当弟子为围棋子进行现场演示。整个南长城所在山体被特邀来的"包裹艺术"大师用13万平方米进口红布包裹起来等待现场揭幕，营造出浓郁的神秘气氛。此外，他们还特意设计了大打名人牌，邀请黄永玉、金庸等现场观棋助阵的计划。此等甚有聚焦价值、资讯兴奋点甚多的网络炒作，自然大有炒作价值，包括中央电视台、凤凰卫视在内的各大媒体纷纷派出强大记者阵容，进行现场直播和报道。凤凰的受关注程度大大提高,很大程度上提升了品牌形象。

3.公关效应——有利于企业或产品品牌的建设和发展

成功策划运用网络炒作,贵在广泛吸引全民参与,参与度越广泛,热情越高,涉入越深,营销的效果就越好,并越有利于品牌资产的建立。要使消费者对品牌忠诚,与企业建立关系,就必须请顾客参与到企业的营销活动中来。消费者涉入营销活动的过程,是建立品牌和顾客关系的关键。融入程度越高,品牌忠诚度就越高,顾客关系就越能稳固长久,也就越有利于企业或产品品牌的建设和发展。

4.促销效应——有利于产品销量的快速拉动

成功炒作营销所制造的话题,通常是具有亲和力的,为消费者所喜爱的。人们喜爱某项活动,从活动中得到乐趣,就会把这种感情转移到品牌上来。

成功的网络炒作必然产生爱屋及乌的促销效应。虽然绝大多数人已经注意到网络炒作对企业的作用,但是多数人或是将网络炒作理解为软性广告、有偿新闻,或是片面追求轰动效应甚至不惜弄虚作假、散布谣言,而没有意识到网络炒作自身的规律,更没有有意识地区别研究不同传播媒体的运作方式和趣味倾向。即便一些事实上借助传播媒体达成炒作效应的案例,当事人也更多是瞎猫撞上了死老鼠,事先缺乏完整、系统的设计,事后也没有进行理性、科学的评估和归纳。

四、概念炒作营销的方法

概念炒作是一种杠杆,可以迅速启动消费认知,释放消费欲望,令产品在短短数个月内红遍市场。网络炒作也是一种造梦工具,可以将产品、品牌变成帮助消费者实现梦想的载体,从而拨动其消费产品之弦。

概念炒作营销的主要方法如下:

1.以创新产品概念进行炒作

美国市场营销学家菲利普·科特勒认为,在产品的开发策划中,产品的概念有着重要的地位。产品的构想仅仅是企业本身希望提供给市场的一个可能产品的设想,这些设想经过筛选,可以发展成为产品概念。"产品概念是用有意义的消费术语表达的精心阐述的构思。"朦朦胧胧的设想经挖掘形成概念以后,便能清晰地将厂家的意图,切实可行地变成产品供给消费者了。从科特勒的分析可以理解到,产品概念就是能够满足消费者某种需求的产品特征。产品概念的创新是最有效的商品促销。为顾客设计并让他们接受某种概念,比简单地推销商品,会获得更大的市场效益。

当企业不具备产品质量、价格及服务的优势,不能树立产品所在行业的名牌形象的时候,完全可以利用别出心裁的概念优势,或改变人们的观念,或排挤一些太软弱的概念并取而代之。如"七喜"饮料,既不是以质量取胜,也不是以服务和价格取胜,而是以"非可乐"的概念取胜。

在营销中,概念往往都是小型的、具体的,大多还伴随着生动的形象,有的还富有挑逗性。一个意念、一种感受、一份愉悦、一点欲望,当中哪怕包含了某些不大正统的东西,但只要让它流行起来,为大家所接受,就能成为促进商品销售的有力武器。

2. 以突出技术层面进行炒作

高新技术往往能够吸引大众目光,如果在概念炒作中把概念适当往高新技术上靠,就能够提高产品层次,促使购买实现。企业应在概念炒作营销中加入对产品新技术概念的提炼、概括,这是迅速吸引消费者眼球的方式。

THINKPAD 笔记本推出用人脸识别技术的概念,立马与其他笔记本有区别性的差异化卖点。创维电视推出"不闪的,才是健康的"营销概念,不仅有效地诠释了自己产品的技术特点,也迅速切中了对健康问题非常重视的目标消费者。而当年联通推出CDMA 手机,打出"绿色手机"概念,更是吸引了大批对手机辐射敏感的消费者,在短时间内就迅速切开一直被 GSM 手机垄断的市场。

在技术更新日新月异的行业,如电脑、汽车、软件、手机,对技术概念的包装非常重要,这既是因为技术本身总是枯燥、单调的,只有有效地提炼与包装才能被消费者认知,也是因为技术本身是区隔竞争者的制胜砝码,对某些营销概念的第一占位,可以对后来的追随者形成天然壁垒。

有人利用新型材料发明一种夜间"发光开关",产品三次冲击上海市场均告失败。后来进行概念炒作,推出"夜视开关"概念,一下打开了销路。其实,"夜视开关"与"发光开关"在产品层面毫无差异,但是在概念层面却大不一样:"发光开关"只是一种普通的称谓,而"夜视开关"却成功地将小小的开关与高新技术结合,消费者很容易联想到曾在海湾战争中大出风头的"夜视"技术。

3. 以打造情感概念进行炒作

情感层面的包装,往往与技术层面的包装形成对应,在技术差异性不大、产品趋向同质化时,有情感概念的营销就成为打动消费者的"最后一根稻草"。亲子之情、男女之情、长幼关怀之情,都是情感概念营销惯用的作料,可以说,正是有效的情感概念的包装,使得原本平淡无奇的产品蒙上了温情脉脉的光芒。在这种概念推动下,最后拨动人们消费之弦的已不是产品功能本身,而是产品之上的情感外衣。

比如,"金六福"能够畅销,主要是中国消费者具有浓厚的"福文化"——喝这酒就如同大年初一早上放鞭炮一样,带有某种心理期望;而"藏秘·香格里拉"能够表现良好,则是因为部分消费者对神秘藏文化的认同和向往。

4. 与重大新闻联系进行炒作

重大新闻事件往往能够吸引消费者的眼球。将产品的核心价值与重大新闻事件联系起来这一招,在概念炒作中经常被使用,有时甚至为概念炒作的需要而制造新闻炒作。需要注意的是,概念炒作中的概念与新闻事件营销要有一定的联系,不能牵强附会,而且新闻炒作要有轰动效应,而不能盲目地把产品的核心价值与重大新闻炒作联系起来。

5. 与目标顾客匹配进行炒作

消费者心理需求及其观念的变化,直接影响其消费行为。因此,在概念炒作中,把握目标顾客的消费心理,至关重要。如日系轿车主打的"省油"概念,虽然其"省油"是建立在车身变轻、安全度变低的基础上的,但是,随着油价的不断攀升,"省油"仍然吸引了大量消费者。

让消费者认识到现状的"可怕",从而试图改变现状,是一种常见的营销手段。英国的贝斯特牙刷大肆宣传自己牙刷的柔软,不伤害牙龈,但市场反应并不好。经调查发现,原来大家并没有意识到自己用的普通牙刷对牙龈有什么危害。于是,在新的广告中,先用一支普通牙刷在西红柿上刷来刷去,一会西红柿外皮就破掉,流出了"血水"。画外音说:你每天都在这样刷牙吗?然后换成贝斯特牙刷在西红柿上刷来刷去却没有破皮,这时再说贝斯特牙刷怎么好,不会伤害你的牙龈。这个广告吓坏了英国人,大家一刷牙就想到那可怕的"流血"的西红柿,总感觉自己的牙龈要出血。于是,大家只好都用贝斯特牙刷。

使产品的核心价值与目标顾客的切身利益相契合,在概念炒作中也常常运用。比如,目前消费者对食品安全问题特别关注,因此,在食品概念炒作中突出健康概念,往往能够引起目标顾客的共鸣与认同。

6. 以突出产品优势进行炒作

(1)产品材料。仲景提出"药材好,药才好"的传播概念,突出了产品的原材料优势,建立起消费者对其产品的信任感;潘婷洗发水宣称成分中有 70% 是用于化妆品的,让人不能不相信其对头发的营养护理功效;舒蕾推广的"小麦蛋白"洗发水,也是在试图通过原料成分来加强产品的价值感。

(2)产品重量。有的家具产品在推销中强调产品的分量重。因为,在消费者眼里,分量重就是结实的表现。

(3)产品大小。世界著名的"甲壳虫"轿车怎一个"小"字了得,风靡世界几十年,如今又多了个奔驰旗下的 SMART。

(4)产品手感。TCL 电工通过李嘉欣告诉大家"手感真好",因为手感好也是消费者自己判断开关质量的简单而又重要的标准。

（5）产品颜色。普通的牙膏一般都是白色的，然而，当出现一种透明颜色或绿色的牙膏时，大家觉得这牙膏肯定更好。高露洁有一种三重功效的牙膏，膏体由三种颜色构成，给消费者以直观感受：白色的在洁白我的牙齿，绿色的在清新我的口气，蓝色的在清除口腔细菌。

（6）产品味道。牙膏一般都是甜味的，可是 LG 牙膏反而是咸味的，大家觉得这牙膏一定好。那么，如果有种苦味的牙膏呢？大家还会觉得好。这就是差异化的威力。

（7）产品的造型设计。当年的摩托罗拉 V70 手机，独特的旋转式翻盖，成为其最大的卖点。

（8）产品功能。组合法是最常用的创意方法。许多发明都是据此而来。海尔的氧吧空调在创意上就是一普通空调与氧吧的组合；白加黑也是一种功能的分离组合，简单的功能概念却造就了市场的奇迹。

（9）产品构造。"好电池底部有个环。"南孚电池通过"底部有个环"给消费者一个简单的辨别方法，让消费者看到那个环就联想到高性能的电池；海尔"转波"微波炉的"盘不转波转"也是在通过强调结构的差异来提高产品价值感。

（10）产品概念。瑞星杀毒软件用狮子来代表品牌，以显示其强大"杀力"；白沙烟用鹤来表现飞翔、心旷神怡。

（11）产品价格。对于一个价格上有优势的品牌来讲，若小心应用，价格也可以成为好的营销传播概念。比如，在神舟电脑的成功当中，"四千八百八，奔四扛回家"的主题传播概念功不可没。价格的概念在直面冲突明显、价格敏感的行业，如手机、电脑、汽车等行业比较多见，也是很有效的。但在操作价格概念时，要注意的是，不要让价格优势影响到消费者对产品品质的怀疑，因此，还需要传播副主题及结合其他营销传播方法提高消费者对产品的信任度。

（12）产品技术。一项新的技术应用在产品上后，需要用一个消费者感觉明显（但不一定懂）的概念来传达。有时候，一个技术上的简单改进，也可以成为营销者的概念利器。脑白金的"脑白金体"，大家都不知道是什么东西，但都会感觉"脑白金"里面含有一种"神奇"的成分，所以就觉得有效、买得值。因为对消费者来说，"神秘"的东西都是值钱的。相信大多数人说不清楚到底"变频"是什么概念，但大家都知道变频空调好；大家都有免烫衬衣，但因为雅戈尔免烫衬衣是"神秘"的"VI 免烫"，所以觉得还是雅戈尔的好。

（13）产地优势。总有许多产品具有产地特点，如北京的二锅头、烤鸭，山东的大花生，新疆的葡萄，还有我们常说的川酒、云烟等。这些地域特色强烈的产品提炼地域概念，显然是很有效的方法。如云峰酒业的"小糊涂仙""小糊涂神""小酒仙"等都在说"茅台镇传世佳酿"，天台"济公家酒坊"的"恩典""宋红"等利用了天台是济公故里的典故。产地优势还体现在担保品牌策略的提炼上，如"别克——来自上海通用汽车"。大品牌推出新品牌时经常用到该方法，上市初期强调出身是很有效的，可以迅速建立信任度。

（14）数字概念。越是具体的信任感越强。因此，挖掘产品或品牌的具体数字，也是常用的方法。如"乐百氏27层净化""总督牌香烟，有20000个滤嘴颗粒过滤"等，都是该方法的应用。

（15）副品牌。副品牌名称的提炼也是建立品牌印象的重要方法，可以直观地实现单类产品的品牌概念化，而且好的副品牌名称能集中体现产品特点，成为概念的集中点。如海尔洗衣机中的"小小神童"，这一名称把产品本身小巧方便的特性集中体现了出来，比起常规的技术编号推广形象贴切得多，显然对市场是有效的。

7. 以彰显企业优势进行炒作

以彰显企业的优势来创造概念炒作，可以从以下几个方面入手。

（1）企业实力。如果企业在行业内具有一定的地位，也是很好的传播概念。如波司登一直称自己"连续N年销量遥遥领先"。虽然从来没听说过"瑞嘉"地板，但当看到其广告伞上印着"全国销量第二"的字样时，却一下对该品牌放心起来。而最经典的当然还是美国那家自称第二的出租车公司："我们位居第二，所以更加努力。"济公家酒坊是红石梁集团的子公司，所以济公家酒坊的产品都说是红石梁集团出品，因为客户对红石梁这个品牌认知度更高。

（2）企业文化。企业可从产品、品牌的归属地、历史文化、人文习俗等角度，提炼出关于产品或品牌的渊源背景，描述一个关于品牌成长的生动故事。如可口可乐讲述的是关于美国文化与美国梦想的故事；耐克则传递了永不服输的一种体育精神；济公家酒坊讲述了天台是济公家乡的故事。

（3）专业形象。专业感是信任的主要来源之一，也是建立"定位第一"优势的主要方法。因此，制造专业概念也是提炼营销传播概念的有效方法。人们示爱的最快方法是直接说"我爱你"。所以，很多品牌在塑造专业感时经常直称"专家"：方太——厨房专家；中国移动——移动通信专家；九牧王——西裤专家。虽然说喊的人多了难免俗气，但对于市场来说还是有效的。消费者相信喊"专家"的一定是专家，而且还相信，号称"专家"的一般都是行业第一或最好的。

（4）历史悠久。时间长会给人以信任感，因此，诉求时间的概念也是一种有效方法。时间的概念感觉越老越好，如"青岛啤酒——始于1902年"。老字号品牌一定要注意提炼自己的时间概念。不是很老的品牌，也可以提炼相对"较老的概念"，如"18年制造经验"等也可以作为时间概念，也是对市场有效的。也有一些品牌人为制造老的概念，如某刚成立几年的眼镜店愣是起了个古色古香的名字，把店面装修得古色古香，还自称百年老字号。这种做法从某个角度看是不符合道义的，也是不合法的，但对市场的确是有效的。

（5）服务优势。同样的服务，如果有一个好的概念，则能加强品牌的美好印象。比如海尔提出的"五星级服务"，也为其"真诚到永远"做出不少的贡献；另外，还有"24小时服务""钻石服务"等,都是不错的服务概念,在加强品牌美誉度方面起到不可忽视的作用。

8. 与市场运作结合进行炒作

概念无处不在,概念炒作可以与市场运作的进展情况相结合,好的概念会给人以崭新感受。一般情况下,在产品上市时、终端促销时、节日促销时,都可以运用概念炒作。比如:洗衣粉——洁净上市;饮料——清凉上市;家用锅炉——温暖上市;服装——动感上市;家居用品——温馨上市;方便面——弹跳上市。

同样的促销活动,如果冠以好的传播概念,则会带来截然不同的品牌感受,使促销活动增添许多"正义"色彩。如某笔记本电脑品牌的降价促销概念叫作"笔记本普及运动"。

"每逢佳节数倍销售",节日期间有了促销的理由,因此都是各品牌的销售旺期。大家都盼望节日的到来,可是聪明的商家懂得自造节日。商场是自造节日最多的地方,如济南的人民商场每年的"感恩节"总是人山人海,十天的"节日"期间,销量顶得上平时的几个月。

以上提出的概念炒作的方法,就是要寻找产品的差异化。在实际操作中,还需要进行各种差异化组合来形成更大的差异化,比如农夫果园,从产品本身的构成、包装的容量和外形、广告创意概念等各个方面建立差异化。概念炒作无处不在,企业要时刻关注市场需求,深刻洞悉消费者心理变化,提炼优秀的产品概念,整合所有资源,就一定要运作好概念炒作。

实训技能目标

◎熟悉炒作营销的具体流程。
◎具备炒作营销的基本能力。
◎掌握概念炒作营销的方法。

实训内容

节日概念炒作。

实训总结

学生操作后总结自身的经验,以实训报告的形式呈现。

参考文献

[1] 陈月波. 网络营销实务 [M]. 西安:西安交通大学出版社,2012.

[2] 杨学成,陈章旺. 网络营销 [M]. 北京:高等教育出版社,2014.

[3] 马继刚. 网络营销与策划项目教程 [M]. 北京:机械工业出版社,2013.

[4] 贾森·米列茨基. 网络营销实务:工具与方法 [M]. 李东贤,李子南,漆敏,等,译. 北京:中国人民大学出版社,2011.

[5] 瞿彭志. 网络营销 [M].4 版. 北京:高等教育出版社,2014.

[6] 陈明. 网络营销 [M].2 版. 广州:广东高等教育出版社,2014.

[7] 刘芸. 网络营销与策划 [M].2 版. 北京:清华大学出版社,2014.

[8] 戴夫·查菲,理查德·迈耶,凯文·约翰斯顿,等. 网络营销:战略、实施与实践（原书第 2 版）[M]. 吴冠之,译. 北京:机械工业出版社,2004.

[9] 冯英健. 网络营销基础与实践 [M].4 版. 北京:清华大学出版社,2013.